This Book Belongs To

_____

Thank you for your purchase! If you enjoyed this book, please drop us a review; it'll only take 30 seconds of your time and helps small businesses like ours.

Thirst Crusher 1

```
C Z H J K U S Z D S B Q D F K T E P L R
L L I B F N P N X S J Z E Q Q P A A L X
C R A R E T A W D E L L I T S I D R Z K
S F Q R Z F R W M L W U O L H L T R S V
T Z L E Y M K I S I L R N N U M E E Z Y
Q M Z T L V L F R L B X I D R T M T T A
V I X A I D I Z D B Y X Z H A R A A Y D
U N C W C Z N A N N F T E W I E P W E A
D E F R A H G N X L I M D Q N T W N R L
R R N E O I W G N Q L E W U W A E A A T
J A Q I F S A U S M T V A B A W L I E P
I L N C E P T Q X A E V T L T D L S T B
B W Y A J Z E S N Z R P E A E E W E X V
K A J L D G R O O M E C R D R I A T C I
P T M G J E B G G D D N S G A F T R N K
U E C M A R A F V X W W Q V S I E A F V
O R E T A W E N I L A K L A S R R L I I
B R A C K I S H W A T E R C Z U O S E L
B O T T L E D W A T E R G M N P J U S C
L H R A K X E U S P R I N G W A T E R J
```

ALKALINE WATER   ARTESIAN WATER   BOTTLED WATER

BRACKISH WATER   CARBONATED WATER   DEIONIZED WATER

DISTILLED WATER   FILTERED WATER   GLACIER WATER

MINERAL WATER   PURIFIED WATER   RAINWATER

SPARKLING WATER   SPRING WATER   WELL WATER

Thirst Crusher 2

```
S R N V G S S Z Y S Z U Z D X M Q H G P W I O
H K E M L D D E R E T A W D E L L I H C R E O
C R O T T P E B G M K H O T W A T E R T E H S
E R M V A S P M P P Q W L N G G N F N B T P B
E R E T A W Y T I R U P H G I H V X O J A G W
R M G I N C T I O N H Y R P S Y R A L Q W H C
G V L I Y O W L V T E V E L N E L F S W G Q R
C O C O N U T W A T E R T P T E I L N K N A U
I U J X Q Q L K X S N H A A N C N A N S I H F
O S R B P Z K X V E J I W L R F F V D K R G Z
V Y J Z M O B L H Z A E G Z I B U O J U P W G
Y K Z F M E O A R N S T N N D Z S R C Z S W C
L F X J M Q I H A O R T I B Q N E E V Q D S P
G L S F I R L L R E Y F R N S E D D Q M E J U
O F F E X H E K T S S P J N Y W W W W M L Z B
B B N L C V D A S H P A S Y P Z A A U A T T W
G I P M T A W W J L A I L U D Z T T R D T V W
L O N J G P A D W Q U X A W W N E E U W O E G
W X B S A K T F Y Z Y F R W R O R R P J B A R
J E K T P M E P L S V S E A W A T E R N L G M
L V L W J Q R G F F D H N V Y C C P F K A U Z
Z Z I H S S J E N U N J I S F H R X P C T W E
T G O R E T A W D L O C M N T P L V P G S J O
```

BOILED WATER
COCONUT WATER
FLAVORED WATER
INFUSED WATER
SALT WATER

BOTTLED SPRING WATER
COLD WATER
HIGH PURITY WATER
MINERAL SPRING WATER
SEA WATER

CHILLED WATER
DEMINERALIZED WATER
HOT WATER
ROSE WATER
TAP WATER

Doughlicious Delights 1

```
B U T L K D N Z J S D T Y R O J I W M U
D M N V Y U D P I T A B R E A D X M O F
O A J F F I B E E Y E W L S D Q P H A I
L T E Q T M A B H H R N C I A B A T T A
K Y E R Y J B I Q Q B M N E E R U X F T
Z J T T B P B G C U N Q R Z R O D M P C
L W E Q T N J O D C A J A A B A V R S G
O J R D A E R B N I A R G I T L U M G O
P T M T U K U O N C N C Q Q A L Z Y J I
C H N B I Y C G C Z V Z O B E I M W N L
B W D L C Q W C A H R D R F H T K M Y J
A O R E H C O I R B A P K J W R R K N U
G Q N Z W J H L B I H L W S E O L F D S
E D I T K T Q Z D A E P L B L T S R B B
L U I E C V K X H N I A M A O Q X C V F
D A E R B E Y R K S E D G L H C C Z I C
Z O K P U Z T F L H B I W G W U K P Y V
S E A M T D A E R B H G U O D R U O S F
B E N T Z M I B N I X C B W T F G I W N
Y F G R W J I I O N L G O O T S C J W T
```

BAGEL

BAGUETTE

BRIOCHE

CHALLAH

CIABATTA

CORNBREAD

FOCACCIA

MULTIGRAIN BREAD

NAAN BREAD

PITA BREAD

PRETZEL

RYE BREAD

SOURDOUGH BREAD

TORTILLA

WHOLE WHEAT BREAD

Doughlicious Delights 2

```
A R T C D K O G D A E R B B T A L F I B K
C O Z X Y A P J A N K N M I J H K O E G
M W I Y J Z E B E D E N O T T E N A P F
W R P U A M O R R S G K P L E V O W M D
Z U C C H I N I B R E A D N Q V E J X U
O L L D K X X U A E B I G V T H T S V L
I A V X W S A F D F Y L Y T N J K K U U
P V W R I D W B O D I R R Y A A A H N S
T A K E N Z W U S S C E H K S I V H W Z
H S W N R P G N H D C D X S S M Y F S R
E H X O E A Z M S M X A D E I A Y P R P
E Q T C S X U E I X I E R Q O D F K I T
Y I C S U F I T R R L R E C R I E Q V A
M J E E F Z O T I K O B K P C L R W P P
L Q D I B P A C T L H A Q I W C I E S K
K R N T L N J W L X H N Z X D S Y E X O
M X N I S I A R N O M A N N I C R Q K T
R A K V E J U P U L Q N J J P A U H I H
L W D S G R X G J M N A O C E H E F E N
E L Y D B Z J D A E R B C I L R A G O Z
```

BANANA BREAD
ENGLISH MUFFIN
GARLIC BREAD
LAVASH
SCONE

CINNAMON RAISIN
FLATBREAD
IRISH SODA BREAD
PANETTONE
SWEDISH RYE BREAD

CROISSANT
FOUGASSE
KAISER ROLL
ROTI
ZUCCHINI BREAD

Protein Carnaval 1

```
S  R  E  P  P  P  G  C  G  V  A  R  P  V
L  S  K  N  B  G  K  S  V  W  S  Y  H
A  V  S  A  J  Z  F  K  R  P  O  R  K
E  U  E  M  N  Q  N  E  H  G  E  N  M
V  S  S  N  Y  G  U  E  O  S  O  W  O
C  A  E  W  I  R  A  A  K  S  D  R  W
T  X  F  A  O  S  T  R  I  C  H  X  R
O  Z  S  E  A  T  O  B  O  L  I  D  D
P  W  T  N  J  N  U  N  P  O  G  H  U
X  F  T  I  B  B  A  R  B  K  N  Z  C
O  E  Q  A  X  M  X  L  K  Z  O  M  K
B  E  E  F  G  A  V  S  H  E  Z  V  S
G  V  U  G  E  L  N  L  M  G  Y  N  N
```

BEEF
DUCK
LAMB
PORK
TURKEY

BISON
GOAT
OSTRICH
QUAIL
VEAL

CHICKEN
KANGAROO
PHEASANT
RABBIT
VENISON

Protein Carnaval 2

```
F  S  M  G  G  R  O  C  L  T  Z  U  Q  G  N  R  R  F
N  X  S  U  P  O  T  C  O  I  A  R  A  O  U  X  L  W
O  E  L  D  U  Q  R  E  G  A  A  E  Z  O  Q  T  Y  A
T  G  H  M  K  I  M  W  U  H  I  F  M  S  A  R  I  G
N  D  E  H  C  Y  Z  W  I  D  J  T  C  E  G  R  M  S
D  I  F  K  S  V  I  O  N  V  T  A  M  E  K  Z  E  Z
W  R  E  G  U  I  M  R  E  U  Q  E  P  T  O  A  J  K
W  T  A  Z  G  K  N  V  A  G  S  M  X  H  G  U  N  Z
S  R  Z  T  Q  K  W  R  F  R  G  R  U  X  M  W  P  S
F  A  F  W  U  G  S  G  O  G  E  O  L  U  O  Q  O  W
W  P  V  I  F  R  Z  H  W  C  L  T  N  S  Z  Z  F  A
T  I  Q  L  H  W  T  S  L  H  G  A  U  P  F  Z  H  E
P  Q  M  D  S  K  L  L  I  L  O  G  K  S  H  P  H  N
D  H  O  B  P  I  Y  J  E  I  R  I  S  Q  P  M  X  M
R  G  S  O  A  P  O  O  C  M  F  L  N  U  F  X  Q  W
K  V  Q  A  Q  T  A  A  S  C  E  L  S  I  Y  B  A  B
U  R  G  R  T  A  E  M  L  E  M  A  C  D  W  Y  Z  H
B  C  M  E  A  P  I  Q  O  X  C  D  T  W  G  H  N  K
```

ALLIGATOR MEAT	CAMEL MEAT	CORNISH HEN
CRICKETS	EMU	FROG LEGS
GOOSE	GUINEA FOWL	HORSE MEAT
OCTOPUS	PARTRIDGE	SNAKE MEAT
SQUID	TURTLE MEAT	WILD BOAR

Fitness Frenzy 1

```
S  P  V  N  S  V  G  D  W  X  Z  E  N  H  H  E  Q  D
J  Q  C  F  P  T  O  H  W  D  H  I  V  L  U  D  E  E
F  R  D  Z  U  R  G  G  A  G  A  U  M  C  S  O  B  E
L  H  M  Y  H  C  W  U  N  N  V  R  F  W  O  T  P  K
C  R  Y  M  S  E  T  A  L  I  P  C  I  R  C  C  H  M
O  S  S  P  U  T  I  S  Q  T  L  M  J  S  M  Y  Z  R
E  A  Q  Z  P  P  F  S  F  F  M  C  T  A  U  D  V  N
C  J  R  U  A  V  K  N  L  I  A  R  Y  O  S  W  H  J
N  O  X  Y  A  E  N  U  N  L  E  O  E  C  Y  K  J  Q
P  P  B  G  K  T  R  G  K  T  E  F  K  C  U  O  M  V
B  O  O  H  O  N  S  O  C  H  Y  B  J  Z  G  I  G  R
H  X  J  U  E  K  N  H  B  G  I  J  B  G  Z  J  J  A
Z  H  W  L  A  T  I  K  B  I  T  G  I  M  C  L  R  L
D  G  N  I  N  N  U  R  Q  E  C  N  A  R  U  D  N  E
I  R  T  I  G  J  J  C  L  W  G  S  Q  M  P  D  O  W
G  L  R  I  J  Q  W  L  U  S  Z  E  N  O  Y  L  P  A
U  S  O  U  K  X  A  T  Q  O  I  A  J  H  Y  H  X  F
B  U  E  H  K  B  T  R  U  A  Z  C  D  I  M  F  F  U
```

AEROBICS	BALLET	CYCLING
DUMBBELLS	ENDURANCE	JOGGING
PILATES	PUSH UPS	RUNNING
SIT UPS	SQUATS	STRETCHING
SWIMMING	WEIGHTLIFTING	YOGA

Fitness Frenzy 2

```
X G B G F A I W F X U W F M V J F J W S Q X N
P E J L O I W Y A L A N S P Z F L T I V C V E
Y B A O S S T R E N G T H T R A I N I N G B S
K M A B D X Q K K G O F P Q R G C M S A C J Q
W L R T F W N F H I S F R T E I N T V I F S Y
E B A V N U W G I J T T D R J R F Z R G Q C D
Y X X E O A N Z V N U I R K P L C C P L B L L
G N I X O B K C I K O M Z T J R U L L J W V E
G W Z Y M N T T C K Y P A A I Y I V H T J E
X Z I N P U G B R I R S W I T S M Q T W B S A
I Q R X J Z A K S N O H Z T N D P C L Q J S W
G I C Q M F Z M C W W N R E A G B C T C W E T
H U X Y X T B D O H C A A E M J K L U T X V
E O A L P U O E X S I Q R L Z L N A E V I O L
Y U Y E N L C Y R N R T O S T E Z D C R F D C
J F A J H C A R I O T C J E L R L X Y K S Y F
H Q S V V Y O N J D E H A E A U A L L K S S N
U F V G H B G J K G M P S P I N N I N G O L T
Q L Y H M T W Q B O E R R A B S G N P R B X
L V A E X H C Y T Y G Q U L K B R E I C H X
E S C I N E H T S I L A C B T M I B P S N F F
Q V O V B H A O W I P T Q J J K L Y T S W G F
T F Z Q D S A U K W J O G T Q I E D P F L Q U
```

BARRE

CIRCUIT TRAINING

JUMPING JACKS

PLANK

STRENGTH TRAINING

BURPEES

CROSSFIT

KICKBOXING

PLYOMETRIC WORKOUTS

TREADMILL

CALISTHENICS

FUNCTIONAL TRAINING

LUNGES

SPINNING

ZUMBA

Fitness Frenzy 3

```
K Z I G B H P R J V S X Z L J H K U K Q W F R
V Q T N N J U O E C G A Z V E U K Z U R S D Y
M N D I T U Y W B S Y Z E V T R L A S T C H P
H R I X D W U I B G I N A Z T L D V K V J S I
W Z A O S A Q N X M G S Z Q R X B K N Z Q T X
N I B L E T O G X R P A T C W X T A S P E R A
W N O I X E U W H M E E T A I C H I S K I A I
N B T P N R I O D G Z C N C N C U A J D C L J
R O P K D A O R K A U H P F C C I Y G T M A A
J O O U E J K K R A V V Y O I E N A X N I X
Y T W Y E R Z O Y N O R F L E X I B I L I T Y
W C T D D O Y U B W G W S G H K A E A X L R M
C A A L H B U T A A H C T J I T M D Y N I A P
G M Z U B I O S K L I B B H A N C X O M D M K
P P Y Y E C I I S B Z T D W G Y M H B S U Y S
I W Y D F S U T O H H Q O P U I U Q Y J E R C
L O X V U Y L R I T X R U G X N E I T U Y B K
K R B S C J E X D T K K V W O V Y W B Z J G Z
Y K O U A A J C D O R L T G J L E H Y Y X S S
S O F J P S H O U F P G T D B Y H X H D I C K
I U X E U V X T T S O H E T L L L M O O O T Q
E T T I K X S X S T U O K R O W G N I X O B H
S S T U O K R O W T C A P M I W O L I H U T Y
```

BODYWEIGHT WORKOUTS   BOOTCAMP WORKOUTS   BOXING WORKOUTS
FLEXIBILITY   HIIT   HIKING
LOW IMPACT WORKOUTS   MARTIAL ARTS   PILOXING
RESISTANCE BAND   ROWING WORKOUTS   STEP AEROBICS
TABATA WORKOUTS   TAI CHI   WATER AEROBICS

Legally Yours

```
S  V  B  N  S  S  J  N  K  M  O  U  V  N  C  T  E
E  M  G  E  M  K  V  E  N  B  U  A  I  I  Y  E  Y
E  T  A  C  O  V  D  A  G  S  Q  X  M  Y  U  T  N
Y  C  Y  P  D  T  K  V  U  S  F  W  O  X  C  L  T
Q  E  S  G  I  C  E  X  I  X  I  Z  Z  E  A  G  D
R  L  S  F  F  X  A  E  L  Y  V  Y  C  I  R  S  U
F  U  E  A  I  J  O  L  T  X  S  T  R  G  Z  A  S
Y  S  W  G  C  X  Q  A  Y  H  N  T  I  F  Y  K  I
G  I  Z  Y  A  F  N  W  H  Z  I  D  M  D  E  O  E
Q  R  F  N  T  L  G  S  I  E  L  C  E  A  M  D  L
V  O  L  P  I  T  S  U  X  K  I  O  S  S  F  S  J
Z  K  H  S  O  X  V  I  R  Q  E  N  H  Z  P  T  X
Q  L  H  U  N  O  I  T  U  T  I  T  S  N  O  C  Y
E  L  A  W  C  G  J  S  H  L  T  R  U  O  C  S  M
Y  Z  C  M  Q  D  E  X  H  B  L  A  D  I  U  J  M
U  L  L  A  N  I  M  I  R  C  D  C  C  J  S  Q  O
Q  O  F  S  I  N  N  O  C  E  N  T  W  Q  S  O  N
```

ADVOCATE	CASE	CONSTITUTION
CONTRACT	COURT	CRIME
CRIMINAL	ETHICS	GUILTY
INNOCENT	LAW	LAWSUIT
LEGAL	MODIFICATION	TRIAL

Law & Order Lingo 1

```
H  E  S  Z  V  G  Y  P  L  D  E  W  C  Q  Z  U  L  V  W
P  A  S  J  F  I  O  L  T  G  O  S  J  B  P  I  A  V  T
R  V  B  N  X  B  R  H  O  U  H  S  X  P  D  U  M  J  P
B  Z  L  E  E  Q  J  H  O  A  A  P  P  E  A  L  C  I  E
V  W  V  E  A  F  C  I  V  I  L  O  L  J  H  O  Z  J  U
E  G  P  L  F  S  E  Z  I  R  A  T  O  N  C  L  J  K  H
B  J  R  Z  R  I  C  D  D  R  N  F  J  Q  O  A  P  K  U
E  C  T  C  N  E  B  O  B  H  O  W  F  Z  B  G  R  Q  F
E  L  F  W  O  B  U  I  R  A  I  V  C  I  S  E  L  T  D
L  I  E  N  I  X  T  F  L  P  T  R  X  A  D  L  O  P  H
M  J  R  G  T  R  M  O  J  A  U  D  F  E  R  A  W  J  N
V  I  A  I  A  V  V  L  Q  E  T  S  Q  S  L  R  V  R  P
V  G  X  T  L  L  D  J  P  X  I  Y  W  F  E  A  E  I  P
Q  V  I  D  S  A  A  R  P  E  T  U  V  F  J  P  A  S  T
N  O  M  Z  I  A  M  I  J  X  S  T  A  T  U  T  E  Q  T
N  L  G  F  G  F  U  H  D  O  N  V  W  F  B  T  U  T  L
W  F  L  S  E  O  N  E  Q  Y  O  M  Y  R  R  E  C  Q  Z
K  Q  E  C  L  G  G  S  T  K  C  I  L  K  H  T  V  H  S
Y  L  Z  W  E  Z  I  L  A  G  E  L  Y  J  H  D  G  K  A
```

AFFIDAVIT
ARBITRATION
CONSTITUTIONAL
LEGAL AID
NOTARIZE

ALIBI
ARREST
DEFENSE
LEGALIZE
PARALEGAL

APPEAL
CIVIL
HABEAS CORPUS
LEGISLATION
STATUTE

Law Order & Lingo 2

```
I  H  L  D  T  L  S  T  I  S  U  R  Z  Q  Z  G  C  R
D  F  R  F  L  U  T  R  Y  Y  D  V  Z  B  K  W  K  S
C  O  U  N  S  E  L  O  S  L  M  K  U  I  K  W  S  U
W  I  N  J  U  N  C  T  I  O  N  R  K  C  I  E  V  S
B  L  F  O  K  A  R  Y  B  E  D  Y  W  N  C  Z  C  X
V  P  N  T  I  V  R  O  X  E  T  A  B  O  R  P  R  C
M  G  F  W  J  T  M  R  N  E  I  L  R  S  S  S  M  C
C  O  Z  D  S  Z  I  O  A  A  F  P  X  Y  L  N  U  P
J  W  E  N  M  O  F  S  L  I  E  M  L  U  Q  O  G  I
Z  B  G  P  L  P  W  P  O  U  G  M  H  A  E  I  I  C
C  Y  X  B  R  R  P  X  D  P  Y  N  E  W  A  T  S  R
Y  I  H  O  I  E  U  L  V  A  E  E  M  D  P  A  E  O
G  B  O  S  H  H  C  P  Z  F  F  D  G  E  S  G  G  I
O  F  G  O  K  V  O  E  U  N  S  V  B  R  N  I  A  W
I  G  B  T  B  K  O  O  D  J  F  I  J  A  W  T  M  N
F  D  Q  Z  H  D  N  Z  B  E  I  R  L  H  I  I  A  N
U  D  I  S  C  O  V  E  R  Y  N  L  D  H  M  L  D  M
V  U  F  Y  L  L  A  E  G  U  D  T  H  G  G  N  F  C
```

ARRAIGNMENT	BAIL	BURDEN OF PROOF
COUNSEL	DAMAGES	DEPOSITION
DISCOVERY	DUE PROCESS	INJUNCTION
LIEN	LITIGATION	MISDEMEANOR
PRECEDENT	PROBATE	TORT

Law & Order Lingo 3

```
E  Q  N  N  Z  T  G  R  V  J  K  N  H  G  X  G  C  P  L  K  E
O  P  K  J  N  D  W  E  L  W  R  R  H  T  Z  B  T  X  Y  H  G
G  C  Z  O  X  F  A  S  R  B  H  E  Y  C  W  B  G  P  S  S  S
Y  G  L  G  Z  E  K  T  L  Q  M  P  C  N  O  T  I  C  E  S  B
U  U  N  P  N  K  Q  I  I  N  C  O  N  O  J  L  T  Z  B  Y
Z  L  C  G  V  M  M  T  M  O  S  N  H  P  A  L  T  K  Y  D  U
Z  O  F  G  Q  Z  B  U  I  I  A  Z  M  P  P  L  E  M  J  S  M
A  J  V  W  C  R  E  T  T  Q  S  L  A  E  X  E  F  W  K  U
S  Q  S  U  M  X  U  I  A  A  F  K  S  M  U  E  S  E  A  M  X
Q  V  J  R  G  C  L  O  T  T  B  E  I  X  Z  U  H  R  X  F
Q  P  Z  Q  E  U  S  N  I  I  M  N  X  L  G  F  P  C  R  F  R
G  E  J  S  U  O  C  F  O  M  T  L  A  K  P  N  U  G  A  E  F
Y  U  O  H  R  H  A  I  N  I  P  O  P  Z  Z  R  M  T  N  T  E
G  R  Z  W  H  B  T  R  P  L  N  E  H  R  I  Z  X  E  T  V  O
P  B  I  E  S  A  X  W  E  W  T  J  A  U  E  R  X  L  N  R  W
Z  L  N  H  Q  E  L  A  R  T  R  Y  B  C  H  I  L  O  Z  T  M
L  R  Q  X  X  P  C  I  B  D  N  Q  J  H  D  Y  R  B  Z  I
Y  O  I  Q  Y  N  T  L  O  D  I  E  W  Y  T  M  A  A  O  G  K
S  I  F  Z  E  R  I  N  D  I  C  T  M  E  N  T  E  P  V  F  E
M  N  P  V  D  E  J  G  S  U  N  E  G  L  I  G  E  N  C  E  O
Y  F  G  Z  U  O  R  M  L  J  N  O  K  J  J  V  Q  E  T  N  E
```

ASSIGNMENT	FELONY	FREELANCER
IMPEACHMENT	INDICTMENT	LIMITATION
LIMITATION PERIOD	NEGLIGENCE	NOTICES
PAROLE	PROSECUTION	RESTITUTION
SETTLEMENT	WARRANT	WILL

Law & Order Lingo 4

```
A H O E M Y R M I R A N D A R I G H T S L I K
Q S A K C X R E E D I O B Z N M N U E L Y E O
V O I I M X G H S P Z I X N I B W P C X L H E
P Y V T G R Y S J G Z T C T E O B Y N B D F Y
Z Q A L E H E Z R P Y A L M S V B D A B G X R
G Q N V G R R Z H A Q I Y U J W A I I T K K A
R X O G D C M J C Y X D T T A S L P L K U G T
U O D E O G D S R M H E Y J T S L D P T U N O
K R R N A J A Y A E A M F A N X F K M P G L N
V Z A C X O L Q R N U U R E L K V V O E E V P
P X P C M V T V B T D E F L M U K W C J W E U
F W M O B O Y P G T D C J P J G E A Z U C P G
D K E P E H X E A E D S O Z P R V D L N X M K
N V Q G T V O A C R J F E N O S M D E I L O I
R O I R H B D I N M I Q P F D V T A H N Z Y D
M O F Z V S B V S K M A Z H I P Y M M K Z K
K Q K E M I C B B S M T D G B D T R C B L C F
D P H C S I N T E S T A T E P A I I C X U Q A
R Q T K W Z Y G N O L W T F P R K G O G M W O
O B L F A A K J R Z O G K I T B P S V N P E N
W K L I R P G N W Y E T B E U Y Q V O Y S R P
T A P F O Q E L B M A E R P J Q Y Q C L O F C
U V S S A Y E A M V H J K N O O E B G E O T U
```

COMPLIANCE
MEDIATION
PARDON
POWER OF ATTORNEY
REDRESS

INTESTATE
MIRANDA RIGHTS
PAYMENT TERMS
PREAMBLE
STARE DECISIS

LIABLE
NOTARY
PLEA
QUI TAM
TERMS AND CONDITIONS

Contract Chorus

```
A G V E D Y M E R U E J A M E C R O F I Y Z X
R W K G U B W R C H O N O Q M H E X Z M I O V
C L H A D X W O X O B R H J S Y I L W T F A S
C T Y M H Z Q L J R N F H K J X M J H V N P H
K Z Q A N H P D G R J F F Q Y N M Q X W K C C
X O F P O R N O N S O L I C I T A T I O N X R
Y A K Y I B Y B M X M T T D I E Q J D T T A M
Q U D S T E S S A L A U T C E L L E T N I J P
R E V I A W E T E P M O C N O N W Y S H N S F
D A C Z N F O C I P C M O Q G Y T T W T D N K
X Z A D I S P U T E R E S O L U T I O N E O T
J P M I M O V H Q T S C J F H V C L A Z M I Z
X B U N R G B T R U F J D F D V T I R L N T C
N U C S E G E L A U R B J S D S P B Z K I A N
F B W U T O P L U I N X Y G J D K A N F F T C
I P B R D C C Q J R M Z Q B T N M R A B I N Y
V W J A N I E V K A L C K U T E X E L P C E V
M M H N A O T F W R I V Q A S H P V H W A S P
L L D C M M A M E N D M E N T K T E T S T E K
H O Z E R O D J M R N J J O G N S S L Z I R X
Y G O V E R N I N G L A W Q V C W I R O P K
R N O Y T D U J C P N T K C U M K J E R N E O
W K G E V I H Y Y Y T V C D A D R Y L F M R R O
```

AMENDMENT
DISPUTE RESOLUTION
INDEMNIFICATION
NON COMPETE
SEVERABILITY

CLAUSE
FORCE MAJEURE
INSURANCE
NON SOLICITATION
TERM AND TERMINATION

CONFIDENTIALITY
GOVERNING LAW
INTELLECTUAL ASSETS
REPRESENTATIONS
WAIVER

Legal Pulse 1

```
Y  B  V  L  E  S  N  U  O  C  E  S  N  E  F  E  D  U  U  Q
V  P  D  T  S  D  Y  K  Q  K  F  P  D  N  I  E  A  Y  H  E
A  E  R  E  C  O  R  D  S  A  N  D  A  U  D  I  T  R  C  C
Q  D  A  O  F  I  H  V  T  I  D  T  R  G  T  J  A  R  O  W
C  Q  W  S  B  E  V  S  K  J  H  O  K  V  F  I  P  U  L  N
Q  E  S  Y  E  O  N  W  C  R  U  E  G  F  S  R  R  H  L  X
N  Z  L  J  S  I  N  D  U  H  E  D  I  H  P  T  O  G  I  M
K  W  F  F  L  V  D  O  A  S  B  L  G  S  R  B  T  L  X  E
I  R  B  T  Y  G  G  E  I  N  I  U  C  E  Z  P  E  B  H  N
B  N  C  F  E  S  H  O  M  A  T  N  P  T  R  E  C  I  A  G
M  G  L  O  N  U  F  X  B  E  P  O  K  E  R  W  T  J  L  B
V  Z  J  H  R  W  X  M  Z  J  R  R  B  A  Z  U  I  D  O  Y
B  M  W  W  O  Q  W  M  G  T  O  U  X  I  O  C  O  O  Z  E
O  J  S  L  T  A  S  C  E  H  S  E  A  W  S  A  N  C  E  W
X  Y  G  B  T  J  U  R  Y  Z  E  L  A  S  Q  B  H  V  Q  J
F  D  L  S  A  E  N  I  X  L  C  I  E  O  J  X  J  N  A  W
Q  T  Z  R  S  G  R  C  R  T  U  N  B  X  L  W  F  N  W  U
C  M  I  M  Z  P  L  A  I  N  T  I  F  F  F  K  U  S  O  Y
O  D  B  R  T  H  Z  S  D  I  O  Q  O  E  W  Q  Q  Y  W  F
T  D  N  O  F  G  X  D  W  E  R  E  Q  E  K  N  U  M  U  L
```

ATTORNEY
COURT REPORTER
DEFENSE COUNSEL
PLAINTIFF
RECORDS AND AUDIT

BAILIFF
DATA PROTECTION
JUDGE
PRO BONO
REMEDIES

COURT CLERK
DEFENDANT
JURY
PROSECUTOR
WITNESS

Legal Pulse 2

```
E  B  O  Y  O  O  O  Q  T  L  Q  W  Z  I  R  D  W  Q  Z  N  Z  R
P  B  T  A  A  C  P  N  B  I  I  M  I  S  A  Y  W  N  D  H  C  P
W  H  Z  D  T  Q  E  E  O  Q  D  T  S  K  C  S  C  E  I  L  V  Z
E  D  C  F  P  J  N  Y  N  O  M  I  T  S  E  T  N  R  O  W  S  D
L  Z  I  O  M  C  I  O  D  W  R  I  H  U  U  I  C  S  W  S  T  C
E  K  J  S  H  S  N  L  D  R  G  H  K  G  A  R  I  R  B  L  Z  A
G  M  N  E  E  J  G  V  E  R  D  I  C  T  O  N  J  Y  P  P  I  S
A  K  T  Y  B  C  S  N  A  O  W  R  S  S  G  U  T  O  W  I  Q  G
L  L  E  V  A  G  T  Y  E  H  D  U  S  A  H  V  B  V  K  E  Y  L
C  A  S  W  U  I  A  E  F  R  S  E  R  W  L  J  Q  E  L  K  C  D
O  Q  X  Z  S  E  T  M  X  N  X  G  W  U  E  I  X  R  S  N  C  Y
U  T  C  O  S  X  E  G  V  A  U  R  F  C  O  E  X  R  Y  G  A  Y
N  S  T  O  P  T  M  C  M  M  M  M  T  U  T  R  Z  U  S  A  E  W
S  A  K  H  U  O  E  I  E  G  Y  I  C  N  K  V  S  L  C  M  L  N
E  K  T  Z  T  R  N  N  Q  H  O  K  N  U  S  T  Y  E  B  S  X  O
L  X  A  S  G  A  T  A  T  N  W  I  Y  A  V  R  R  D  S  V  M  C
G  J  H  Q  T  D  O  R  R  T  F  C  A  A  T  E  W  R  Q  D  J  G
H  C  P  I  H  M  N  F  O  T  P  Y  O  W  O  I  I  E  W  W  W  S
K  G  O  F  B  F  X  O  H  O  S  O  D  M  M  Q  O  V  I  S  F  Y
C  N  L  T  Q  I  K  N  Z  J  M  O  Z  R  C  S  Z  N  V  R  K  C
R  Z  Z  G  K  P  T  K  Z  B  L  S  H  M  Y  H  Y  X  O  X  K
I  M  J  D  K  D  O  C  Y  X  H  U  B  L  V  I  C  G  Z  D  P  Y
```

BENCH
CROSS EXAMINATION
GAVEL
OBJECTION
SUSTAINED

CLOSING ARGUMENT
DIRECT EXAMINATION
LEGAL COUNSEL
OPENING STATEMENT
SWORN TESTIMONY

COURTROOM
EXHIBIT
OATH
OVERRULED
VERDICT

Legal Pulse 3

```
J  V  M  U  R  W  C  E  G  Q  N  D  A  J  R  B  W  J  H  D  U  A  Z
V  P  L  W  W  V  D  C  G  D  Q  M  A  G  E  I  A  G  D  C  D  E  Q
S  O  J  A  D  C  F  M  B  T  R  N  X  H  J  E  S  T  C  K  U  J  R
C  M  C  E  W  P  B  D  I  D  Y  U  O  P  Q  N  F  D  D  O  Z  F  F
D  S  U  B  P  O  E  N  A  Q  Z  I  L  B  K  C  X  N  X  H  D  W  A
Z  K  D  R  M  S  O  H  Y  U  S  Q  J  T  Y  V  A  P  M  D  B  V  O
Y  S  N  R  O  Y  P  S  V  F  L  R  L  X  T  E  W  Q  Y  Q  J  H  K
E  E  X  T  V  C  T  P  I  R  C  S  N  A  R  T  T  R  U  O  C  J  Y
X  N  C  E  P  R  E  T  R  I  A  L  C  O  N  F  E  R  E  N  C  E  M
B  T  K  N  B  G  Y  D  L  M  I  S  T  O  G  D  J  Y  O  U  N  C  X
N  E  H  Y  E  A  E  X  M  S  P  X  K  R  H  G  E  S  Q  B  O  X
A  N  L  I  H  D  I  L  G  O  O  O  Q  O  E  N  S  I  A  M  P  U  K
V  C  O  E  M  R  I  L  X  X  O  G  T  A  O  P  J  K  T  R  X  R  B
M  I  Z  L  K  M  B  V  H  C  S  R  R  I  Q  Q  S  U  E  E  D  T  L
M  N  G  B  P  E  F  W  E  E  U  S  T  Y  O  F  U  U  S  C  H  D  U
G  G  F  K  R  B  E  I  A  O  A  A  M  R  D  V  S  J  T  E  O  O  J
Y  A  F  C  C  H  J  E  C  Y  R  R  T  L  U  X  W  Y  I  S  Z  C  F
P  D  D  N  A  T  S  S  S  E  N  T  I  W  Q  O  S  Q  M  S  W  K  B
M  H  Z  W  U  Y  L  W  B  V  F  B  N  N  R  H  C  K  O  A  E  E  J
F  C  P  W  A  E  Z  I  U  F  Q  Q  P  X  G  Z  Q  E  N  A  G  T  F
A  B  H  V  C  A  L  Y  L  P  R  S  P  E  R  J  U  R  Y  T  E  H  B
G  F  W  F  M  E  W  D  S  B  I  S  Q  H  Q  Y  R  N  K  X  B  C  X
O  T  B  U  D  E  F  B  W  D  H  E  M  F  R  H  X  V  T  O  E  V  V
```

BAIL HEARING
COURT TRANSCRIPT
EVIDENCE
PRETRIAL CONFERENCE
SUBPOENA

COURT DOCKET
COURTROOM DECORUM
HEARSAY
RECESS
TESTIMONY

COURT ORDER
DELIBERATION
PERJURY
SENTENCING
WITNESS STAND

Legal Pulse 4

```
A V N B U Z J I Q M V F A J B A F X A E C C
Y R U D W Z L C L N E E L B B S B Z H S S E
S A D U H P U O I V S S V Q T M J C G Y A X
X F L R J Y O V C I T I M Y J T E N E O Z L
F C X Z M H U A B L A A Q G P H I E S U M Z
N O S R C W I K Y D Z J Y J Y D I S F M X C
J W J S E N T E N C I N G H E A R I N G A O
R J W N X N O I T A C U D E L A G E L Z P U
V A U Y Z V D J X X E Y C T K N L Y T Q P R
L X N R Z P E J F F Y O T V U Z F U B N E T
B U E D I C O U R T R U L I N G L N G P A R
H A T X C S Q R Z P I Y D Z S Q C C O T L E
K T M Q T E P O T Y K V V Z X O O J V G S C
K B A I V O I R D I R E P C U B U U D E C O
P A X I F M U K U C K M A R S M R F N O O R
F J E X U O Q N C D F S T S P X T L T W U D
M D R R C F M S N Z E S K V Y Z O R T K R S
G D A H Z P A C L L Y N A S I E F O H A T Y
J H B N B P S L A S M V C S G O L H H V D N
H W J G O V Y W T T A D S E G M A T Z F U K
Y K O P W F G E Z A C T C F F X W I J O U T
H V O Z H Y M K R X O K O B I G N R F I F X
```

APPEALS COURT
COURT OF LAW
COURT RULING
JUROR
LSAT

BAR EXAM
COURT PROCEEDINGS
COURT SYSTEM
LAW SCHOOL
SENTENCING HEARING

CASE LAW
COURT RECORDS
JURISPRUDENCE
LEGAL EDUCATION
VOIR DIRE

Legal Pulse 5

```
M  B  C  P  K  Q  R  A  N  Z  C  Q  L  A  W  R  E  V  I  E  W  U
A  Z  J  L  F  S  A  N  M  P  G  M  Z  M  L  I  T  Z  W  B  K  B
L  P  N  D  E  X  J  O  T  M  E  L  O  A  E  H  E  G  G  W  I  Q
E  R  U  B  N  R  I  E  B  V  V  E  Z  A  R  M  U  D  P  A  W  C
G  F  R  O  I  O  K  G  Q  J  D  G  W  I  A  O  D  N  L  L  S  I
A  N  P  I  R  I  F  S  S  T  C  A  R  T  N  O  C  B  Q  L  U  V
L  F  F  C  T  B  K  G  H  C  O  L  V  Q  Z  T  E  F  P  A  Z  I
A  M  X  D  C  A  G  X  L  I  E  I  E  A  L  C  L  J  V  N  F  L
N  Y  B  Y  O  R  F  V  L  F  P  N  I  F  P  O  E  K  G  I  A  P
A  P  M  L  D  K  Q  C  U  M  C  T  S  K  S  U  W  C  I  M  K  R
L  J  G  J  L  L  E  G  A  L  R  E  S  E  A  R  C  H  U  I  Q  O
Y  O  H  E  A  R  Q  C  L  P  A  R  C  K  S  T  I  P  Y  R  V  C
S  Z  I  T  G  K  W  Y  X  Q  C  N  Y  S  S  A  F  R  H  C  Q  E
I  D  T  L  E  G  A  L  R  E  A  S  O  N  I  N  G  O  I  T  J  D
S  W  E  O  L  A  E  F  J  S  G  H  I  S  G  N  E  P  C  D  X  U
W  A  L  L  A  N  O  I  T  U  T  I  T  S  N  O  C  E  L  T  D  R
Z  K  X  R  J  V  I  R  C  C  O  P  Y  J  A  R  A  R  F  M  P  E
V  W  J  O  K  P  O  M  M  X  A  G  F  G  H  X  T  T  L  Z  O  J
R  F  R  I  M  T  U  X  H  E  X  J  J  P  I  A  N  Y  Z  M  L  L
Q  U  R  C  V  X  G  N  I  T  I  R  W  L  A  G  E  L  A  O  F  Q
W  M  N  Y  R  V  Y  X  U  D  X  S  Z  B  H  B  P  A  M  V  V  J
A  L  V  D  J  N  W  Q  J  N  R  F  C  W  R  R  K  W  S  U  B  O
```

CIVIL PROCEDURE	CLERKSHIP	CONSTITUTIONAL LAW
CONTRACTS	CRIMINAL LAW	LAW REVIEW
LEGAL ANALYSIS	LEGAL DOCTRINE	LEGAL INTERNSHIP
LEGAL REASONING	LEGAL RESEARCH	LEGAL WRITING
MOOT COURT	PROPERTY LAW	TORTS

Legal Pulse 6

```
P Q Y M Z M L G Y M A Y O T H L Z A L B D M A
J R Y A B G E K C B I J C K Q H D V Z O F L U
P N L N X R G Z A Y Y N C N M I O Q P N S M U
I U E O O N A I V X R X G Z J Y H U D B I F H
H M G U Z I L P I C C Y H T X O T T V P I V S
S Y A P I H S N R E T X E L A G E L D X C W S
N P L P C P C S P T H O A C A Q M Y Y X V E Q
O E C L P L E E X X U E K X C C E T R I U B
I G I R E E O M C F V U N A I F I R V T P Q F
T W T O D G L Y K I O C L Y W F T U N Y Y F O
A C A Q N A A L X Z T R C W L B A A N X R L M
L P T I X L R L A W D C P F A I R F Q C S Q P
E H I D U S S C T T W B A L V R C M T K A T C
R G O Q G Y H Z Q H E M Q R A H O G S K I C A
Y E N W Z S I R K X E A D W P G S L Y G R Z K
C L L V T T P P I N A O D U T L E Z L J F K B
N B B V E R P C Q E I R V X N A L B N M I Z
E Q J G A M I H G B D V K Y O Y P G H Q U W R
G B V U W N T O F R M K D D P C G F E A Z I K
A R P N Y S L T N E M U G R A L A G E L R R O
J M Z L H O Q X W N U R Y B U V V C C X Y U P
F F F Q Q M O G T C Z K Z T I Q I T Y G P F B
L A W L I B R A R Y T I L I B A I L L B V V T
```

AGENCY RELATIONSHIP

APPELLATE ADVOCACY

LAW LIBRARY

LEGAL ARGUMENT

LEGAL CITATION

LEGAL EXTERNSHIP

LEGAL PRACTICE

LEGAL PROFESSION

LEGAL SCHOLARSHIP

LEGAL SYSTEM

LEGAL THEORY

LIABILITY

PRIVACY

SOCRATIC METHOD

WARRANTIES

Personality Playlist 1

```
T  E  T  A  N  O  I  S  S  A  P  M  O  C  N  O  J  X
R  R  W  D  C  O  L  J  A  H  T  L  O  H  J  J  P  N
E  C  E  C  T  B  F  N  A  T  I  A  D  A  I  Z  P  H
V  C  I  V  M  T  Y  Q  U  M  S  O  M  R  D  E  G  S
I  O  V  T  O  H  U  D  Z  S  M  P  N  I  S  V  I  D
B  N  I  D  E  R  I  W  E  Q  T  T  B  S  M  I  Z  M
M  F  N  E  N  H  T  R  J  T  C  I  I  M  X  S  M  P
A  I  I  O  V  U  T  X  S  R  Z  M  V  A  F  S  H  A
P  D  Y  S  V  I  B  A  E  R  I  I  C  T  P  E  R  N
X  E  G  J  V  A  S  A  P  S  X  S  T  I  R  R  I  A
E  N  B  E  W  G  T  S  T  M  G  T  K  C  M  G  U  L
P  T  Y  K  G  I  U  I  A  U  E  I  S  X  W  G  S  Y
E  K  E  X  V  H  C  W  V  P  V  C  Y  O  P  A  X  T
J  G  B  E  R  A  H  T  R  E  V  O  R  T  N  I  F  I
J  Y  C  C  B  E  Z  A  V  D  V  X  A  G  W  R  S  C
U  X  P  Z  M  S  B  M  R  L  C  Z  D  X  F  H  D  A
A  B  K  P  N  D  Q  T  V  P  F  U  S  W  B  V  X  L
H  T  Q  Q  W  P  A  F  O  M  P  B  F  S  K  E  P  A
```

AGGRESSIVE	AMBIVERT	ANALYTICAL
ASSERTIVE	CHARISMATIC	COMPASSIONATE
CONFIDENT	CREATIVE	EMPATHETIC
EXTROVERT	INNOVATIVE	INTROVERT
OPTIMISTIC	PASSIVE	PESSIMISTIC

Personality Playlist 2

```
L  J  P  Z  O  G  Z  S  Z  U  P  Y  V  R  E  M  C  C
A  X  P  A  K  Q  N  A  N  X  J  U  Z  F  V  K  B  A
H  M  O  E  T  X  N  I  C  D  E  V  R  E  S  E  R  U
W  A  W  E  R  I  Y  E  O  I  D  S  Q  D  N  F  P  T
P  Z  Z  P  P  F  E  K  G  G  T  D  O  T  S  V  A  I
F  V  K  X  O  R  E  N  C  P  T  E  H  P  N  A  N  O
J  R  B  R  F  M  S  C  T  O  S  U  G  V  K  D  S  U
D  E  V  E  Q  T  U  W  T  H  S  I  O  R  E  O  B  S
M  Y  R  L  W  N  O  L  O  I  T  U  N  P  E  X  F  K
L  A  A  I  Q  P  R  Y  A  E  O  C  E  K  F  N  B  A
C  L  E  A  W  D  U  S  O  P  E  N  M  I  N  D  E  D
F  P  U  B  V  B  T  D  R  X  D  R  I  Y  E  L  U  U
H  M  O  L  P  I  N  U  M  E  R  G  J  S  B  G  J  L
I  A  W  E  C  V  E  X  N  K  P  S  B  M  T  L  N  G
X  E  L  I  V  U  V  T  R  H  B  U  U  C  N  E  N  K
J  T  D  A  Y  N  D  T  Y  A  L  H  X  B  R  P  O  R
V  T  R  I  M  P  A  T  I  E  N  T  K  E  D  I  M  W
P  B  Q  L  V  Y  Z  V  O  X  K  C  M  X  H  X  V  D
```

ADVENTUROUS	CAREFREE	CAUTIOUS
ENERGETIC	ENTHUSIASTIC	HUMBLE
IMPATIENT	INDEPENDENT	OPEN MINDED
OUTGOING	PATIENT	PERFECTIONIST
RELIABLE	RESERVED	TEAM PLAYER

Personality Playlist 3

```
G  H  Y  Y  L  X  J  K  Q  P  R  P  C  W  X  N  Y  U  I  L
Q  Q  J  H  W  G  C  C  D  K  U  Z  I  K  G  Y  H  O  A  Y
O  R  C  K  F  Q  W  H  D  D  G  T  L  D  L  I  T  T  X
K  A  D  R  E  D  T  R  E  A  L  I  S  T  I  C  I  Q  E  L
P  S  X  E  S  R  P  F  F  D  S  P  I  Y  K  Y  S  F  A  S
I  E  Z  S  V  O  R  M  X  O  O  M  U  F  D  Z  D  E  T  G
O  L  N  O  S  I  D  E  F  N  L  M  R  E  K  J  N  D  J  Y
R  F  I  U  E  U  T  K  T  U  Y  A  T  E  B  W  V  S  W  C
G  D  E  R  L  U  W  A  S  F  R  N  L  C  X  S  Y  L  E  J
A  I  V  C  F  H  N  Z  N  G  E  C  A  K  X  M  T  V  V  J
N  S  I  E  M  E  T  O  F  I  Y  L  Q  Y  A  U  I  T  I  M
I  C  T  F  O  K  N  F  R  Y  G  L  O  P  I  C  X  S  T  R
Z  I  I  U  T  H  N  O  X  G  O  A  R  G  G  R  L  V  I  V
E  P  S  L  I  A  L  R  V  D  A  A  M  B  I  T  I  O  U  S
D  L  N  U  V  I  H  W  L  S  C  N  W  I  J  C  M  O  T  K
X  I  E  T  A  Y  V  M  H  T  J  W  I  F  Q  K  A  A  N  U
I  N  S  T  T  A  T  I  I  V  Q  M  Z  Z  Z  Q  X  L  I  F
I  E  E  N  E  I  P  C  U  L  F  X  H  Q  E  Z  R  E  R  Y
L  D  R  R  D  B  A  V  Z  U  M  Z  V  Z  L  D  U  T  R  U
J  Q  C  Z  G  L  J  L  G  F  N  N  D  T  M  N  W  D  I  M
```

ALTRUISTIC
IMAGINATIVE
ORGANIZED
RESOURCEFUL
SENSITIVE

AMBITIOUS
INTUITIVE
PRACTICAL
SELF DISCIPLINED
SPONTANEOUS

DETAIL ORIENTED
LOGICAL
REALISTIC
SELF MOTIVATED
UNORGANIZED

Personality Playlist 4

```
L O F U L K K Y I M E S O A U B U D
Q P P O I Q J H D Q R B E X U V H K
G Y S D W C G N I M R A H C Z C U D
N O O R E G F C M D F A A O H E C H
I Q B C I T A M O L P I D N A L J U
O Z T O V G N K E I F A T S D B N F
G I X F D P F E M C R I R C Q A I L
Y S W M D E R K I T C P I I Q T M E
S K O A E G T E N R A E T E N P Z X
A E V I T A R E P O O C N N L A B I
E K P E A S I G R U O L I T A D M B
L F J T C C U S Z M U G A I R A L L
Z E M R I N A O F R I S V O P I A E
I M M F D R V V I J I N V U G D C B
J P F O E H Q K A R B B E S Q R N U
N E P S D F K J Z U V V D X T U I
S J B L D E N I L P I C S I D K Q Q
T U C O V V H C X G P N A L M V S O
```

ADAPTABLE
CONSCIENTIOUS
DEDICATED
DISCIPLINED
EFFICIENT

CALM
COOPERATIVE
DETERMINED
EASYGOING
FLEXIBLE

CHARMING
CURIOUS
DIPLOMATIC
ECCENTRIC
GOAL ORIENTED

Personality Playlist 5

```
V  I  J  N  S  Y  R  J  J  F  O  E  L  G  L  O
M  P  B  A  H  M  N  Y  U  R  X  A  C  T  W  B
W  O  X  W  S  U  O  R  E  N  E  G  H  W  P  R
U  R  F  U  T  N  E  T  S  I  S  R  E  P  R  L
T  S  E  D  O  M  L  S  I  J  R  I  R  L  O  J
A  P  V  V  H  N  Z  O  N  V  Y  R  F  J  A  M
Y  J  I  J  I  Q  L  X  S  E  A  K  R  K  C  Z
T  U  T  L  Y  T  Z  L  P  X  L  T  I  Z  T  D
I  S  C  R  F  Z  I  J  I  B  I  T  E  S  I  Q
F  I  E  S  J  G  Z  S  R  R  W  J  N  D  V  G
X  I  J  N  K  B  U  R  I  Z  L  E  D  E  E  R
Z  L  B  K  O  M  K  J  N  U  K  R  L  X  G  P
S  N  O  N  X  H  C  J  G  T  Q  M  Y  P  Y  A
Q  K  D  Y  N  A  M  I  C  P  B  N  W  G  O  Y
K  V  O  Z  A  L  U  I  E  V  I  S  I  C  E  D
E  C  B  Q  B  L  I  M  P  U  L  S  I  V  E  S
```

DECISIVE	DYNAMIC	FRIENDLY
GENEROUS	GENTLE	HONEST
IMPULSIVE	INQUISITIVE	INSPIRING
LOYAL	MODEST	MOTIVATED
OBJECTIVE	PERSISTENT	PROACTIVE

Personality Playlist 6

```
R  U  U  N  T  N  Y  C  P  Z  A  N  I  D  Z  M  T
W  D  A  Z  C  C  W  Y  W  N  U  O  G  K  V  F  J
K  E  S  W  I  M  J  Z  V  F  T  Y  B  T  J  E  V
O  W  J  D  T  K  C  D  C  S  H  P  P  G  U  C  E
V  O  W  Z  S  H  W  J  A  T  E  C  Y  Q  P  X  Q
C  E  A  O  I  E  X  K  R  R  N  G  C  P  Z  W
Q  I  R  Z  T  J  Q  O  I  O  T  D  V  R  T  X  B
C  E  M  S  R  L  W  B  N  N  I  D  E  G  F  R  O
N  W  H  W  A  T  B  V  G  G  C  S  O  C  I  A  L
S  Z  E  W  S  T  G  W  N  W  S  W  E  K  T  M  D
I  K  A  U  V  W  I  E  V  I  T  R  O  P  P  U  S
N  L  R  V  I  P  H  L  V  L  R  R  H  F  U  I  R
I  T  T  S  M  S  A  E  E  L  Y  I  R  U  N  N  J
T  S  E  L  F  L  E  S  S  E  B  H  N  C  S  Z  T
H  Z  D  V  R  Q  B  P  S  D  I  Q  E  F  X  P  O
C  D  T  K  A  N  B  E  G  Q  A  R  W  X  K  V  J
S  S  E  L  R  A  E  F  C  M  E  W  J  R  V  C  W
```

ARTISTIC	AUTHENTIC	BOLD
CARING	EXPRESSIVE	FEARLESS
SELFLESS	SINCERE	SOCIAL
STRONG WILLED	SUPPORTIVE	TRUSTWORTHY
VERSATILE	WARM HEARTED	WISE

Personality Playlist 7

```
D  H  L  A  U  T  C  E  L  L  E  T  N  I  J  H  N
C  X  I  G  G  P  L  E  U  Q  M  R  W  D  L  S  U
G  G  J  N  U  F  F  W  Z  H  E  H  E  O  Q  L  S
P  G  A  U  V  K  H  E  A  D  T  T  L  F  B  A  T
T  G  U  R  R  P  L  R  A  X  I  Y  D  X  Q  I  S
S  J  F  T  K  Y  M  E  R  R  C  K  W  F  C  D  Y
R  A  C  U  I  O  L  R  I  E  U  C  O  M  B  B  W
A  A  R  R  N  Z  K  P  T  A  L  U  A  U  K  A  L
D  Y  Q  I  D  L  S  D  U  M  O  L  C  K  C  C  Q
Q  O  O  N  H  E  O  E  X  N  U  O  G  F  P  K  U
Z  U  L  G  E  Y  Y  V  B  K  S  G  U  V  P  Z  A
S  T  U  R  A  C  Q  W  I  W  Y  Y  F  J  D  A  K
T  H  F  G  R  C  R  U  O  N  E  P  I  B  L  Z  H
W  F  Y  A  T  D  L  E  R  E  G  P  E  C  H  F  C
I  U  O  N  E  Z  F  K  I  G  R  A  C  I  O  U  S
N  L  J  I  D  L  L  B  V  F  B  H  V  M  U  H  J
O  W  B  U  S  D  Q  R  V  J  G  Q  C  G  L  K  I
```

FIERCE	FREE SPIRITED	FUN LOVING
GRACIOUS	HAPPY GO LUCKY	HARMONIOUS
INTELLECTUAL	JOYFUL	KIND HEARTED
LAID BACK	LEADER	METICULOUS
NURTURING	YOUTHFUL	ZEN

Personality Playlist 8

```
I  D  L  U  F  Y  A  L  P  X  O  O  H  P  S  V
W  G  Y  Q  L  R  Q  L  A  U  Y  O  R  E  K  H
K  D  R  K  X  E  E  O  S  U  E  K  K  D  T  M
D  W  G  H  R  S  U  V  S  V  G  V  S  X  K  V
F  J  F  X  I  I  X  C  I  J  B  Y  F  Z  F  V
Y  G  M  W  Z  L  U  T  O  T  M  A  R  V  H  A
W  N  F  F  E  I  C  Q  N  P  I  X  E  Z  B  J
V  I  O  B  S  E  R  V  A  N  T  S  L  H  B  N
G  T  V  P  L  N  C  T  T  M  D  A  O  J  T  O
U  S  F  F  E  T  H  W  E  N  N  O  E  P  N  T
W  U  E  E  J  E  I  I  J  O  P  U  L  N  A  K
X  R  Z  O  T  B  B  T  I  A  X  R  U  Y  I  E
C  T  U  I  L  U  F  T  H  G  U  O  H  T  D  G
G  N  C  Y  I  O  A  Y  O  W  N  U  H  Y  A  H
G  V  S  P  I  R  I  T  E  D  D  E  X  K  R  Y
M  A  Q  A  H  N  S  U  O  I  C  A  N  E  T  G
```

OBSERVANT	PASSIONATE	PLAYFUL
POSITIVE	QUIRKY	RADIANT
RATIONAL	REFLECTIVE	RESILIENT
SPIRITED	SYMPATHETIC	TENACIOUS
THOUGHTFUL	TRUSTING	WITTY

Personality Playlist 9

```
M  J  X  Y  V  Z  U  O  M  B  L  U  M  P  P  V  Z  R  R
T  W  P  R  O  F  E  S  S  I  O  N  A  L  M  X  S  A  N
D  E  L  B  A  H  C  A  O  R  P  P  A  E  B  K  C  S  Y
G  D  G  Q  S  Z  N  V  P  R  H  P  Z  R  I  F  J  T  A
X  A  U  B  G  W  P  X  H  W  H  V  Z  N  E  V  E  W  U
Y  B  U  Y  R  A  N  O  I  S  I  V  P  F  O  M  E  T  N
H  E  Y  T  E  R  W  A  S  C  H  E  P  V  W  K  Y  B  C
T  O  F  X  H  M  J  H  T  K  Q  Q  Z  Z  P  G  Q  L  O
R  F  O  K  N  O  W  M  I  H  O  A  M  W  I  M  M  K  N
E  S  Q  Q  I  V  R  L  C  M  G  Y  B  X  V  Q  E  L  V
C  A  S  U  A  L  D  I  A  N  S  N  B  I  F  N  M  V  E
P  R  E  L  A  X  E  D  T  T  H  I  L  M  G  C  A  K  N
Y  W  V  V  Y  N  I  U  E  A  K  C  C  A  Y  O  M  N  T
E  R  H  S  K  Z  F  R  D  J  T  Y  G  A  P  T  K  N  I
Y  M  R  O  B  J  I  H  L  N  K  I  X  Y  L  M  A  S  O
T  J  T  N  Z  O  N  T  Z  H  N  Z  V  J  L  R  C  R  N
V  G  Y  N  U  V  G  R  F  G  Q  Z  J  E  B  T  F  D  A
P  R  Q  S  M  C  I  I  B  N  T  E  T  I  L  O  P  H  L
B  L  I  C  N  A  D  Y  P  Y  R  M  V  Z  J  L  Z  N  O
```

APPROACHABLE
DIGNIFIED
POLITE
SOPHISTICATED
VISIONARY

AUTHORITATIVE
ENGAGING
PROFESSIONAL
UNCONVENTIONAL
WARM

CASUAL
MYSTERIOUS
RELAXED
VIBRANT
WHIMSICAL

Personality Playlist 10

```
T  S  N  W  O  Z  B  J  S  Z  T  N  A  G  E  L  E  Q
E  N  N  D  D  Z  E  D  L  S  U  V  O  I  L  N  J  Z
X  X  N  X  K  I  K  N  U  A  O  A  Z  P  J  A  H  S
Y  D  F  S  L  J  S  O  G  U  U  L  H  Y  W  E  L  A
X  R  B  B  M  Y  V  T  G  M  A  W  J  Y  X  S  T  Z
N  A  J  J  E  R  V  A  I  D  C  A  Q  K  N  N  X  R
Q  W  K  K  E  L  G  C  S  N  E  Y  I  X  A  A  W  Z
T  K  T  N  P  N  U  T  H  I  G  L  C  T  H  N  Z  O
Z  W  C  E  E  M  P  F  Y  X  O  U  I  C  N  I  Q  Y
U  A  L  P  Q  K  X  U  E  L  Z  S  I  C  Y  M  R  H
D  E  P  G  D  Q  U  L  I  C  E  T  F  S  A  A  E  B
Q  A  S  R  B  O  A  V  C  H  A  V  U  I  H  T  Z  J
S  K  I  H  T  H  K  R  C  M  J  R  I  U  C  E  E  R
H  F  I  L  H  A  S  F  A  P  K  W  G  L  R  D  D  F
F  E  S  G  N  I  S  R  L  C  R  I  I  C  O  D  D  G
V  S  H  H  U  L  D  E  S  I  O  P  O  W  F  E  B  C
Z  E  V  A  U  S  Q  O  B  H  B  Q  G  G  L  V  C  P
H  A  G  I  P  R  U  O  B  B  U  Q  S  M  H  H  P  P
```

ANIMATED	AWKWARD	DELICATE
DISTINGUISHED	DRAMATIC	ELEGANT
GRACEFUL	HESITANT	LIVELY
NERVOUS	POISED	SLUGGISH
SUAVE	TACTFUL	ZANY

Personality Playlist 11

```
G  M  Z  U  Q  T  S  A  G  Z  M  X  P  H  Z  J  M  J
N  S  J  Q  P  E  O  M  Y  N  S  E  C  Q  O  B  S  S
O  C  F  Y  T  A  P  U  V  B  I  T  S  Y  V  J  L  B
I  A  B  E  H  A  V  I  O  R  U  P  A  R  Z  U  D  R
T  J  X  E  I  T  T  O  C  V  R  L  O  I  O  D  F  X
A  L  J  R  V  L  A  S  I  M  T  R  G  C  C  F  K  Q
R  A  R  S  N  I  E  P  U  D  L  E  J  K  A  V  V  S
E  S  U  K  N  H  N  B  M  Y  A  C  Z  T  Z  G  Y  O
P  U  C  W  O  O  F  Z  H  E  E  N  T  G  N  M  C  T
O  O  N  O  I  S  S  E  R  G  G  A  C  J  K  B  A  J
O  R  U  T  T  V  L  P  H  P  C  I  V  E  M  I  C  G
C  A  C  Q  A  U  H  I  X  H  Z  L  P  N  H  G  R  G
L  A  E  N  T  U  V  E  M  W  J  P  U  D  V  Q  F  G
A  K  E  V  P  P  H  E  X  L  H  M  S  U  O  X  D  I
S  J  F  P  A  J  N  J  K  D  F  O  K  J  K  U  N  I
B  Y  U  R  D  T  K  J  X  U  Z  C  T  T  J  V  L  M
T  J  J  Y  A  S  S  E  R  T  I  V  E  N  E  S  S  O
C  G  R  W  A  N  X  I  E  T  Y  L  W  E  D  H  W  N
```

ACTION	ADAPTATION	AGGRESSION
ALTRUISM	ANXIETY	AROUSAL
ASSERTIVENESS	ATTACHMENT	AVOIDANCE
BEHAVIOR	BELIEFS	COMPLIANCE
COOPERATION	COPING	EMPATHY

Personality Playlist 12

```
A  Y  H  T  S  U  R  T  H  I  M  W  R  Q  L  M  X  K  L  Q
D  N  E  T  T  U  P  S  N  L  Y  N  W  J  B  S  B  A  B  S
J  S  F  Z  E  C  N  E  I  L  I  S  E  R  Y  N  C  M  X  C
Y  D  R  S  Q  O  B  P  R  D  Z  B  F  I  X  X  T  E  G  G
F  Z  I  O  S  M  N  Y  H  C  B  V  V  N  N  C  I  E  I  Z
V  K  T  C  J  C  K  T  P  G  E  K  I  H  N  G  M  T  G  J
K  Y  T  I  L  A  N  O  S  R  E  P  X  I  P  O  L  S  I  E
X  H  P  A  X  K  O  E  B  E  S  G  T  B  T  X  E  E  K  P
H  P  E  L  A  K  I  R  X  L  L  S  Q  I  H  G  X  F  L  J
Z  B  C  I  Y  E  T  E  N  O  N  F  V  T  O  P  C  L  F  B
E  T  I  Z  I  N  C  T  Q  I  V  A  C  I  L  N  U  E  H  W
Q  G  D  A  Y  Z  E  S  A  P  T  D  Y  O  T  O  S  S  Q  A
F  E  U  T  N  K  L  J  T  I  W  S  X  N  N  V  S  G  B  O
M  J  J  I  T  M  F  D  O  G  G  H  F  N  R  T  E  O  X  F
C  D  E  O  I  E  N  Z  J  M  F  I  C  Q  R  R  X  N  D
Y  M  R  N  N  V  R  V  A  T  C  H  Q  J  M  M  T  O  B  Q
M  W  P  X  E  U  F  B  M  P  X  P  U  Z  R  L  S  B  L  N
L  S  G  W  U  X  L  J  Z  R  Q  J  E  S  V  J  X  R  Y  E
S  O  Z  F  H  W  E  T  B  P  E  J  P  F  J  J  O  G  S  Y
P  R  O  C  R  A  S  T  I  N  A  T  I  O  N  H  T  I  Q  E
```

INHIBITION

INSTINCT

MOTIVATION

PERCEPTION

PERSONALITY

PREJUDICE

PROCRASTINATION

RESILIENCE

SELF CONTROL

SELF ESTEEM

SELF REFLECTION

SOCIALIZATION

STEREOTYPE

STRESS

TRUST

Personality Playlist 13

```
T  R  N  Z  L  N  A  N  C  F  Z  S  U  Z  W  Y  C  E  Y
A  N  X  O  A  E  O  H  Z  H  X  S  G  S  Q  B  Q  M  Z
W  T  N  N  I  A  Q  I  X  Z  P  E  A  R  M  Y  Y  B  Y
D  N  T  O  J  T  K  M  T  U  D  N  H  D  D  M  N  A  T
X  E  W  I  I  Y  C  T  R  A  F  G  D  L  O  Z  X  S  I
C  G  C  T  T  T  E  E  X  F  P  N  M  K  L  Z  U  Q  M
O  F  E  I  B  U  N  L  F  D  Q  I  V  I  N  G  Q  M  R
M  N  A  T  S  X  D  E  H  F  N  G  C  I  S  R  X  P  O
P  H  N  E  L  I  M  E  T  I  A  N  D  I  L  M  T  A  F
A  K  G  P  C  Q  O  B  J  T  Y  O  D  D  T  N  J  D  N
S  H  F  M  J  N  C  N  D  M  A  L  D  J  E  N  J  A  O
S  X  S  O  Z  H  E  D  M  L  F  E  F  M  G  J  A  P  C
I  Q  Y  C  Z  Z  N  D  J  A  P  B  R  S  R  E  W  T  H
O  F  Y  H  D  J  G  S  N  K  K  E  M  I  U  E  Y  I  Q
N  G  Q  T  O  G  X  Z  Z  E  W  I  M  R  X  S  G  O  N
J  B  G  S  F  N  I  A  W  O  P  K  N  S  N  M  K  N  P
L  E  G  T  T  B  D  L  P  B  J  E  Z  G  A  O  D  I  A
K  J  F  J  I  C  C  M  X  V  A  M  D  T  T  Z  C  R  W
Y  L  O  R  Z  R  E  W  O  P  L  L  I  W  B  P  B  C  M
```

ADAPTION	AFFECTION	ANGER
ANTICIPATION	ATTENTION	ATTITUDE
BELONGINGNESS	COMPASSION	COMPETITION
CONFORMITY	DECISION MAKING	DEPENDENCE
DISGUST	EMPOWERMENT	WILLPOWER

Personality Traits 1

```
E  X  L  N  A  K  E  V  D  J  T  I  L  N  H  T  P  P  S  X
Y  S  U  O  L  A  E  J  U  B  V  M  S  O  R  V  I  B  R  V
N  O  I  T  C  A  F  S  I  T  A  S  S  I  D  M  J  U  H  B
Y  A  P  C  Q  F  Z  C  O  Z  E  N  T  P  H  T  P  C  E
W  N  F  O  R  G  I  V  E  N  E  S  S  A  J  L  U  M  E  N
E  E  N  L  H  L  P  O  S  G  N  V  T  R  D  O  J  B  Y  N
D  Q  R  X  Z  Z  W  S  S  E  N  I  Y  O  E  A  F  Y  P  H
C  D  Y  P  C  M  E  W  C  D  E  E  P  L  X  T  B  Y  B  V
M  E  F  C  C  L  Y  A  B  N  I  C  A  P  C  L  Y  H  A  T
S  C  C  Z  P  H  U  Y  C  V  N  N  B  X  A  H  X  T  E  G
E  H  Q  L  I  W  X  E  J  T  B  A  S  E  Q  Q  O  N  B  K
Y  G  E  E  G  C  W  L  J  L  N  N  Z  E  Q  G  F  E  S  C
W  H  M  M  Y  N  G  I  I  I  R  I  Y  F  C  C  D  M  W  Q
S  S  E  N  I  P  P  A  H  U  Y  M  T  W  W  U  Q  E  Y  P
D  E  D  U  T  I  T  A  R  G  X  O  M  N  D  L  R  T  C  E
V  O  K  M  J  N  W  D  N  E  G  D  P  K  B  L  S  I  J  W
Q  X  J  Y  T  Z  T  X  I  Y  I  A  Y  V  L  E  J  C  T  M
P  K  W  A  C  Z  T  A  E  R  K  E  D  O  N  A  O  X  P  Y
T  Z  Y  Z  V  S  L  Z  F  D  W  E  P  O  H  S  W  E  J  A
R  Q  T  E  V  X  Z  S  O  V  E  J  H  B  P  J  S  N  U  Y
```

DISSATISFACTION
EXPLORATION
GUILT
HONESTY
INSECURITY

DOMINANCE
FORGIVENESS
HAPPINESS
HOPE
JEALOUSY

EXCITEMENT
GRATITUDE
HELPLESSNESS
IMPATIENCE
ZEAL

Personality Traits 2

```
K  U  H  Z  K  Y  R  M  I  D  P  T  T  V  U  K  W  U
C  U  H  X  F  C  P  L  E  A  S  U  R  E  G  R  E  T
D  N  W  P  J  D  L  X  L  A  N  N  L  I  E  H  Y  C
K  L  D  Y  R  V  X  Q  B  C  L  O  Q  N  E  Y  E  T
M  U  Q  S  U  B  J  M  D  L  N  Z  J  E  B  H  U  K
Y  V  D  V  E  N  M  X  K  E  V  I  V  T  H  B  R  Q
S  R  D  Q  C  D  H  H  L  P  Z  N  S  O  D  J  L  F
O  A  G  W  N  V  V  I  C  R  N  R  J  L  F  O  E  V
G  B  T  B  A  F  N  M  I  I  U  S  W  E  O  T  U  G
L  O  E  I  T  E  F  W  E  D  S  J  I  R  D  V  J  D
S  V  C  D  S  S  H  A  M  E  E  D  W  A  D  A  E  E
B  Y  S  S  I  F  D  B  N  X  C  G  Z  N  I  I  Y  D
J  A  N  S  S  E  A  D  D  Y  B  N  P  C  D  G  A  V
Y  R  E  E  E  M  N  C  C  I  B  B  E  E  X  Y  G  S
Q  G  K  V  R  I  Y  C  T  W  T  M  E  I  Q  I  C  F
Q  D  H  W  K  G  Q  A  E  I  S  O  L  I  T  U  D  E
D  O  X  P  W  Z  Y  N  E  L  O  C  S  C  N  A  F  K
S  K  Y  T  I  L  I  B  A  R  E  N  L  U  V  N  P  U
```

KINDNESS
OBEDIENCE
PRIDE
SATISFACTION
SYNERGY

LONELINESS
PATIENCE
REGRET
SHAME
TOLERANCE

LOVE
PLEASURE
RESISTANCE
SOLITUDE
VULNERABILITY

Emotions 1

```
I  B  W  S  L  B  A  F  Z  Z  A  T  R  X  Q  N  Z  C
U  S  S  J  Q  Y  E  R  M  J  G  Z  B  O  C  O  N  Z
W  U  E  H  W  R  J  G  H  W  O  L  V  F  D  I  K  J
V  M  H  A  T  R  E  D  Y  Q  I  H  R  E  Z  T  L  N
T  E  T  E  K  N  H  N  O  S  T  A  L  G  I  A  O  W
V  L  J  A  Z  X  E  D  S  S  A  I  K  W  Y  I  I  H
C  C  O  U  A  H  M  M  K  G  G  T  T  S  S  L  S  C
P  B  C  Q  M  D  A  I  S  H  Z  J  S  U  O  I  U  G
U  Q  H  E  L  K  P  I  T  S  Q  F  F  C  M  M  R  Z
K  Y  X  A  E  I  J  L  I  W  A  N  E  Q  E  U  Z  V
I  A  H  G  H  F  K  O  Y  W  O  R  A  H  H  H  G  K
W  E  B  O  W  N  F  Z  G  C  U  U  R  J  S  A  I  J
G  D  B  E  R  X  O  J  A  E  I  L  P  A  N  I  C  N
Q  G  B  S  E  S  U  X  G  X  W  Z  D  T  B  T  A  U
N  E  R  C  V  P  Y  R  I  Y  U  X  T  V  Y  M  V  X
S  T  A  C  O  X  I  A  N  U  S  X  T  S  D  D  E  L
R  E  W  P  Y  E  N  V  Y  R  Z  K  W  C  Y  W  H  T
P  Q  D  X  F  T  N  E  M  T  N  E  T  N  O  C  E  S
```

BLISS	CONFUSION	CONTENTMENT
DELIGHT	ECSTASY	EMBARRASSMENT
ENVY	FEAR	GRIEF
HATRED	HUMILIATION	NOSTALGIA
OVERWHELM	PANIC	PEACE

Emotions 2

```
I  S  B  P  Y  I  O  R  U  M  Q  S  R  H  H  K  I  S  S
R  P  D  E  F  E  N  S  I  V  E  N  E  S  S  M  H  C  S
T  K  S  M  N  A  S  U  R  P  R  I  S  E  I  B  E  D  E
K  U  X  I  T  F  M  A  I  A  Z  E  S  E  D  O  E  E  N
O  N  V  L  S  Y  M  U  D  A  N  U  B  O  I  F  N  M  D
M  R  D  Y  J  W  X  M  S  M  K  M  X  U  S  O  L  O  A
V  T  E  M  J  O  S  C  L  E  I  N  X  U  A  Y  B  H  S
O  Q  W  L  B  N  E  A  D  V  M  R  I  J  P  G  I  R  N
T  U  A  Y  I  D  C  Y  K  B  O  E  A  K  P  P  T  O  P
C  B  D  C  R  E  S  E  N  T  M  E  N  T  O  Z  T  D  X
U  W  F  O  O  R  F  O  D  Y  T  D  Z  T  I  P  E  U  Z
C  V  E  Z  F  N  S  Q  X  O  I  K  Y  Z  N  O  R  X  V
Y  E  Z  R  T  G  T  W  U  M  I  L  M  E  T  F  N  C  N
D  G  D  O  Q  H  R  E  Z  W  I  D  I  H  M  I  E  C  O
N  W  T  Q  N  T  C  O  M  P  O  S  U  R  E  D  S  E  J
C  G  S  H  N  Y  A  P  Q  P  E  R  A  E  N  Q  S  Z  V
Y  W  K  T  V  F  B  G  W  E  T  L  R  O  T  H  H  U  J
M  M  C  F  T  Z  J  O  B  H  L  L  Q  Y  H  T  R  W  N
Q  I  N  D  Z  K  D  H  B  C  L  N  Q  D  L  F  C  U  N
```

ADMIRATION	AMUSEMENT	AWE
BITTERNESS	CALMNESS	COMPOSURE
CONTEMPT	DEFENSIVENESS	DISAPPOINTMENT
RELIEF	RESENTMENT	SADNESS
SURPRISE	WONDER	WORRY

Emotions 3

```
P  Y  J  N  O  I  T  A  D  I  P  E  R  T  E  X  Y  B  H  U
E  T  L  E  G  B  P  P  X  H  V  I  O  X  H  T  O  N  K  C
Z  N  V  D  Q  S  W  C  Z  T  F  X  G  W  Q  T  I  L  K  N
K  I  U  S  N  O  I  T  A  R  E  B  I  L  J  R  S  R  B  T
A  A  C  F  S  V  W  F  I  I  R  W  R  F  R  N  X  I  K  Z
L  T  S  Z  P  E  O  V  O  M  Z  Q  K  I  S  J  E  D  C  X
O  R  J  C  F  R  N  O  G  D  G  X  T  R  U  Z  K  H  Q  E
J  E  X  K  O  W  D  E  P  K  Q  A  N  T  M  L  F  S  S  V
Z  C  S  D  Q  H  E  O  V  R  T  B  C  B  D  H  S  D  A  E
M  N  S  A  P  E  R  G  N  I  N  R  A  E  Y  E  I  O  P  G
T  U  S  W  Y  L  M  M  O  L  T  M  J  K  N  B  J  A  R  G
D  O  E  N  N  M  E  N  J  N  W  I  I  S  K  Y  Z  N  Q  D
D  X  N  L  Y  E  N  E  F  E  W  C  L  S  U  T  R  Q  V  Z  H
I  N  N  I  J  D  T  M  K  S  S  E  F  I  Y  L  F  E  A  Q
Q  E  E  L  Z  R  I  I  L  T  L  M  J  P  U  W  A  X  P  M
E  F  L  A  V  T  M  G  Z  T  E  R  K  Q  Z  Q  W  A  J  A
I  W  L  E  N  N  P  D  S  S  F  F  M  D  W  C  N  T  P  U
I  I  U  E  V  S  W  E  O  T  S  P  P  U  C  Y  R  I  G  B
C  E  S  J  W  R  R  N  O  U  D  U  Y  K  N  Y  T  O  O  Q
U  G  V  U  H  W  O  R  R  O  S  N  N  R  N  Y  L  N  O  M
```

INQUISITIVENESS	IRRITATION	LIBERATION
MIRTH	OVERWHELMED	PITY
RESTLESSNESS	SENTIMENT	SORROW
SULLENNESS	TREPIDATION	UNCERTAINTY
VEXATION	WONDERMENT	YEARNING

Emotions 4

```
E  A  G  Z  N  O  I  T  A  L  E  R  C  T  G  V  A
O  G  U  J  B  J  U  M  U  H  X  X  M  M  R  E  H
H  N  N  L  H  O  D  E  M  R  A  H  C  G  A  B  Y
X  R  G  I  D  D  I  N  E  S  S  R  L  L  T  F  A
C  N  H  T  V  V  Y  J  H  A  P  H  C  N  E  N  M
A  X  N  R  N  A  G  A  L  F  E  R  H  H  F  Z  S
U  X  C  K  H  E  R  W  G  G  R  B  R  O  U  F  I
T  O  O  J  A  Q  M  C  N  I  A  Z  P  S  L  R  D
I  J  F  T  U  C  M  H  S  J  T  Q  D  T  N  U  G
O  A  K  B  Z  P  Z  O  S  A  I  A  M  I  E  G  Y
U  P  P  A  E  K  L  X  D  I  O  J  T  L  S  C  R
S  A  I  E  M  B  O  L  D  E  N  E  D  I  S  J  L
N  T  P  S  C  Z  R  Y  N  S  R  O  U  T  O  E  F
E  H  M  J  R  A  G  X  G  G  T  O  T  Y  P  N  K
S  Y  B  X  R  J  X  L  D  P  K  O  B  S  I  E  K
S  X  T  W  Q  U  N  O  I  T  A  R  O  D  A  Y  X
Q  M  K  J  T  M  X  W  I  H  L  R  J  Y  U  Q  J
```

ADORATION	AGITATION	APATHY
ASTONISHMENT	BOREDOM	CAUTIOUSNESS
CHARMED	CRAVING	DISMAY
ELATION	EMBOLDENED	EXASPERATION
GIDDINESS	GRATEFULNESS	HOSTILITY

Emotions 5

```
C  J  P  E  H  E  E  A  G  E  R  N  E  S  S  U  E  E  P
C  Z  I  D  Y  N  E  R  V  O  U  S  N  E  S  S  R  T  F
J  Y  N  L  O  N  G  I  N  G  T  Q  G  N  S  F  C  Z  X
B  D  Y  R  C  F  G  T  N  A  F  R  W  T  E  K  J  C  C
D  J  Y  D  S  I  R  B  A  G  H  V  X  I  N  N  C  S  O
K  W  T  Z  L  E  A  U  W  J  Y  Y  N  M  R  Q  I  N  V
J  P  I  A  F  V  J  I  S  P  V  D  B  E  E  X  I  S  N
N  V  N  Y  Q  T  V  I  A  T  I  S  P  N  D  B  P  F  L
O  C  E  R  M  K  G  S  Z  F  R  R  P  T  N  F  Z  H  I
E  D  R  Q  A  D  S  K  F  S  A  A  R  A  E  H  B  Y  R
K  T  E  O  V  I  D  E  S  P  F  A  T  L  T  B  Z  M  U
B  U  S  A  V  E  R  C  T  S  U  S  P  I  C  I  O  N  X
B  U  G  I  O  E  P  U  Q  Q  E  N  S  T  O  Y  V  S  J
F  J  T  V  N  D  R  K  O  Z  Z  N  E  Y  C  N  O  J  Z
P  Y  C  C  D  E  G  J  U  S  P  H  D  A  V  F  B  J  X
U  H  E  W  L  O  W  G  O  U  U  O  V  N  S  U  S  N  O
I  F  S  B  Q  R  S  W  L  Y  G  D  D  E  O  E  T  D  K
C  Q  K  L  B  M  S  N  J  Z  E  W  W  J  L  F  B  X  A
X  O  R  F  E  J  I  R  D  Y  I  D  N  M  I  P  R  F  L
```

EAGERNESS	FONDNESS	FRUSTRATION
INDIFFERENCE	LONGING	NERVOUSNESS
OVERJOYED	PASSIVITY	RAPTURE
SENTIMENTALITY	SERENITY	SUSPICION
TENDERNESS	UNEASE	VIGILANCE

Dress Code 1

```
S V C Y S Z U X J K C Y Z R Z H W I D D V T D V
Y Y G X N X B T K Z U O F J A R D C R S L M Y A
S Q K V Z T S Z A I G S N F P R O O D V K S U L
F M I M S U D Q K W A C Z E H A A N N T G J M Z
H R K J R F M R O F I N U M A E T S T R O P S Y
X O H W Y O C N I G O T Q H V L T T A F O V T O
J F U M R O F I N U F E H C S E I R G L K M Y H
C I D S M E D I C A L S C R U B S U I Y R U J E
C N P A E P Z P N I Z Z A V G M B C H O H E I I
Y U C I V K L H P U H C T Z I Z E T F A V Y K U
F Y F L L Q E H N M R P C H L U E I X X H Q I W
G R P O Q O X E V H O E D H N J N O L U S U I L
X A M R H E T J P S T R T I R U A N I R M S D P
M T Q U W Z R U T I A J F H F P R W F F N F I L
J I N N L W M A N U N O Z F G X C O E W A Y I P
M L A I C V L R G I R G A L T I S R G T J Z K N
J I C F Z W S Y L M F T U M H S F K U B B B S C A
Q M B O O B T M T O S O M N Y Q E E A G U P Y P
W W Q R M I H T B T A G R R I N J R R E S C C N
L E K M R Y L B I P C E B M G F S R D I F V K C
L E S U X O J A W O K A H N C J O S V Y F G Z I
R A C F U N W N N J B Z U I S G L R T K N U P C
S E P G B Y U F B G W J K F W D X R M Y D Y P Z
S B Q X U V J Z S C H O O L U N I F O R M M O Q
```

CHEF UNIFORM

CONSTRUCTION WORKER

FIREFIGHTER UNIFORM

HOUSEKEEPING UNIFORM

LIFEGUARD

MEDICAL SCRUBS

MILITARY UNIFORM

PILOT UNIFORM

POLICE UNIFORM

POSTAL WORKER

SAILOR UNIFORM

SCHOOL UNIFORM

SECURITY GUARD

SPORTS TEAM UNIFORM

WAITSTAFF UNIFORM

Dress Code 2

```
O  T  W  C  N  U  R  S  I  N  G  U  N  I  F  O  R  M  N  O  R  B  B
W  Z  B  Q  E  D  W  S  Z  V  B  O  N  V  M  L  U  J  U  C  V  I  M
F  G  N  C  L  A  N  L  T  X  F  C  M  W  R  G  C  P  O  A  F  M  V
H  O  T  E  L  S  T  A  F  F  U  N  I  F  O  R  M  X  V  S  K  J  Q
V  F  E  A  O  T  T  I  N  K  O  U  I  J  F  G  S  Y  X  I  L  H  C
K  P  V  I  A  R  P  V  L  I  W  M  S  W  I  T  C  X  D  N  U  T  N
E  N  V  R  P  O  R  O  T  C  O  D  W  K  N  R  O  S  J  O  E  J  S
P  V  L  L  U  N  D  T  W  D  E  U  J  A  U  A  U  G  C  D  K  X  R
K  J  E  I  U  A  H  F  H  K  X  L  Z  X  S  F  T  W  U  E  E  J  B
E  S  C  N  J  U  S  V  J  O  S  B  U  A  S  F  U  R  S  A  Y  W  Y
D  N  E  E  T  T  J  Q  A  B  T  G  U  L  E  I  N  M  T  L  I  X  Z
O  L  S  P  W  S  E  P  S  D  A  E  C  M  D  C  I  X  O  E  G  K  R
Y  Y  J  I  L  P  T  O  P  H  U  Q  G  W  R  P  F  I  M  R  Y  K  N
F  O  N  L  O  A  U  A  C  S  U  E  D  T  A  O  O  R  S  O  B  O  H
F  W  W  O  E  C  B  P  F  M  V  S  W  G  W  L  R  R  O  A  R  B  R
T  X  L  T  N  E  E  R  E  F  E  R  Z  B  E  I  M  Q  F  R  S  J  W
I  V  G  B  K  S  O  P  N  D  U  U  D  V  T  C  T  Q  F  B  C  W  J
D  V  F  I  Q  U  W  T  N  E  D  N  R  Q  S  E  X  K  I  I  K  G  P
D  U  I  R  R  I  Q  V  E  T  E  R  I  N  A  R  Y  S  C  R  U  B  S
E  W  D  D  J  T  Z  Q  G  I  J  O  R  F  H  G  I  I  E  A  H  Q  L
P  A  R  K  R  A  N  G  E  R  U  N  I  F  O  R  M  B  R  O  T  X  K
D  P  A  H  Q  R  U  D  X  U  D  E  S  U  Y  R  T  F  P  I  V  J  W
H  R  A  K  V  U  Y  H  J  K  E  H  V  S  G  X  M  G  E  W  P  Q  T
```

AIRLINE PILOT	ASTRONAUT SPACESUIT	CASINO DEALER
CUSTOMS OFFICER	DOCTOR	EVENT STAFF UNIFORM
HOTEL STAFF UNIFORM	NURSE	NURSING UNIFORM
PARK RANGER UNIFORM	REFEREE	SCOUT UNIFORM
STEWARDESS UNIFORM	TRAFFIC POLICE	VETERINARY SCRUBS

Dress Code 3

```
Z  B  M  Z  C  S  T  D  M  O  C  H  M  U  M  O  I  Q  X  E  C  G  S
Y  Y  Q  U  O  O  S  E  N  R  G  A  N  Z  R  W  E  B  Q  O  A  C  Y
N  T  P  P  O  L  U  W  J  D  O  E  Z  I  O  E  X  V  U  X  L  I  C
A  I  F  Y  L  S  F  R  B  U  J  F  T  Z  F  I  F  V  E  X  N  E  N
I  R  W  R  S  U  C  Y  T  H  D  C  I  Y  I  I  X  V  A  O  H  V  A
C  U  I  E  X  G  M  U  G  R  M  M  Z  N  N  Y  A  T  A  H  J  U  I
I  C  O  V  G  A  B  B  M  O  R  L  T  U  K  P  A  W  K  W  D  R
N  E  Y  I  P  A  X  A  E  A  K  O  N  R  D  P  Y  L  A  M  A  L  P
H  S  D  R  P  K  L  N  R  R  D  F  M  M  R  L  O  F  I  E  N  J  O
C  O  I  D  A  C  D  F  Q  N  U  I  E  J  A  K  V  H  O  A  T  H  R
E  N  F  Y  R  X  Z  A  U  S  T  N  V  K  U  K  L  Z  L  F  Q  V  T
T  I  A  R  A  T  F  V  Z  O  R  U  I  I  G  D  M  G  V  L  V  C  S
C  S  E  E  M  R  S  L  V  L  M  N  J  F  N  N  G  T  T  B  E  J  E
A  A  Y  V  E  D  T  P  B  A  E  A  Z  U  O  G  I  E  E  U  Q  B  C
V  C  B  I  D  R  M  C  O  J  X  I  C  Q  S  R  W  X  R  G  T  H  U
H  N  J  L  I  M  Z  M  H  O  N  C  M  Y  I  K  M  E  M  O  P  F  R
X  Z  C  E  C  S  U  L  C  R  L  I  D  Y  R  R  F  Q  T  T  B  X  I
S  B  W  D  G  C  Q  R  S  B  A  R  K  W  P  A  Y  Q  G  S  P  E  T
R  U  P  J  K  S  K  V  W  F  V  T  Q  T  S  I  T  N  E  D  U  W  Y
M  M  D  E  G  R  E  I  C  N  O  C  L  E  T  O  H  I  J  X  I  I  Z
P  Y  S  K  A  I  U  X  O  V  O  E  J  W  C  Q  W  L  L  G  R  R  T
Z  N  U  U  B  B  S  J  U  K  I  L  I  V  C  G  M  G  X  I  J  O  Y
K  X  V  M  R  O  F  I  N  U  R  E  P  A  C  S  D  N  A  L  M  B  O
```

AIRPORT SECURITY	BELLHOP UNIFORM	CASINO SECURITY
COURTROOM JUDGE ROBE	DELIVERY DRIVER	DENTIST
ELECTRICIAN UNIFORM	HOTEL CONCIERGE	HVAC TECHNICIAN
LANDSCAPER UNIFORM	MILITARY CAMOUFLAGE	PARAMEDIC
PLUMBER UNIFORM	PRISON GUARD UNIFORM	SCUBA DIVING WETSUIT

Seasons 1

```
S   C   U   J   F   M   J   E   K   W   B   V   V
M   P   S   W   G   N   I   M   O   O   L   B   W
O   B   U   A   U   S   I   S   S   Y   B   G   Y
S   E   N   H   U   G   X   U   N   A   N   N   Y
S   A   S   O   A   T   M   R   R   I   Z   I   T
O   C   H   H   I   M   U   B   P   Y   N   R   F
L   H   I   A   E   T   E   M   O   N   V   P   H
B   T   N   R   C   C   A   R   N   C   L   S   S
N   A   E   V   U   C   R   C   I   T   M   M   Y
H   E   Q   E   M   I   E   N   A   B   E   K   U
B   H   G   S   S   F   C   L   W   V   H   I   U
N   R   E   T   N   I   W   E   S   Y   H   P   G
D   M   K   E   P   D   G   N   I   K   I   H   E
```

AUTUMN	BARBECUE	BEACH
BLOOMING	BLOSSOMS	CAMPING
HARVEST	HEAT	HIKING
PICNIC	SPRING	SUMMER
SUNSHINE	VACATION	WINTER

Seasons 2

```
X  Y  V  S  E  I  T  I  V  I  T  S  E  F  H  L
I  A  Z  D  U  X  O  Q  L  K  Y  N  V  I  A  H
W  A  F  E  C  I  A  H  K  M  U  T  Z  R  O  O
B  L  S  J  F  F  A  X  C  W  J  T  Q  E  C  H
X  R  W  A  N  B  U  I  K  R  W  H  C  P  O  K
C  A  E  C  S  R  C  X  B  H  Y  N  A  L  C  L
M  I  A  Q  B  A  R  S  J  P  V  Z  I  A  T  F
C  N  T  E  U  O  X  O  W  V  Y  D  A  C  O  D
Y  I  E  V  N  M  O  J  O  H  A  P  T  E  H  L
N  C  R  D  C  X  B  T  N  Y  Y  X  W  F  C  J
T  I  S  R  O  O  K  R  S  B  P  B  Y  K  R  Z
W  N  I  G  Z  A  L  E  E  S  Q  V  W  W  Q  O
F  S  J  A  Y  C  V  O  F  L  P  L  L  Z  N  Q
P  M  Y  A  Y  A  Z  X  R  I  L  Z  P  D  Z  X
W  A  F  U  E  P  F  R  O  S  T  A  A  V  O  R
H  R  E  L  Z  S  O  B  J  S  W  H  S  M  L  T
```

BOOTS	COLORS	COZY
CRISP	FESTIVITIES	FIREPLACE
FROST	HOLIDAYS	HOT COCOA
ICE	LEAVES	RAIN
SNOW	SWEATERS	UMBRELLA

Season 3

```
P   L   J   Y   M   O   O   L   G   X   C   K   Y   O

Y   L   A   A   N   D   R   N   C   Y   G   A   X   E

X   G   A   W   L   N   A   H   W   Q   V   V   S   M

R   F   O   N   E   G   A   Y   J   V   H   U   I   R

E   G   P   E   T   N   B   V   L   S   M   G   K   U

Q   L   N   M   G   I   E   R   V   I   I   K   J   R

U   B   H   I   J   Z   N   R   F   O   G   J   M   L

I   C   N   G   R   E   M   G   Q   K   A   H   D   R

N   G   V   R   C   E   Y   S   C   A   R   F   T   Y

O   L   F   A   B   R   W   L   E   Z   K   R   O   Z

X   R   Y   T   G   F   S   O   L   S   T   I   C   E

F   R   U   I   T   I   N   G   L   I   Q   A   O   E

Y   D   U   O   L   C   U   M   Y   F   H   R   P   R

O   V   E   N   G   O   Q   K   M   U   L   C   F   B
```

BREEZY	CHANGING	CHILLY
CLOUDY	DAYLIGHT	EQUINOX
FLOWERING	FREEZING	FRUITING
GLOOMY	MIGRATION	PLANTING
RENEWAL	SCARF	SOLSTICE

Seasons 4

```
Q  M  X  Z  Z  M  E  R  O  Y  L  C  B  Z  V
H  H  I  T  T  L  U  C  Y  Q  X  C  A  T  P
T  A  C  L  T  F  W  D  O  L  C  U  S  N  B
Q  H  R  Z  L  A  S  T  D  E  E  A  P  Y  Y
S  C  J  V  O  A  B  P  K  Y  C  K  Y  K  A
Q  R  C  Z  E  L  F  I  R  R  P  D  O  D  W
X  U  H  X  N  S  G  N  E  O  E  I  U  L  L
D  I  H  I  H  Y  T  V  I  T  U  H  X  Y  O
A  D  G  T  K  N  O  I  N  A  C  T  H  Y  U
S  L  V  S  R  S  R  E  N  R  R  U  I  P  T
T  Q  F  E  J  I  C  S  F  G  M  C  O  N  Z
E  U  H  B  W  S  B  C  N  I  Y  L  X  C  G
E  C  Y  P  S  X  K  E  D  M  L  P  A  V  T
L  W  W  M  V  H  X  S  R  E  W  O  H  S  Q
S  E  K  A  L  F  W  O  N  S  L  U  S  H  Y
```

HARVESTING	HUMID	ICY
MIGRATORY	MUDDY	OVERCAST
POLLEN	RAINFALL	REBIRTH
SCENTED	SHOWERS	SLEET
SLUSHY	SNOWFLAKES	SPROUTING

Film 1

```
B D H P S S J B X O L X I P X I C Q W A P H C I
B C B F C N R C X X E U R C U T C U C C L C J
S U F N I Q Q E M S X E R O D I R E C T O R S E
X O T S T L F U H G E I R D Q D U S G O H O B T
C H C T I B M N X P Z V K U Z F H L K R P D F K
A Q O U R H V C S H A Z I C S Y B Y A S T I T M
V L S N C E O R O G D R C T N Z W M S U L Z V V
C E T T M T I F L M Z M G I U O S X O M H Y R J
G V U P L W P G X I P L W O U C K R D Y W U Y H
N H M E I Q S B V V A O K N T E E I O V U M U R
H K E R F A O R I R G C S D E A S X X T X Z C P
Y Y D F T W L Q S W V J U E E T M R E L I F M U
E B E O J I V R U Q W N P S R F R E E M B D F O
Q T S R O T C E R I D G N I T S A C N U L U E E
E H I M C J L A B K Q L B G H S K N Z I Q I T O
N R G E H W I E G H X H N B H M L C Z C E F S
J L N R R J Q D E J T E S E D Y P Z N S M T U T
H A E S R E C U D O R P M R W O C K T R O C U R
F X R R B N L M R V L N M S Z R E N N P N F I O
T S S K P K H S Z J X E H H C U J E S W A F K Z
B I I O X Y J M Q S R E T I R W N E E R C S U W
J R T L L U K B J V B C A F Y C T B N W C H Q O
B T D O X Z E F L W H P Z F Q N P R A K G U M Q
G J V J P L M A K E U P A R T I S T S O T M T O
```

ACTORS
COSTUME DESIGNERS
FILM COMPOSERS
FILM EXECUTIVES
PRODUCTION DESIGNERS

CASTING DIRECTORS
DIRECTORS
FILM CRITICS
MAKEUP ARTISTS
SCREENWRITERS

CINEMATOGRAPHERS
EDITORS
FILM DISTRIBUTORS
PRODUCERS
STUNT PERFORMERS

Film 2

```
U  X  G  S  P  W  N  V  W  D  S  X  J  J  H  T  D  D  G  R  X  H  Q  T
Q  M  J  I  M  G  D  X  R  Q  I  L  I  O  R  N  I  U  M  J  W  V  I
U  F  I  L  M  E  D  I  T  O  R  S  J  W  M  T  A  O  P  F  A  U  L  T
K  M  I  L  C  K  W  N  A  C  M  M  C  A  V  U  V  J  P  I  N  T  R
Y  O  R  L  O  S  H  U  X  Z  B  F  H  J  I  R  T  K  S  V  Q  Z  T  G
H  L  M  S  M  C  N  C  M  Y  O  J  X  M  U  W  S  T  B  P  B  T  Y
E  K  S  S  T  M  A  A  C  E  F  J  E  N  H  G  H  L  S  T  Z  B  G  V
I  L  O  F  R  N  A  T  I  C  J  Y  K  D  O  W  N  A  I  S  Q  W  R  P
U  N  O  O  C  E  E  R  I  R  B  I  C  K  Y  I  O  V  V  I  O  S  N  E
C  Z  Q  L  P  Y  H  G  K  O  O  I  Z  V  Y  H  Y  I  I  T  U  V  F  Y
U  A  U  E  M  E  S  C  A  E  N  T  D  R  W  Y  D  T  H  R  F  M  T  A
T  X  U  Y  E  W  R  D  R  M  T  S  S  N  J  F  Z  S  C  A  T  B  F  Z
V  I  M  A  N  X  E  B  B  A  L  E  C  I  G  C  Z  E  R  T  E  J  P  A
V  P  F  R  I  G  N  Y  F  R  E  I  R  O  H  A  G  F  A  C  J  Z  I  F
O  X  J  T  B  W  G  S  H  U  P  S  F  S  U  M  Y  M  M  E  Q  V  L  X
B  C  F  I  J  C  I  R  S  F  U  B  E  P  J  T  L  L  L  F  A  L  N  O
G  Z  I  S  P  G  S  Q  C  Z  B  T  U  R  G  T  S  I  I  F  A  N  K  K
Z  U  Q  T  S  R  E  I  C  N  A  N  I  F  M  L  I  F  F  E  A  X  D  M
Y  S  I  S  T  F  D  J  O  K  S  M  D  A  V  L  S  F  M  L  X  O  U  E
N  V  H  P  R  O  D  U  C  T  I  O  N  A  S  S  I  S  T  A  N  T  M  R
X  H  X  N  R  E  N  X  G  E  V  F  B  N  Z  B  X  F  R  U  W  Y  H  J
O  K  O  L  S  L  U  X  R  U  L  U  Z  D  K  B  E  R  W  S  B  K  E  K
G  H  X  N  P  J  O  S  T  S  I  C  I  L  B  U  P  M  L  I  F  Q  R  W
F  K  S  W  C  A  S  T  I  N  G  A  G  E  N  T  S  Z  E  V  R  W  O  G
```

CASTING AGENTS
FILM EDITORS
FILM HISTORIANS
FILM RESEARCHERS
PRODUCTION ASSISTANT

FILM AGENTS
FILM FESTIVAL
FILM MARKETERS
FOLEY ARTISTS
SOUND DESIGNERS

FILM ARCHIVISTS
FILM FINANCIERS
FILM PUBLICISTS
LOCATION SCOUTS
VISUAL EFFECT ARTIST

Dynamic Energy 1

```
K D E N M O Z K U W M V E D U W O R K A Z T B D
U E W E F V R W D K T J G X P F N E Y C J V C R
U C Y G C I Y Q G H D S R R G Z A W G L O I K S
Z R L E I W O G L U T C B M E X B O F P M L B Y
I O Z Q U Y G H R P R G U E Y E A P X E E Z P U
C F R M U J N F T E D Y M C Z T O A C V X T E V
F D S K U P E M F X N G G H G T C H E S U I U W
C B S I N F O X A C Q E H A E O A R B R L W H U
W S V O R T N Y L G A P C N X N S K H R U A U Q
I U L L I V K B S R W Z T I I F X N W E F Q R X
V Y V O G K R N S U V I S C T P P Y D F W S P S
E P N B Q M P L I C A R A A X E Z X N S C Q G J
B B N H M G T Q L N L E L R Q N U X N I J T D
N P L C C I O A E E A D T E V U J I W A V D N L
A L J A K O I N H D M E N N J S O Z K R G Z T M
P C S Y K T E E V D G Y B E S P N O I T C I R F
V Y Z S R R K A L A T P E R Z R U K M Y M T Y B
P A Q E G D N V Q V E W F G Y I B L A G Y M U N
D U N Y D T X G A Q S J Z Y G N X A L R R T U A
K I W N A Q J U S T K B V F C G U Y O E I J L U
L T H G E E E T J Y A S W R K S Z E U N Y K O F
F S E Y U D D L J J F U R B C B H L E E R S M O
P B B S C R H K E F E R S U B N S Z I A V R Q F
J T E Y Q A V X B S U G Y M P D W J Q G X M P A
```

ENERGY TRANSFER
GEARS
LEVERS
MOTION
PULLEYS

FORCE
INERTIA
MECHANICAL ADVANTAGE
POTENTIAL ENERGY
SPRINGS

FRICTION
KINETIC ENERGY
MECHANICAL ENERGY
POWER
WORK

Dynamic Energy 2

```
Q  F  G  M  Y  G  N  O  N  B  H  L  W  W  I  D  K
D  W  R  C  Y  A  L  O  O  O  D  A  J  M  W  K  K
Y  J  T  T  L  V  O  Y  I  T  R  D  A  K  U  M  R
P  H  W  I  O  K  C  M  T  S  P  X  M  P  N  D  J
Y  W  M  Q  H  X  O  G  A  E  L  T  K  I  M  E  V
R  O  E  O  G  I  M  M  R  V  W  U  F  O  S  E  C
O  D  G  M  W  L  O  O  E  G  U  L  P  E  L  P  B
T  I  T  C  K  W  T  M  L  G  Y  H  N  O  R  S  T
C  S  N  X  T  E  I  E  E  Y  S  I  C  B  R  X  E
E  T  O  N  Y  F  O  N  C  Q  H  I  W  P  N  P  A
J  A  I  Z  O  I  N  T  C  C  T  R  A  V  E  L  Z
A  N  T  G  V  V  C  U  A  Y  J  C  S  N  A  N  T
R  C  C  M  O  V  E  M  E  N  T  E  X  Y  Y  A  F
T  E  E  D  I  S  P  L  A  C  E  M  E  N  T  G  V
G  F  R  O  J  H  Y  U  R  V  Z  Z  Y  M  Z  F  A
N  O  I  T  A  R  E  L  E  C  E  D  U  R  P  N  V
A  J  D  F  P  A  T  H  Y  M  S  V  L  F  F  S  C
```

ACCELERATION	DECELERATION	DIRECTION
DISPLACEMENT	DISTANCE	LOCOMOTION
MACHINES	MOMENTUM	MOVEMENT
PATH	PROPULSION	SPEED
TRAJECTORY	TRAVEL	VELOCITY

Dynamic Energy 3

```
L  B  P  V  W  Q  K  W  B  E  H  G  K  O  H  C
B  W  K  E  O  L  R  I  L  B  G  A  X  P  E  N
S  W  O  O  P  Q  U  H  C  I  A  U  U  T  U  Q
Z  J  C  S  Y  E  S  U  V  F  J  A  N  Q  E  D
I  Q  T  E  C  N  U  O  B  Q  N  C  F  N  K  O
B  E  W  K  L  I  A  V  E  D  I  L  G  C  S  U
Y  L  G  A  A  J  L  Q  J  O  O  E  K  P  A  Z
Q  T  H  H  Y  P  F  L  B  W  Q  N  Q  F  N  I
Q  R  Y  S  P  I  N  K  A  I  N  H  L  V  X  M
U  U  E  W  G  B  Z  G  T  T  O  R  U  H  E  L
T  H  A  A  D  A  L  W  S  L  I  D  E  N  M  S
N  D  K  Y  A  R  L  Z  W  H  T  O  Q  B  P  R
F  I  V  B  I  N  I  O  W  U  A  C  N  M  Z  L
P  R  S  W  M  L  S  F  L  I  T  K  S  X  B  E
E  H  S  B  X  S  R  W  T  Q  O  F  J  P  G  L
F  J  T  O  B  X  X  N  Q  B  R  F  B  Q  E  J
```

BOUNCE	DRIFT	FLIT
FLOW	GLIDE	HURTLE
OSCILLATION	ROTATION	SHAKE
SLIDE	SPIN	SWAY
SWIRL	SWOOP	WHIRL

Dynamic Energy 4

```
X  Y  W  M  B  E  T  M  Y  U  Q  U  L  U  F  S
R  D  S  J  D  R  I  V  E  C  I  P  G  Y  H  M
B  H  G  M  K  U  L  B  Q  J  N  C  I  T  A  T
L  N  T  I  Y  T  I  V  I  T  C  A  H  H  G  A
Z  O  K  G  X  A  V  I  R  H  A  E  R  A  I  V
F  I  Y  Y  Q  R  E  U  E  I  R  H  M  B  L  C
D  S  Q  H  X  E  L  W  I  M  F  Q  M  S  I  M
C  I  V  T  F  P  I  J  O  P  K  T  X  E  T  V
V  L  V  B  B  M  N  M  M  E  S  T  C  X  Y  E
X  L  Y  I  O  E  E  P  F  T  S  A  W  E  I  M
Z  O  Z  N  G  T  S  E  A  U  D  F  M  R  F  J
S  C  X  C  E  O  S  P  R  S  V  O  O  T  N  F
X  U  V  R  Q  T  R  H  A  S  B  L  G  I  S  Q
D  O  K  J  R  S  T  T  Z  I  A  C  K  O  S  N
I  M  P  A  C  T  V  Z  L  C  R  U  U  N  H  B
E  K  W  Q  A  J  U  E  G  A  S  D  L  N  W  E
```

ACTIVITY	AGILITY	CALORIE
COLLISION	DRIVE	EXERTION
IMPACT	IMPETUS	LIVELINESS
MOBILE	TEMPERATURE	THERMOMETER
THRUST	VIBRANCY	VIGOR

Thermal Energy 1

```
Q I T C U U E X Y Y Z P G W L K P Y B B J C V G
F H H E A T S I N K C V U S C X W O Y B Y C K M
T R E G N A H C X E T A E H P U P N W A I Q R Z
X E R A L N L C L V C D W Q X M R G G V W L I R
Q Z M X T V N O I T A L U S N I U G Z S I I N M
R L O P W S P O W B K N T W Q P W P M D I V K Z
F X P T E U O B I C O C S J F I I T T I J G H B
J C L Y B R J U W T T E X P O L M Q K A I L Q R
E M A T V O A G R C A I B P F S J C B S E T V A
V J S K S O W T T C B L E F K I I R Q O A H X U
A O T K C I L J U H E D U G M Q A O N C Q E X A
Y M I D R O S C K R E R U G A N E F Y G M R E Q
W F C E P G I E I V E R J J E U Y L J J A M O M
D Z I L V K B P N A E G M F X R B P A L Y O X A
G W T P H E A T G E N E R A T I O N Q M L R J C
G T Y U S U Y V H J G B E A L B T M Y H C E L Q
A K G O Z O Z T M Y R O N Q D I P L R P B C O Z
B S G C X U L Z B J F C M T T I M W H E Q E K L
Y M V O V U P B K A L S I R O A E A U D H P F R
Q B Y M R E F S N A R T T A E H Y N G P R T U X
G I U R G J A C H Y K X Y Q V H E V T I Q O V F
N U C E F M D O K G U C W Z V I T C S P N R N C
I M L H I F B P X U O D D S R R P D U Q W G E F
C U E T H E R M A L R A D I A T I O N Y V O O X
```

HEAT EXCHANGER
HEAT SINK
INSULATION
THERMAL RADIATION
THERMOPLASTICITY

HEAT GENERATION
HEAT SOURCE
TEMPERATURE GRADIENT
THERMOCOUPLE
THERMORECEPTOR

HEAT PUMP
HEAT TRANSFER
THERMAL IMAGING
THERMOGENESIS
THERMOREGULATION

Thermal Energy 2

```
T  W  E  O  H  B  U  V  W  Z  D  A  D  K  S  I  F  C  H  Z  M  L  K  X
H  Z  B  N  V  E  H  A  X  L  S  E  Y  N  Q  O  U  P  C  X  L  P  K  J
E  Q  N  T  D  B  A  I  Y  L  Z  S  O  W  F  R  H  K  V  Z  K  V  C  H
R  F  O  E  H  E  A  T  C  O  N  D  U  C  T  I  O  N  N  N  S  Q  A  V
M  O  I  M  L  I  I  O  F  I  V  Y  B  O  Y  T  Q  C  A  L  C  W  I  W
A  R  T  P  C  R  K  T  T  L  Q  D  W  B  M  T  W  H  L  J  I  U  A  W
L  K  A  E  Y  U  O  F  S  Z  O  N  Y  L  V  J  B  C  M  N  M  K  H  H
G  T  I  R  A  E  X  U  K  H  D  W  D  O  M  P  Y  U  X  T  A  G  H  C
R  P  D  A  B  B  Y  Y  H  I  L  U  E  H  R  D  I  N  G  Y  N  O  O  F
A  Q  A  T  T  S  C  I  M  A  N  Y  D  O  M  R  E  H  T  B  Y  N  D  D
D  D  R  U  C  Y  F  L  Q  F  N  Z  Z  A  B  I  E  Q  A  U  D  L  H  S
I  J  S  R  Y  V  A  D  G  Z  N  G  M  I  L  A  W  W  W  U  L  U  E  J
E  T  H  E  R  M  A  L  I  N  S  U  L  A  T  I  O  N  C  X  A  T  A  N
N  R  I  C  Z  B  B  S  S  Q  A  I  I  C  C  E  L  T  Y  B  M  V  T  B
T  Y  F  H  E  T  C  A  O  V  U  L  O  P  Z  W  I  K  P  N  R  Q  C  B
D  H  B  A  D  Y  G  K  S  Q  Z  N  V  S  T  O  T  O  H  B  E  U  A  Q
G  Q  N  F  X  N  L  E  E  V  S  V  O  N  K  K  O  G  I  H  J  P  W
Y  B  N  G  T  A  E  L  H  E  F  J  E  I  E  Q  A  B  D  B  T  W  A  L
I  T  H  E  R  M  A  L  C  O  N  D  U  C  T  I  V  I  T  Y  A  P  C  Y
D  T  S  N  T  M  M  T  B  O  Q  C  U  R  T  L  C  Y  T  N  R  K  I  A
H  Q  A  M  R  P  I  K  F  G  J  R  L  Q  B  U  C  G  S  P  U  S  T  W
W  K  Y  E  F  O  P  L  H  Z  B  E  Q  D  C  T  B  H  F  D  N  Z  Y  I
U  M  H  C  N  H  X  T  H  E  R  M  A  L  E  X  P  A  N  S  I  O  N  O
T  T  R  K  C  F  N  N  F  C  O  N  V  E  C  T  I  O  N  D  M  N  U  C
```

CONDUCTION	CONVECTION	HEAT CAPACITY
HEAT CONDUCTION	HEAT CONVECTION	HEAT FLOW
RADIATION	TEMPERATURE CHANGE	THERMAL CONDUCTIVITY
THERMAL DYNAMICS	THERMAL EQUILIBRIUM	THERMAL EXPANSION
THERMAL GRADIENT	THERMAL INSULATION	THERMODYNAMICS

Thermal Energy 3

```
Z P W A T G N I L C Y C L A M R E H T M R M
E T R E A I T G I A R N G E G F N H T B L N
Y U H T A E H C I F I C E P S E D N T Z B T
B S E E E Z E I C E A Z I E F G O T N R A Q
C E A X R L R Q N L O R J W L I T M O S X S
N C T O W M M T O S O G J W T O H S I K U A
O N D T I K A Q H R A X R A P X E K T L N G
I A I H I Y L L F E K L I Y I P R O C K N J
T T S E C W M U C Y R D J D R G M I U V C L
C S S R C Q A Q Z O A M E X A B I P D I D V
A I I M F N N E R R N P A J F T C N E O I L
E S P I W Y A S T M E D R L R F I A R K X M
R E A C Z Z G A T G L V U N S S Y O Q B U P
L R T Z S P E R B Z W F L C N H M R N E U P
A L I T X H M L E H Z R M V T L O R Q Q X C
C A O Y G R E N E N O I T A V I T C A Z P T
I M N L X C N R Z D E E I S F Q O G K J U I
M R I M C G T Q X V G D U M F G D N R B K D
E E S R X B R B Y M B V N A H A T Q B D E M
H H G G L P T J J B M U M O M A O D S H S P
C T D Q E S T V S C I H Q V B Q U U O C F V
E P Z T W S D H Y Z L M C C O L J H Z S A H
```

ACTIVATION ENERGY

BOND ENERGY

CHEMICAL REACTION

ENDOTHERMIC

EXOTHERMIC

HEAT DISSIPATION

HEAT RADIATION

OXIDATION

REDUCTION

SPECIFIC HEAT

THERMAL CONDUCTION

THERMAL CYCLING

THERMAL MANAGEMENT

THERMAL RESISTANCE

THERMAL SHOCK

Energetic Ensemble 1

```
N  D  B  X  O  Y  U  O  K  O  X  B  S  H  P  P  W  W  F  S  P
O  R  R  I  C  T  P  X  F  O  S  S  I  L  F  U  E  L  S  T  G
I  X  L  F  F  I  S  T  H  X  Z  A  S  Y  O  D  Q  R  U  C  O
S  F  H  A  V  L  U  Z  V  N  D  G  E  C  R  F  E  S  H  U  E
R  R  M  N  V  M  R  L  W  K  M  H  H  Z  M  S  N  C  D  D  Z
E  N  E  R  G  Y  A  B  S  O  R  P  T  I  O  N  T  I  A  O  E
V  L  L  Y  O  H  K  S  E  Z  O  K  N  I  Y  W  R  T  F  R  L
N  U  E  T  P  G  C  M  D  I  P  L  Y  P  R  F  O  E  P  P  Z
O  R  X  C  F  L  B  R  U  J  M  I  S  P  M  N  P  G  V  C  F
C  X  F  M  T  U  A  W  E  J  Y  C  O  J  K  T  Y  R  S  Y  Y
Y  S  J  J  D  R  E  H  T  Z  P  A  T  Q  M  N  B  E  J  C  W
G  T  D  T  Q  W  O  L  T  Y  E  O  O  X  M  A  N  N  H  M  U
R  K  S  F  J  B  F  C  D  N  O  Q  H  F  F  S  L  E  V  A  J
E  X  A  U  M  U  I  D  H  U  E  S  P  R  P  Q  I  C  P  R  X
N  G  F  J  B  S  K  E  N  E  R  G  Y  R  E  L  E  A  S  E  E
E  T  H  E  R  M  O  C  H  E  M  I  S  T  R  Y  J  Z  S  V  M
Q  F  P  N  D  B  W  M  X  F  F  I  Y  J  C  F  B  J  J  V  B
N  Y  E  R  E  A  C  T  A  N  T  S  C  F  D  C  E  W  A  D  E
A  U  L  Y  L  T  C  X  K  P  H  I  P  A  O  L  M  U  J  O  J
N  B  A  T  T  E  R  I  E  S  Y  U  T  J  L  S  J  R  T  V  N
B  O  N  D  F  O  R  M  A  T  I  O  N  R  J  Z  I  H  B  D  Y
```

BATTERIES
ENERGETICS
ENERGY RELEASE
FOSSIL FUELS
PRODUCTS

BOND FORMATION
ENERGY ABSORPTION
ENTHALPY
FUEL
REACTANTS

ELECTROCHEMICAL
ENERGY CONVERSION
ENTROPY
PHOTOSYNTHESIS
THERMOCHEMISTRY

Energetic Ensemble 2

```
L  N  A  Y  U  L  Z  Q  G  E  E  V  F  N  I  G  V  C  L  H  B  Y  E  Y
E  S  G  P  E  P  H  Y  N  S  R  N  A  X  Q  D  C  J  T  K  I  I  L  N
C  G  S  U  N  U  B  Y  R  K  R  W  Z  D  Z  C  Q  A  D  T  D  C  E  K
H  X  A  B  G  H  O  J  D  Q  W  O  D  Y  F  O  A  O  J  Y  Z  J  C  O
P  D  C  R  C  H  Q  C  Z  P  V  K  T  Y  M  A  O  R  H  E  B  F  T  R
U  N  P  C  O  V  B  I  V  D  Q  K  F  C  I  E  H  H  Z  M  B  Z  R  V
S  U  J  B  B  T  L  N  U  M  W  X  J  L  U  H  A  M  E  R  S  T  I  W
M  T  T  Y  D  Q  S  A  I  E  A  I  H  A  O  D  C  C  Q  M  E  L  C  H
M  A  R  G  A  I  D  Y  G  R  E  N  E  W  R  I  N  C  T  V  T  H  A  J
T  E  Z  P  D  V  E  B  G  C  T  O  S  N  L  N  Q  O  E  I  E  R  L  W
Y  C  W  K  E  C  R  A  J  R  Y  H  R  R  C  K  Q  G  C  M  V  U  P  Y
L  L  E  F  S  S  Y  E  Z  H  E  N  M  U  O  A  A  H  I  C  B  I  O  E
Y  P  Z  C  S  S  R  U  C  Q  B  N  A  I  Z  T  O  C  F  V  B  N  T  T
S  H  I  U  N  Y  K  Q  O  W  I  M  E  E  L  K  A  L  H  J  J  A  E  Y
N  N  X  R  O  R  P  D  K  G  C  N  W  O  X  L  G  L  L  O  R  H  N  U
F  X  T  R  F  C  O  G  G  A  A  X  V  K  K  U  U  G  U  N  K  P  T  S
X  Y  P  E  A  I  I  Z  I  G  K  P  B  I  A  I  O  I  O  S  V  N  I  V
Q  D  E  N  E  R  G  Y  B  A  L  A  N  C  E  N  T  I  K  W  N  S  A  Y
O  V  W  T  K  E  Z  L  I  Q  B  E  I  V  O  A  T  E  R  B  T  I  L  U
F  K  X  X  K  Z  G  O  M  O  T  R  G  R  B  C  J  P  V  K  U  J  E  A
B  K  S  S  H  M  N  S  T  I  C  C  A  T  A  L  Y  S  I  S  L  A  J  Z
D  U  Q  G  R  W  J  C  C  U  W  E  L  E  C  T  R  I  C  I  T  Y  W  H
B  A  M  L  T  U  R  S  I  K  Y  L  R  A  F  V  U  E  Z  T  J  B  E  Y
N  J  V  L  H  M  N  T  Q  F  H  R  Y  I  U  Z  V  Z  I  F  F  Z  E  R
```

CATALYSIS	CHEMICAL KINETICS	CIRCUIT
CONDUCTORS	CURRENT	ELECTRICAL POTENTIAL
ELECTRICITY	ENERGY BALANCE	ENERGY DIAGRAM
ENERGY STORAGE	ENZYME ACTIVITY	INSULATORS
OHMS LAW	REACTION RATE	VOLTAGE

Energetic Ensemble 3

```
R E L E C T R I C C I R C U I T A C G W S R O
Y O E L E C T R I C A P P L I A N C E S N O V
Y M H O M G X U A W R T A E N T W L L U R G Z
E Y E G R A H C S I D C I R T C E L E D K Z M
L Q R M U S N V S L L K H O F C W D C I C V H
E L E C T R I C C U R R E N T J D N T R O D V
C R F R S D E C Q S N Z O R F X L N R G H E K
T I N C C T M L Q U V D I P U J X B I R S X Z
R P J W I R J S E B C C D D E G A L C E C U S
I X M Z T R A M I C G D Q L C T Z N L W I Y P
C Z U Y A X S Q Q E T I Y E N A X S I O R U K
M Q D B T K R S N S F R U I A H C H G P T N U
O U C V S N Q E P G N E I F T J W Z H C C H F
T X E R O V R R D W N C S C I V N P T I E Y S
O S Y C R A Y I E Z H T S I C F M D I R L C Y
R H P Z T U V E S N W C K R A H U L N T E S Y
S Q Z O C K N W B T U U Y T P G A R G C K K W
F V R H E A K A U P W R F C A Q Z R R E X H E
H S W L L J H Y G O Q R U E C S M W G L G O W
W R R W E D A D G Y W E S L I V X L R E T A M
J Z W V I S Q J Q B E N J E P W J S L A G P I
W C O N D U C T I V I T Y S R U W X V O H H C
J Q Q J V V T F M I T A Q K N H F P N H A G Q
```

CAPACITANCE
ELECTRIC APPLIANCES
ELECTRIC CURRENT
ELECTRIC GENERATORS
ELECTRIC POWER GRID

CONDUCTIVITY
ELECTRIC CHARGE
ELECTRIC DISCHARGE
ELECTRIC LIGHTING
ELECTRIC SHOCK

DIRECT CURRENT
ELECTRIC CIRCUIT
ELECTRIC FIELD
ELECTRIC MOTORS
ELECTROSTATICS

Energetic Ensemble 4

```
X O G N I D N U O R G C I R T C E L E M X E G S
E C N A T C U D N I G K A O M Y B R X I P L F F
J Q P O W E R C O N S U M P T I O N B B E E V J
H R S T R E C U D S N A R T T X J P N P L C M I
E P V X F O T N E R R U C F Q V J R C I E T N E
S G F N N B M Y A W D C N A A N S O X W C R Z L
Q Q R E I Y L F E T A L A G Q Z E U C L T I S E
M L H A L T Y C J S J N H P H N U V O R C X C
R E M C H F F T D D I X B A L I U X S I R P T
E B Q Q I C O I F E R V S Z M E L B K J C E B R
U S J S R O S H F I F N S E H W D U M D B L N I
Z Y R I X B H I W V C A U U R U L Q F I A A X C
Y M V E R J C C D B F O S U J C E Y F W T Y N S
Q S S B M H I X G L I B N L T W I N L G T S C W
H M T V G R G H C B A O I H A A F R U J E X C I
W W W F T V O N O Z M C H D B C C O T D R B U T
P T U C R X X F L P Y L I E N Q I M I P U C I K N C
Z N E P T X U I S M Z T R R Z G R R Y P E L A H
X L T I T C F N O N P E C Y T C T V T O S L A E
E B D I O D Q U O A U F P Q C C R L C X P E S
W I Z V T O P Z F F I R R R K O R E Y L T E V Y G
R U T W E W I I S T J L T R S E L L A B C L K J
B H I H T N A W S Q K K Z Q T L E Z E X A M E P
U U E G S N D O V O Z E S O V W U Q I R I J C H
```

CIRCUITS
ELECTRIC FIELD LINES
ELECTRIC RESISTANCE
ELECTRICAL DISCHARGE
POWER CONSUMPTION

CURRENT
ELECTRIC GROUNDING
ELECTRIC SWITCHES
ELECTRICAL SAFETY
TRANSDUCER

ELECTRIC BATTERIES
ELECTRIC RELAYS
ELECTRIC WIRING
INDUCTANCE
TRANSFORMERS

Energetic Ensemble 5

```
Z  R  O  T  C  A  E  R  R  A  E  L  C  U  N  X  D  P  D
B  X  H  B  C  H  T  N  U  C  L  E  A  R  F  U  E  L  K
Z  K  V  T  Y  I  W  D  O  V  B  G  O  W  E  W  X  U  J
Q  S  A  N  G  N  R  A  D  I  O  A  C  T  I  V  I  T  Y
B  E  A  G  U  U  C  O  U  T  A  H  I  N  N  H  O  E
I  V  G  Y  D  C  N  C  U  X  S  U  B  L  N  F  H  N  P
F  N  M  J  D  L  L  R  L  I  F  D  B  V  Y  D  C  I  E
M  G  V  O  G  E  H  E  S  E  T  Q  U  I  U  T  G  U  G
Z  B  Y  K  U  A  V  W  A  Z  A  B  P  A  R  E  D  M  X
U  A  Y  C  R  R  J  O  W  R  Z  R  R  M  N  T  N  B  I
S  A  I  N  A  F  E  P  S  M  F  P  W  E  A  A  S  A  J
Y  V  X  K  N  I  P  R  J  Z  B  U  R  A  A  J  U  I  T
Y  O  X  K  I  S  X  A  X  N  C  A  S  O  S  K  I  C  D
G  H  H  E  U  S  R  E  X  T  T  S  A  I  T  T  E  L  U
Y  H  H  D  M  I  R  L  E  O  R  U  C  R  O  O  E  R  C
D  P  R  X  H  O  Y  C  R  L  I  X  M  T  U  N  N  Q  Q
T  K  J  A  T  N  H  U  X  Y  O  C  K  O  W  I  M  S  V
Q  N  X  O  H  W  S  N  O  R  T  U  E  N  J  C  N  N  R
I  L  M  W  Y  R  J  T  A  C  U  J  P  Q  K  U  D  Q  G
```

CIRCUIT BREAKER	DISTRIBUTION	GENERATOR
MOTOR	NEUTRONS	NUCLEAR FISSION
NUCLEAR FUEL	NUCLEAR FUSION	NUCLEAR POWER
NUCLEAR REACTOR	NUCLEAR WASTE	PLUTONIUM
PROTONS	RADIOACTIVITY	URANIUM

Energetic Ensemble 6

```
R A C U A G Y U E H Q U W Q P C N X J T T C L
Y D V Q X X B V L F S E P O T O S I O I D A R
K Z C V M O Q I A R E Y A C E D R A E L C U N
E R O C R A E L C U N W L N O V K N V B R I N
S D N T D H B N U C L E A R M E D I C I N E U
N B N U N D Y T A Y B K L Q K A S G P N L S C
O W L U C A Y I N B G E C Z Q F E R C C B M L
P B O V C L L V Z S U R X O V S I X O I T C E
A M D D T L E P G F G B E G N M Y S T B G O A
E P G C T F E A R K G C R N R T K W P V T C R
W Q N U C L E A R E N G I N E E R I N G O S S
R N M S O D E B R R W N W I S R N O O I F I A
A Z X P K L K M E F A O F K Q Q A U L R U L F
E E V W C P A J R P U D P T C I D E B R N M E
L A N U N U Z V Q A X E I R C O N B L M O N T
C O N L C G C U A O E O L A A L I A W C T D Y
U G M Q T R I U Q W U L L C T E A C Z S U I S
N T G L J E G Z C B O S C G Y I L M E V K N G
K Q I L F C I F W G U L T U Q C O C S N U Z F
W S C I S Y H P R A E L C U N K L N U I J C H
K F J D H K L L B J W Q X A D U T E B N Z Q P
F A V Y P O U R M X O R K H U Z Z K Q E B P W
G K N W T M V I X S I C D O X S V I L H E J Q
```

CONTROL RODS
NUCLEAR ENGINEERING
NUCLEAR MEDICINE
NUCLEAR POWER PLANT
NUCLEAR WEAPONS

NUCLEAR CORE
NUCLEAR FUEL CYCLE
NUCLEAR MELTDOWN
NUCLEAR RADIATION
RADIOISOTOPES

NUCLEAR DECAY
NUCLEAR FUEL RODS
NUCLEAR PHYSICS
NUCLEAR SAFETY
NUCLEAR ENERGY

Energetic Ensemble 7

```
O L M P Y P D N H O D V O A W S A F W V W X H P
I S O D I P H Y N A Z U S R S A M B A C Q K Z X
Z Y D P M C N Z F U I V O R U Z P O V K J A M U
P O E P H P O O L P M I E D O X J H E V D K N P
D L R W D O I S L U Z I P B T H G I L I D E M A
E V A W C I T E N G A M O R T C E L E S I R X D
L E T M T W A O G A W S K S I I F O N I C J S W
V S O D V R I S N J T U L P A X P E G B C M C H
W R R U C S D P B T F Z W A R V R V T L K K H K
L Y D R O T A R E N E G M A E T S R H E I N T H
C E P Y E M R T K F Z S Y E O Z S H Y L B I V B
Z B S K J Q D O I B K S X F A X C P K I P K B F
Y V F S X E E F Y J L Y Y Y X A K L K J G E C U Y
C V C J E C R S V Y C Z D G T O R X S H A M K E
M J J Q Z V A D M R C H A I N R E A C T I O N U
N Q C E N E R G Y W A V E S D J S H J T K Y D N
A G N J X Z F O X T N A L O O C R A E L C U N P
C P E T W W N Q T X Y H B X M T M V M N M V A N
R N L U C M I Q T C K E F O W F K A E C E N G V
C P O M O X Z S F J A N L S X J X U K I T X O Q
B F L W T K K K L G D E S T X C Q Q N Q U Z M Q
L J G B W W V B D S Q B R Z E E E G M R G A P D
N S Y K U H L F O Z D S Y A R A M M A G B D O R
U I C I X G X I V X N Y D F W T X L O X E K L O
```

CHAIN REACTION
FREQUENCY
LIGHT
PHOTON
VISIBLE LIGHT

ELECTROMAGNETIC WAVE
GAMMA RAYS
MODERATOR
REACTOR VESSEL
WAVELENGTH

ENERGY WAVES
INFRARED RADIATION
NUCLEAR COOLANT
STEAM GENERATOR
X RAYS

Energetic Ensemble 8

```
U  C  R  Y  I  N  D  U  C  T  I  O  N  Q  Y  Q  V  X
R  J  A  K  Y  I  O  I  G  K  U  K  O  J  E  Z  L  T
N  R  D  W  D  G  N  I  G  A  M  I  J  S  Y  P  E  C
O  M  I  S  O  N  O  I  T  C  A  R  F  F  I  D  D  Z
I  W  A  F  C  B  Q  R  L  P  I  Z  P  K  G  O  P  R
S  N  N  G  F  A  Y  R  E  F  R  A  C  T  I  O  N  Y
S  I  T  E  N  D  T  C  E  F  X  O  M  T  L  A  Z  K
I  F  E  E  Z  E  U  T  S  S  L  X  S  S  Z  I  D  A
M  F  N  D  R  I  T  H  E  P  O  E  H  B  P  Q  H  W
S  A  E  U  D  F  Y  I  P  R  B  N  C  P  A  J  I  G
N  U  R  T  B  I  E  P  C  G  I  Z  A  T  V  V  I  F
A  M  G  I  Z  Z  W  R  D  F  X  N  Y  N  I  X  N  L
R  L  Y  L  H  U  T  L  E  F  I  T  G  C  C  O  A  I
T  S  R  P  O  Y  S  W  L  N  I  E  J  Q  Y  E  N  O
F  I  O  M  E  E  P  F  O  V  C  A  L  A  O  C  B  T
Y  W  B  A  U  M  T  O  A  F  T  E  Y  D  J  B  B  R
B  D  M  P  O  L  A  R  I  Z  A  T  I  O  N  D  I  Q
V  R  V  F  B  T  G  P  D  M  Z  Y  M  Y  R  N  K  T
```

ABSORPTION	AMPLITUDE	DIFFRACTION
GRAVITY	IMAGING	INDUCTION
INTERFERENCE	MAGNETIC FIELD	POLARIZATION
RADIANT ENERGY	REFLECTION	REFRACTION
RESONANCE	SCATTERING	TRANSMISSION

Energetic Ensemble 9

```
F  S  B  U  D  W  F  H  I  H  F  Z  R  I  H  B  O  W  Y  H  M  K  T  U
T  M  J  J  F  I  E  D  R  B  W  E  Z  O  L  N  X  K  L  P  R  N  U
F  G  A  G  F  P  E  S  T  I  D  A  L  F  O  R  C  E  S  Q  R  R  C
D  D  E  S  C  A  P  E  V  E  L  O  C  I  T  Y  E  Z  I  S  O  Q  Y
J  T  L  B  S  H  C  I  B  B  R  A  T  V  Y  T  C  J  U  G  S  M  E
A  G  P  E  T  F  L  D  K  X  O  O  F  P  J  Y  R  Y  Z  W  T  T  D
N  F  B  M  I  A  P  O  H  H  M  N  H  B  A  E  O  I  X  R  H  N  R
F  R  A  N  C  F  K  B  C  Y  L  L  B  Z  A  L  F  H  B  A  G  E  A
M  A  N  U  Z  I  L  L  R  X  W  P  Q  J  C  E  L  I  P  E  I  H  X
K  S  E  V  A  W  L  A  N  O  I  T  A  T  I  V  A  R  G  G  E  Z  L
R  E  W  S  T  S  T  I  N  F  N  Q  O  Y  F  A  N  B  M  I  W  J  X
S  A  P  J  Y  E  M  T  Q  O  O  B  P  C  J  T  O  X  G  L  C  S  W
U  Z  W  P  N  R  F  S  X  J  I  G  J  U  H  I  I  H  Q  I  G  L  J
E  A  W  A  G  B  D  E  M  L  T  T  G  I  J  O  T  E  P  W  E  P  D
C  L  L  R  X  S  S  L  Y  F  O  H  A  A  N  A  Q  Z  I  X  L  F
Z  P  O  L  C  V  P  E  F  B  M  F  O  T  L  J  T  J  T  E  Q  R  W
T  T  E  H  A  G  J  C  Q  Y  L  D  X  X  I  X  I  T  E  E  A  U  E
J  S  R  G  K  F  C  X  M  E  A  M  W  T  L  V  V  A  L  P  P  N  K
P  Z  L  B  T  C  E  Q  W  E  T  W  W  W  P  V  A  O  W  R  A  N  P
W  P  P  T  T  W  A  E  K  D  I  P  V  G  X  V  R  R  G  C  L  H  F
B  A  W  E  T  T  K  L  R  W  B  W  N  P  R  B  G  F  G  L  U  B  T
G  F  Q  X  C  M  H  D  B  F  R  J  V  V  I  B  I  M  H  Q  I  X  C
K  J  P  E  S  U  F  W  L  B  O  S  T  T  L  X  B  X  M  W  R  G  Z
```

BLACK HOLE

ESCAPE VELOCITY

GRAVITATIONAL FORCE

MASS

PLANETARY MOTION

CELESTIAL BODIES

FREE FALL

GRAVITATIONAL WAVES

ORBIT

TIDAL FORCES

ELEVATION

GRAVITATIONAL FIELD

HEIGHT

ORBITAL MOTION

WEIGHT

Energetic Ensemble 10

```
X  R  W  N  T  I  K  Z  K  I  Z  X  F  M  X  S  Y  V  F  T  J  Z
T  F  A  Y  O  V  T  M  E  K  R  A  D  I  A  N  T  F  L  U  X  I
A  Y  N  D  W  I  R  A  D  I  A  N  T  P  O  W  E  R  O  G  U  C
H  E  M  J  I  Y  T  I  S  N  E  T  N  I  T  N  A  I  D  A  R  J
Z  S  L  E  Y  A  M  A  H  B  R  R  S  Y  N  X  X  J  D  W  G  Y
E  Z  G  A  L  W  N  D  I  G  L  I  N  G  L  S  I  R  W  B  L  B
V  L  Y  B  S  A  F  T  Q  D  L  J  A  G  A  Q  R  W  G  Q  E  O
H  D  A  B  B  T  S  G  T  L  A  R  I  G  D  P  E  N  Z  L  C  A
R  A  V  S  M  O  I  T  O  R  A  R  B  T  I  R  I  S  A  T  R  Z
A  S  P  A  T  D  B  C  I  D  A  F  R  Q  G  L  P  S  N  U  U  W
D  Y  K  P  B  I  C  W  I  C  Z  N  T  A  O  U  T  W  G  S  O  Q
I  R  G  K  D  I  C  A  D  T  W  E  S  O  L  I  L  P  F  N  S  K
A  J  L  R  T  G  N  R  Y  O  Y  A  C  F  C  O  N  N  Y  S  T  P
N  S  Y  S  E  T  Y  E  E  P  E  T  V  R  E  E  S  E  R  O  N  U
T  S  A  S  H  N  R  P  H  B  N  C  E  E  G  R  W  W  R  M  A  D
H  L  Y  E  L  P  E  D  W  A  O  C  V  S  S  S  T  V  C  W  I  Z
E  P  A  L  R  S  G  T  I  T  O  U  Q  L  T  H  J  M  L  D  D  B
A  T  Q  C  O  Z  K  D  H  V  O  E  N  W  E  I  J  R  N  F  A  K
T  M  Z  K  D  U  A  H  E  G  J  E  H  D  E  W  N  C  I  I  R  F
I  I  H  V  O  R  M  R  J  Q  I  T  J  U  O  H  W  G  Y  A  R  J
N  R  I  Y  G  S  Y  P  H  O  O  L  H  Z  Y  Y  Z  J  V  R  P  E
G  B  K  V  V  H  I  M  T  M  R  X  G  E  I  V  D  X  U  U  L  C
```

ELASTIC COLLISION
ELASTICITY TESTING
LIGHT ENERGY
RADIANT FLUX
RADIANT TRANSFER

ELASTIC REBOUND
ELASTIC RECOVERY
RADIANT HEAT
RADIANT INTENSITY
RADIANT HEATING

SOLAR RADIATION
ELASTIC WAVES
RADIANT POWER
RADIANT SOURCE
RADIANT COOLING

Sound Check 1

```
B  L  M  H  S  F  E  L  K  U  K  N  X  K  T  X  G  H  U  D  X  G
J  R  S  W  S  J  I  F  K  B  K  Z  H  Q  K  N  Z  I  Q  W  M  G
S  N  F  D  B  E  G  P  Z  K  W  I  N  Q  T  X  X  O  E  G  G  T
B  K  L  M  Y  V  X  I  A  C  O  U  S  T  I  C  W  A  V  E  S  G
S  O  U  N  D  I  N  S  U  L  A  T  I  O  N  L  X  V  X  Y  C  N
A  I  H  M  S  I  N  S  C  M  T  Z  C  H  K  K  E  U  S  Z  L  T
M  Y  W  V  O  L  D  N  O  I  T  C  E  L  F  E  R  D  N  U  O  S
S  R  S  O  U  N  D  T  R  A  N  S  M  I  S  S  I  O  N  H  I  K
Q  K  Q  N  N  O  O  G  O  N  E  D  S  Q  J  I  I  W  B  X  N  P
M  G  S  R  D  I  P  S  K  U  H  R  N  Z  F  T  M  Y  V  D  B  E
N  J  Q  U  P  T  F  S  C  I  N  O  M  R  A  H  R  T  N  V  Y  X
Q  E  W  C  R  P  X  A  Z  Y  U  C  P  G  W  B  O  I  Y  O  X  Q
Z  A  V  G  O  R  L  X  F  K  A  X  A  T  S  J  F  S  A  S  M  R
J  X  Y  S  D  O  L  C  G  L  H  P  I  Z  A  I  E  N  P  O  H  Y
Q  J  D  C  U  S  P  H  G  S  O  U  N  D  W  A  V  E  S  U  G  E
X  Y  E  L  C  B  T  S  M  R  L  X  S  T  A  V  A  T  Z  N  G  T
A  E  C  M  T  A  K  A  P  K  N  K  O  T  N  V  W  N  R  D  Q  R
P  W  I  S  I  D  C  D  E  Z  P  C  E  C  H  C  T  I  P  M  D  Z
A  M  B  O  O  N  N  V  I  B  R  A  T  I  O  N  K  Z  U  R  W  Z
G  N  E  I  N  U  G  N  R  X  S  R  T  C  T  K  F  S  M  Q  Z  T
R  E  L  T  O  O  I  Z  L  M  R  X  E  J  S  O  F  V  K  F  Y  X
Y  G  K  S  K  S  K  Y  O  L  E  V  I  R  D  N  T  S  B  H  F  L
```

SOUND	ACOUSTIC WAVES	VIBRATION
PITCH	INTENSITY	SOUND WAVES
WAVEFORM	HARMONICS	DECIBEL
SOUND PROPAGATION	SOUND ABSORPTION	SOUND REFLECTION
SOUND TRANSMISSION	SOUND INSULATION	SOUND PRODUCTION

Sound Check 2

```
Y  X  Y  N  G  M  Y  I  D  P  B  N  O  C  Z  V  G  G  N  O  I  N
V  A  U  O  Z  N  K  Z  V  O  A  B  E  G  F  E  I  N  S  A  H  H
Z  D  G  I  B  B  I  A  C  V  A  J  J  P  Y  V  E  I  O  Z  E  B
I  A  V  S  H  N  S  R  H  H  Q  W  O  O  B  P  F  F  U  E  V  L
O  P  H  E  O  S  O  T  E  J  V  G  J  J  J  A  U  O  N  R  H  S
G  D  G  C  H  U  U  I  Z  E  X  G  X  S  C  J  M  O  D  U  D  T
H  L  N  A  E  E  N  K  T  Z  N  B  S  O  V  A  A  R  V  S  L  U
G  O  I  N  X  C  D  D  R  P  L  I  U  E  L  Z  D  P  E  S  M  S
H  D  D  C  N  Q  R  U  L  H  E  S  G  M  G  U  B  D  L  E  U  O
J  I  R  E  J  I  E  U  T  O  T  C  F  N  D  T  A  N  O  R  R  C
B  Y  O  L  R  Z  P  Z  O  I  C  P  R  Y  E  J  R  U  C  P  T  R
F  K  C  L  W  H  R  Q  C  S  L  A  Y  E  D  D  A  O  I  D  C  P
K  T  E  A  V  N  O  S  K  G  D  P  L  G  P  N  N  S  T  N  E  X
W  P  R  T  C  K  D  H  G  I  X  N  M  I  V  D  J  U  Y  U  P  K
C  J  D  I  E  S  U  O  T  U  Q  J  U  A  Z  J  N  F  O  O  S  T
L  R  N  O  V  X  C  N  I  V  O  B  W  O  D  A  A  U  G  S  D  E
X  F  U  N  R  N  T  Y  H  E  K  X  D  G  S  N  T  D  O  M  N  U
R  S  O  U  N  D  I  N  T  E  N  S  I  T  Y  U  U  I  H  S  U  C
N  M  S  K  K  T  O  K  A  I  T  P  L  N  T  T  H  O  O  D  O  X
R  X  Q  P  R  J  D  W  H  K  F  S  I  O  P  C  J  S  N  S  X
B  W  U  N  U  Y  Z  D  C  S  F  P  R  C  T  J  U  Y  X  G  J  A
Y  O  S  A  X  E  W  E  C  N  A  N  O  S  E  R  D  N  U  O  S  I
```

ACOUSTICS	NOISE CANCELLATION	SOUND AMPLITUDE
SOUND ENGINEERING	SOUND INTENSITY	SOUND LOCALIZATION
SOUND PERCEPTION	SOUND PRESSURE	SOUND RECORDING
SOUND REPRODUCTION	SOUND RESONANCE	SOUND SOURCE
SOUND SPECTRUM	SOUND VELOCITY	SOUND PROOFING

Sound Check 3

```
L  I  H  O  T  F  S  O  U  N  D  P  R  O  C  E  S  S  I  N  G  F
Z  T  S  Z  N  E  J  S  B  A  S  N  X  R  B  J  D  V  Z  Z  E  A
S  V  Q  G  E  L  A  S  T  I  C  M  O  D  U  L  U  S  A  M  S  F
S  S  I  A  E  A  S  O  U  N  D  A  N  A  L  Y  S  I  S  P  O  O
W  O  A  Y  K  S  K  D  E  F  O  R  M  A  T  I  O  N  G  Q  U  Z
T  U  U  G  T  T  L  T  U  G  M  Q  A  J  T  H  Y  R  U  J  N  L
I  N  H  N  O  I  T  R  O  T  S  I  D  D  N  U  O  S  S  O  D  S
O  D  B  G  D  C  C  O  T  Y  J  W  L  A  I  D  N  O  N  H  S  V
N  C  L  C  E  M  N  I  H  E  A  I  R  W  A  A  U  S  O  J  C  I
Y  A  W  D  R  A  A  U  T  Q  L  J  H  H  H  N  O  L  A  A  A  I
V  N  P  V  D  T  E  N  B  S  L  A  G  V  D  E  T  E  I  P  P  C
E  C  C  R  U  E  J  E  I  L  A  G  S  S  T  T  V  O  K  H  E  B
G  E  W  U  B  R  K  E  R  P  E  L  Y  T  G  Q  I  C  O  S  S  W
D  L  Y  G  A  I  N  C  C  U  U  N  E  O  I  N  C  J  G  Q  G  A
R  L  W  Y  B  A  W  O  X  F  T  L  V  Y  K  C  R  R  N  O  U  L
J  A  Z  V  C  L  K  X  P  H  P  L  A  W  V  Q  L  I  F  G  Z  S
B  T  T  F  R  X  O  Y  E  S  I  M  H  T  M  M  A  I  E  D  W  E
P  I  C  L  Z  K  Y  S  L  T  A  I  V  O  I  R  X  S  M  U  S  K
G  O  U  E  F  A  I  A  A  O  Z  B  Y  H  T  O  R  P  B  I  Y  O
X  N  U  F  H  S  S  O  U  N  D  D  E  S  I  G  N  T  J  D  T  O
L  Z  A  M  P  X  Y  D  O  F  X  O  O  Y  H  C  L  S  U  Y  G  H
X  D  E  S  I  N  Q  W  B  K  R  C  L  T  X  T  Q  Q  J  V  Z  R
```

SOUND SYNTHESIS	SOUND ANALYSIS	SOUND DESIGN
SOUNDSCAPES	SOUND CANCELLATION	SOUND DISTORTION
SOUND PROCESSING	SOUND MANIPULATION	ELASTICITY
ELASTIC MATERIAL	DEFORMATION	STRAIN
HOOKES LAW	ELASTIC MODULUS	ELASTIC LIMIT

Sportacular 1

```
L  N  S  Q  X  R  N  M  K  N  F  O  N  G  O  A  Y  Z  L  X
V  O  U  S  J  F  E  V  L  E  W  I  H  F  D  U  T  Q  G  G
N  C  R  S  E  M  A  G  C  I  P  M  Y  L  O  D  L  Q  B  S
Z  C  C  V  T  N  E  M  P  I  U  Q  E  S  T  R  O  P  S  N
I  Z  W  O  Z  X  T  P  D  V  M  W  N  L  K  Y  G  P  T  O
X  B  G  S  A  Q  A  I  X  O  J  I  C  Q  Y  R  O  V  N  I
A  X  P  Z  Q  C  T  F  F  P  O  J  J  Z  Y  R  M  L  E  T
O  T  Q  C  S  G  H  D  G  W  B  N  S  E  T  C  M  D  M  I
C  X  X  X  P  P  L  I  I  P  Q  X  P  S  Z  R  I  X  A  T
A  A  I  H  D  D  E  Y  N  N  O  T  I  I  W  E  R  K  N  E
R  I  K  N  I  A  T  V  G  G  K  N  H  C  M  C  D  I  R  P
O  U  N  J  C  X  I  L  G  D  J  V  S  R  M  C  T  V  U  M
A  I  U  Q  U  J  C  P  J  U  D  S  N  E  I  O  Q  Z  O  O
S  E  U  N  E  V  S  T  R  O  P  S  O  X  V  S  Q  P  T  C
P  R  J  N  H  H  Y  I  E  H  A  P  I  E  D  N  W  R  N  K
F  O  F  B  A  S  E  B  A  L  L  R  P  J  W  S  M  W  Y  Y
K  R  A  K  R  S  R  K  P  W  O  F  M  I  U  N  D  T  K  X
X  M  D  L  E  I  F  D  N  A  K  C  A  R  T  R  P  H  S  P
U  C  L  U  P  L  Z  T  D  G  R  X  H  A  V  K  E  H  E  O
I  W  G  N  I  E  E  R  E  F  E  R  C  G  R  L  G  V  V  V
```

ATHLETICS	BASEBALL	COMPETITIONS
TOURNAMENTS	CHAMPIONSHIPS	OLYMPIC GAMES
SPORTS EQUIPMENT	SPORTS VENUES	COACHING
REFEREEING	FITNESS	EXERCISE
SPORTS INJURIES	TRACK AND FIELD	SOCCER

Sportacular 2

```
K  O  I  S  C  V  N  F  O  O  T  B  A  L  L  N
I  V  P  J  T  Q  Q  T  D  X  A  X  S  S  R  F
T  E  K  C  I  R  C  A  F  U  K  K  W  I  E  C
E  N  M  P  S  W  A  B  D  F  G  K  Y  G  C  F
Z  I  S  T  V  C  R  L  Y  X  X  N  O  J  L  N
T  N  G  Y  X  M  U  E  A  E  I  L  I  M  Y  L
B  E  X  T  F  D  O  T  S  I  F  K  Z  X  P  L
P  A  N  H  O  C  K  E  Y  T  T  I  I  M  O  A
I  W  D  N  F  N  Z  N  X  G  L  R  F  C  E  B
Y  E  B  M  I  P  U  N  B  N  U  I  A  O  N  Y
E  B  W  P  I  S  Q  I  M  I  U  I  N  M  T  E
D  P  G  Y  M  N  A  S  T  I  C  S  G  G  D  L
T  B  E  U  N  E  T  W  Z  K  E  A  W  Q  T  L
H  R  C  N  R  Y  I  O  K  S  V  U  K  J  H  O
M  I  L  W  S  A  D  L  N  C  L  R  K  G  U  V
F  H  P  B  N  L  L  A  B  T  E  K  S  A  B  U
```

BADMINTON	BASKETBALL	BOXING
CRICKET	FOOTBALL	GOLF
GYMNASTICS	HOCKEY	MARTIAL ARTS
RUGBY	SKIING	TABLE TENNIS
TENNIS	VOLLEYBALL	WRESTLING

Sportacular 3

```
V H M K W L F S T A M B D H F Y X U G F J R
L K I U T W Z J Q L I E D U S H O T P U T S
B T X G B L O N G J U M P N H K P K S G H J
I N O L H T A I R T N A N Z W L A G N P C R
K H G F K J I H P F L G V C S T S I S D O S
E Z B O A D U M K A I U R E E U T T J U V T
W X D V N A L M P B C O B F L N R E K U O R
L B I A D V H E P R S Q L C I O O F P Q N O
M V B F I V L Q X S B W K R P Q P M I O P P
C R S V S C P L C N C Y P S K Y S R H N A S
D E W G C D Z O M P A S E N H K L T B U G M
G N L N U A U A P C Z V Q U A U A O V T E A
V T V I S N K L K E I I L T U R U K E K J E
B L Z D T M A J V T X Q E G A M D Q K Z M T
G M A R H Z F L I X Q B G M A I I X J X R A
D A Y A R J E T F B O X W L C M V F Y P H V
Q D V O O F E R Q A D I V A K D I I X B Y Z
A U N B W P F P R J D V R B Y H D R R M M D
C A P W M S B D K J A T X M X F N U U K L B
N X T O D L I O I A C G Y Z P W I K J P E G
G V C N M N W E I M V K G A S N D T F A O A
R Q J S G D Y H Z Y H Z L L A V F F B Y Q E
```

SNOWBOARDING
SPRINTING
DISCUS THROW
TRIATHLON
TEAM SPORTS

SURFING
LONG JUMP
SHOT PUT
MARATHON
COMPETITIVE SPORTS

SKATEBOARDING
HIGH JUMP
POLE VAULT
CROSS COUNTRY
INDIVIDUAL SPORTS

Sportacular 4

```
N E T N I F G S K G L R A X T I Z E V S S R N
H X M O J M B N B R P E A J K F N F C T U O K
A Y F J U N Q P T H L U A G F H E F V R W G A
T D P T R R O W E T A G E G Y U M S R O Z N Q
R M E R T G N Q I L Y N N U M R O Z P U A I
C M M Q O O N A A V E I T P U E S D T S N X R
A W F Z M F T G M M R N V E U E Y L T R W S I
W I E F K G E V B E N O F L U K Q F N U S K M
Z H V T E O A S O P N I P O L P N W U E Y M L
G F U B T W M A S E M T I S I Q K W V T O P T
I M U V M P M I A I L I H H X D H V X A Y X K
C T U I F Y D G V X O D S C T S A Y H M G S H
R E Z M J A O I E U J N N P P R V E M A R Z C
L R T C B T I W S C O O A U A M A C F Z T Q A
K S N S W I S R H I V C M L K J O I W P F M O
D H U G L S J J P S T R S Y S C D T N P C E C
N N F W U D B M S L A J T Z S P A C X I T G G
E T E L H T A T Z W A F R S V C O A M O N Y M
T N G W D H D W G N L Y O F B Y G R B E N G G
M F T Q C E P W Y C P N P W O U L P T R M T B
P P K Y D F A M I A P Y S P F Z N O L S F S G
S Q C U T D K S P N H N M Z K N J P O S H Q K
D T A H V I E L J M E F K B U N G O Q B L W E
```

AMATEUR SPORTS
COACH
LEAGUE
PROFESSIONAL SPORTS
TOURNAMENT

ATHLETE
CONDITIONING
PLAYER
SPORTSMANSHIP
TRAINING

CHAMPIONSHIP
FAIR PLAY
PRACTICE
TEAM
WARM UP

Sportacular 5

```
E W D M F C H R J Z T I Q P T N S K O K C W X
C G Y G O L O H C Y S P S T R O P S L V B N C
N M N O Z C H H K G B A O P L G O Y K Q G U Q
E A R I Z A N U N Z G S R I X P R Y L F V X K
I C V D T C W V F X W K Z H C D T U W R Z H Q
C D Q B X S S V Y N C D I S R H S T Y N S Z R
S P O R T S A P P A R E L R L R N E U S W S Z
S F O O I N W C A L A X J O W H U U M P I R E
T T I J G Y S A D G N I V S I U T F P O X G B
R S P O R T S G E A R R R N Z T R R Z R S N S
O K Y J L I C E I C O H T O L R I Z B T C W F
P T W C T R P D L T C R J P R V T T K S A C W
S V G W P K X K A G F V B S C O I W T M U D T
F V M A S C I T Y L A N A S T R O P S E X F Y
I P O M R F C R L R Y H T T T E N P B D P J Z
M Q V E U E Q U H C I B F R O R H W Q I Z B O
D A D E P I N E W Z R U T O D O O P H C P O W
Z V T S X P D A D Z Y Z Y P K Z U P X I Z F Z
I V S K E C A A T G Q K L S I F U A S N N W X
D Q K B K L H L T Y Z Q S J J E W M S E M R R
E N V A E E Z K K S Z Z P F O G M N H Z A E J
M S C S P O R T S S T R A T E G Y J C Z K Q O
T Y Z J M S I L A N R U O J S T R O P S K G M
```

ARENA	SPECTATOR	SPORTS ANALYTICS
SPORTS APPAREL	SPORTS BROADCASTING	SPORTS GEAR
SPORTS JOURNALISM	SPORTS MEDICINE	SPORTS NUTRITION
SPORTS PSYCHOLOGY	SPORTS SCIENCE	SPORTS SPONSORSHIP
SPORTS STRATEGY	STADIUM	UMPIRE

Basketball Blitz 1

```
O  F  V  T  D  L  W  T  O  V  J  T  Z  A  E  V  I  Q  N
H  T  Z  F  K  T  V  J  K  O  I  R  U  T  M  Y  M  S  Q
Z  E  P  O  O  H  C  N  C  K  E  A  Y  E  R  Y  M  I  D
Y  N  F  V  B  R  P  E  T  K  E  U  V  I  U  L  M  N  R
P  G  D  B  K  E  M  O  D  Q  M  T  H  G  G  R  N  N  I
P  T  G  E  C  E  U  R  W  Z  U  Z  O  E  M  Q  R  I  B
O  W  C  M  O  P  A  T  F  R  E  E  T  H  R  O  W  F  B
Z  H  Y  X  L  O  Z  T  J  E  F  J  D  X  S  R  W  T  L
O  F  P  H  B  I  V  K  T  V  F  T  Y  Y  C  P  E  R  E
W  C  O  K  R  N  L  N  O  O  F  I  S  Z  L  N  M  D  J
N  R  C  S  J  T  A  A  L  N  N  C  K  I  P  F  C  U  D
R  A  V  P  G  S  N  H  Y  R  Q  G  K  A  S  Q  I  N  J
B  G  J  G  H  Z  A  H  U  I  L  I  T  L  S  M  K  A
Z  A  Z  H  I  O  T  D  Q  T  P  I  F  Q  U  R  A  H  A
L  M  S  O  A  T  E  O  Z  M  L  V  X  Y  X  G  D  V  F
H  L  J  K  Q  G  R  X  S  X  L  K  L  D  F  Y  W  F  R
M  X  G  P  E  A  V  D  Z  Y  A  Y  X  R  K  I  G  L  D
Z  I  O  S  K  T  B  H  C  C  B  V  P  O  R  T  N  J  Q
P  X  Y  Y  M  A  P  G  C  G  U  O  C  H  H  M  T  M  Y
```

ASSIST

BASKET

DUNK

JUMP SHOT

RIM

BACKBOARD

BLOCK

FREE THROW

LAYUP

THREE POINT SHOT

BALL

DRIBBLE

HOOP

NET

TURNOVER

Basketball Blitz 2

```
L Q E F J V M L B P B G H K J Q Q B V D R Y C
Y D L A Z F F P X Z B S R W O N Y Q C K E R S
H V B M K C P U E N I L G N I T R A T S B M S
W D B X S H Q M J X L L S T J H U S L F M K U
E G I P H F U P E X V L K N J B H U K A S Z B
H I R H O S K F E B P K W P I O F U G S E Q S
G K D J T O G A E C G C F Y T V J W J L C J T
O M E H C P Y K V J B X K C B N G R U J T M I
B K L V L Q T E K Y E P L R Z D I O J Y N T T
Y H B D O P A Q L T B O T S D D F A Q E J E U
A Z U X C A P W U L C S E W D Q I L P W Q B T
J O O I K V R O C K A T C E W L S I A K Z M I
N C D M H Q E Q V Q F U H D H K Z T Y P H L O
A B O L T M V I W G C P N M T V Q G B T R N N
S J O N I I O S U P E R I M E T E R C P N F E
T P Z T H L S U U G U J C R O A F H B S H U J
V R D H A A S V Z P E E A Q U T B V U J Y O E
D X O T P A O I B H Q B L C V T L U S D R X W
X X I Y Z L R L L A N O F H J L S Q G L C C Q O
R O T T E R C B U G B M O W Q P I U O V X Q A
N J B Q V X M K A J K V U I H F H L Q V C T T
S I R G F P S F H G W W L I I Q S T D Y A D C
O B Y J P H X B J O S X L Z B M I C Y T C B U
```

ALLEY OOP	CROSSOVER	DOUBLE DRIBBLE
FOUL	PAINT	PASS
PERIMETER	POST UP	PUMP FAKE
SHOT CLOCK	SHOT CLOCK VIOLATION	STARTING LINEUP
SUBSTITUTION	TECHNICAL FOUL	TIME OUT

Basketball Blitz 3

```
O  Z  E  W  A  C  E  N  T  E  R  /  B  I  G  M  A  N  S  P  P
O  I  M  M  D  W  T  J  U  D  M  X  P  Y  R  T  C  K  M  F  Z
F  B  P  P  K  R  H  T  A  M  I  M  D  A  F  K  O  Y  I  A  X
T  K  F  M  H  S  H  O  O  T  I  N  G  G  U  A  R  D  H  O  S
H  N  C  E  I  S  A  L  G  H  L  F  F  W  T  T  I  Z  N  L  Z
B  E  E  W  S  R  K  W  C  D  S  F  O  R  B  M  G  B  A  T  S
F  G  S  H  Y  N  E  K  T  W  G  U  F  R  U  K  Z  D  Y  S  H
L  C  B  O  A  S  E  Y  V  A  L  L  D  L  W  M  C  C  X  M  M
R  I  C  F  J  A  D  F  H  Y  D  L  Z  B  Z  A  D  V  V  A  Q
U  W  A  F  S  T  R  F  F  H  P  C  J  D  B  P  R  V  G  Z  L
C  J  C  E  P  Y  A  D  Z  O  C  O  S  F  W  A  A  D  P  X  T
O  P  F  N  P  G  W  I  Y  L  T  U  I  P  F  A  U  F  Z  N  F
E  E  F  S  U  R  R  Q  K  Z  X  R  V  N  Z  S  G  L  O  A  B
I  I  E  E  L  X  O  T  A  M  S  T  U  Y  T  B  Y  I  E  J  O
D  R  A  W  R  O  F  R  E  W  O  P  X  O  L  G  T  M  H  Y  D
S  L  X  E  Z  Z  L  B  R  Z  I  R  F  Q  C  I  U  M  E  N  X
G  S  Y  O  B  V  L  H  B  J  L  E  P  Q  S  F  B  A  D  B  Z
N  S  V  I  Q  W  A  C  T  O  H  S  K  N  A  B  L  I  R  N  E
T  C  C  H  B  E  M  P  S  E  J  S  A  E  Y  O  U  A  V  D  V
E  K  Z  B  K  A  S  D  A  G  O  R  N  M  C  S  C  J  H  D  E
B  V  F  A  Q  A  C  X  F  R  T  C  E  N  T  E  R  B  U  I  D
```

BANK SHOT	CENTER	CENTER/BIG MAN
FAST BREAK	FORWARD	FULL COURT PRESS
GUARD	HALF COURT OFFENSE	OFFENSE
POINT GUARD	POWER FORWARD	SHOOTING GUARD
SMALL FORWARD	SWISH	TRANSITION

Basketball Blitz 4

```
Q  W  I  Q  O  Z  X  G  N  K  O  Y  H  C  H  C  A  D  S  G  P
K  Z  N  O  W  R  S  R  Z  O  L  Z  O  K  K  C  X  G  R  N  A
S  H  G  D  L  U  C  V  N  K  B  K  B  U  K  C  I  P  N  I  S
G  O  H  S  V  H  R  W  C  U  U  M  V  I  A  I  F  V  U  T  S
R  Y  N  D  T  I  E  O  U  K  R  E  T  O  O  H  S  O  Q  O  E
C  P  D  S  E  R  E  G  P  R  X  L  X  Y  G  C  F  L  Y  V  E
U  W  V  K  N  F  N  J  E  W  T  Z  T  H  O  F  N  U  E  I  H
Q  A  R  X  M  O  E  K  E  M  I  O  G  R  E  A  A  V  P  P  W
B  M  E  N  S  M  A  N  M  C  X  N  E  N  I  G  F  S  I  C  Q
S  W  K  Q  D  M  D  C  S  L  T  R  S  U  G  Y  U  C  Z  I  Y
Q  W  C  T  Y  M  P  E  X  I  G  I  U  S  P  B  K  F  L  L  S
J  C  O  A  V  Z  G  Z  F  O  V  Z  W  O  X  A  F  G  O  R  J
B  A  L  L  H  A  N  D  L  E  R  E  Q  X  N  C  N  T  D  Q  G
S  P  B  H  D  Q  D  E  R  G  N  H  R  D  T  K  C  Z  O  X  D
N  I  T  O  O  F  O  E  D  N  G  D  R  E  F  D  R  Y  Q  H  M
M  C  O  D  X  H  B  N  F  K  K  O  E  N  B  O  Y  D  D  Y  D
M  U  H  O  Y  O  X  F  W  R  L  I  G  R  C  O  D  Z  E  U  D
S  T  S  S  U  G  U  V  D  L  Z  H  F  Y  D  R  U  I  R  S  L
J  U  C  N  O  U  P  T  G  H  J  R  Q  D  W  C  H  N  L  O  D
G  N  D  N  K  R  Y  F  W  L  F  R  P  Z  K  U  H  G  D  N  K
J  F  Y  I  C  N  W  P  R  F  P  N  O  R  R  T  F  A  T  O  M
```

BACKDOOR CUT	BALL HANDLER	BOX OUT
CUT	DEFENDER	DEFENSIVE REBOUND
OFFENSIVE REBOUND	PASSER	PICK AND ROLL
PIVOTING	PLAYMAKER	SCORER
SCREEN	SHOOTER	SHOT BLOCKER

Basketball Blitz 5

```
K A Z R U M P Y C Q C K N M V T Y C Z W P M Y
E N O D N A Q A W B K Z I I S C L U T C H K H
I P W F Y E Q T B D S G Y V B Z C H O M D V K
R R N I H T J R L D X N K E F H G P R B V B D
K B A S K E T B A L L I Q A A F M X J A K A O
Y A F C R L K H G J U S N E H T N N Z H N R W
V C G U S B D L G J H T G N D A J J B D Z J E
L K G B H U R T Z X G F V I S X U C P F Y O L
K C X Q T O Z E E B G O W L D Q G G U F V R B
H O B K T D Q C T O Q F F W F E O L A T P F U
B U O D Q O D O W A V L X O W U C S D L M I O
C R X M T K F N Y Q E E S R Q V T A S M L P R
Q T S E N D H H O I O B R H Z B T H P W R V T
G V C N P O E P G F R W R T R J J E C T D R L
Q I O I N C M P D U M K M E I P G O Z A S U U
E O R L K M O X N U R R A E Z M U Q E Q C A O
F L E L Q W A T A V K K N R M Z E C W D X B F
Q A T U J I Z X E T P M M F Q U U A J S B E N
O T M O W I Z F V O H K P V T U L B I F J W W
X I J F X A Y C I P A V V Y C E B B U Z N S M
S O T S B Y G N G A Z S F O P P X F D Z V F
Z N P O I N T S I N T H E P A I N T C M A S I
D V F E O S Q I I L E T K O I Y N T Z Y I D H
```

AND ONE
BOX SCORE
DOUBLE TEAM
FOUL LINE
GIVE AND GO

BACKCOURT VIOLATION
BUZZER BEATER
FAST BREAK POINTS
FOUL TROUBLE
OVERTIME

BASKETBALL IQ
CLUTCH
FAST PACED
FREE THROW LINE
POINTS IN THE PAINT

Basketball Blitz 6

```
E R K G Z A J T B J F D E A D B A L L B N
L L A K L O K G N I D N E T L A O G E O Z
V U Q F U T L T E K T I B J R V E Y C Z S
H V Y G U N L O H J B L O C K S H O T M H
R E T A O L F H G A N O J I T L G P D O U
I L A X Q L S S A K T V U H M A N Y O K L
X F O W L O E T M F H F G A Z Q C K U Q S
E L B B I R D R E V O S S O R C S M T D T
T F T P Y R R U W A D T T C H H W H Z O R
E B B Y O E B O I M W S Z C O E D O U E I
U K O W R G F C N I S E C T Q R X P Y Y C
W B A H T N C F N Z O T A N U R I A S V R
M Z H F L I E L I S D N R J U Y L T S I O
V R J M L F G A N Q N O E H F P I B U T N
U E S K I L R H G W X C X R H I D P G Q W
G Z F D M I A J S M Q K E C M C F Z G A U
X S J V W A H B H I V N T Z S K O X O J W
R P J I A H C G O X T U H Z M I M F M R B
O G V R H H R P T S L D R F S N Z X R E K
N G G Y S S A P E C N U O B K G C G Q V D
D S R C Q Y H X U K Z Z N E A G X D J M K
```

BALL FAKE	BLOCK SHOT	BOUNCE PASS
CHARGE	CHERRY PICKING	CLUTCH PLAYER
CROSSOVER DRIBBLE	DEAD BALL	DUNK CONTEST
FINGER ROLL	FLOATER	GAME WINNING SHOT
GOALTENDING	HALF COURT SHOT	HOOK SHOT

Basketball Blitz 7

```
D  E  A  U  S  P  O  F  F  E  N  S  I  V  E  F  O  U  L  H
Q  J  Q  D  I  M  U  K  S  Y  N  X  S  X  F  N  I  R  S  A
G  M  J  M  M  L  I  Y  S  T  P  P  O  C  G  J  O  W  C  H
C  Q  X  A  S  R  J  Y  A  Q  V  T  P  P  H  S  W  E  G  S
S  O  S  N  H  T  R  K  P  L  F  X  L  T  N  Y  Y  H  T  A
I  L  M  T  O  U  E  U  T  I  E  L  A  O  O  B  L  G  M  N
M  X  Z  O  O  J  A  A  E  Y  C  S  H  H  Y  M  N  A  S
X  K  V  M  T  M  R  Q  L  O  Q  P  R  S  K  I  M  W  Z  M
E  B  R  A  I  Y  R  E  T  N  I  O  P  E  E  R  H  T  B  Q
R  F  O  N  N  L  M  C  U  V  P  K  H  G  V  W  E  G  X  K
V  M  Q  D  G  I  N  B  O  V  N  S  O  N  Q  E  D  U  K  L
M  Y  Y  E  F  V  R  D  J  U  M  P  B  A  L  L  R  K  A  J
X  D  I  F  O  E  G  S  D  A  J  V  G  R  L  F  X  S  M  Y
A  V  B  E  U  B  V  M  S  R  F  L  M  D  L  T  K  B  P  M
F  B  X  N  L  A  A  M  N  Q  V  O  M  I  U  Y  X  X  C  F
I  C  Y  S  A  L  C  R  F  A  U  M  S  M  H  J  I  U  R  Z
H  E  V  E  S  L  I  P  P  A  U  U  Q  O  H  G  G  Y  B  I
O  J  D  L  A  S  S  A  P  D  N  U  O  B  N  I  T  V  E  R
U  R  B  C  G  C  O  Q  L  Y  W  K  X  Q  L  B  S  J  Y  F
V  K  E  N  I  L  P  U  Y  A  L  V  E  G  Q  Q  Z  Q  F  J
```

INBOUND PASS

LAYUP LINE

MID RANGE SHOT

REVERSE LAYUP

SLAM DUNK

ISO PLAY

LIVE BALL

OFFENSIVE FOUL

SHOOTING FOUL

STEAL

JUMP BALL

MAN TO MAN DEFENSE

OUTLET PASS

SKYHOOK

THREE POINTER

Pitch Perfect 1

```
E  G  E  O  E  L  P  I  R  T  T  U  O  T  R
Y  L  Q  P  I  T  C  H  E  R  U  T  H  D  S
X  R  K  I  W  T  C  N  A  J  S  W  F  I  R
G  X  A  B  Y  C  H  Y  F  E  Z  T  N  F  E
D  F  G  L  A  Z  H  O  C  B  M  G  H  C  T
L  G  I  Z  E  R  N  O  M  N  L  Y  H  V  T
E  P  J  R  O  D  N  L  M  E  G  R  E  F  A
I  T  H  A  S  D  B  L  S  E  R  M  X  J  B
F  K  C  R  B  T  G  A  Y  Z  P  U  T  I  K
T  R  T  A  F  D  B  B  T  Z  O  L  N  H  R
U  N  S  C  E  D  F  A  E  O  A  F  A  G  T
O  E  A  S  R  Q  I  P  S  G  I  L  M  T  P
I  K  A  I  U  W  D  G  J  E  J  U  P  U  E
C  B  H  Q  G  J  R  Z  L  P  X  P  A  X  F
D  T  N  J  Y  H  V  D  O  U  B  L  E  J  W
```

BALL	BASE	BAT
BATTER	DOUBLE	FIRST BASE
HOME PLATE	HOME RUN	INFIELD
OUTFIELD	PITCHER	SECOND BASE
SINGLE	THIRD BASE	TRIPLE

Pitch Perfect 2

```
E  G  A  A  O  I  I  C  P  Y  X  D  D  R  L  Z  Z
I  G  C  O  G  Q  E  V  R  K  G  H  F  F  Y  M  F
E  M  H  P  K  U  U  R  R  R  Q  J  Y  O  F  M  A
L  F  M  M  E  G  L  S  M  E  I  C  N  B  U  F  E
V  N  G  S  N  X  L  G  W  D  H  R  D  L  A  H  X
G  N  I  N  I  R  U  N  B  I  C  C  T  S  V  P  B
H  A  T  D  I  L  A  I  X  L  D  F  T  N  D  R  B
W  A  K  M  E  N  D  N  I  S  J  B  Z  A  C  H  U
B  Y  E  M  R  T  N  N  G  W  A  L  K  P  C  R  N
J  H  E  I  V  A  T  I  Y  L  F  P  O  P  J  W  T
H  R  O  K  G  G  Y  A  L  P  E  Z  E  E  U  Q  S
Q  R  E  R  T  J  N  R  B  F  E  L  I  C  E  U  I
T  U  O  E  K  I  R  T  S  S  R  X  I  A  A  N  P
P  N  L  Y  X  E  B  X  W  V  N  C  A  Q  P  L  Y
Z  D  J  V  P  M  W  E  I  R  P  U  I  H  L  I  H
O  U  X  H  D  Y  F  I  E  L  D  E  R  P  K  N  G
H  S  L  L  A  B  Y  L  F  J  D  O  O  U  A  X  H
```

BUNT	CATCHER	EXTRA INNINGS
FASTBALL	FIELDER	FLY BALL
INNING	POP FLY	RUN
RUNS BATTED IN	SLIDER	SQUEEZE PLAY
STRIKEOUT	TAG	WALK

Pitch Perfect 3

```
D  X  B  C  Y  M  E  F  P  E  E  F  N  H  E  Q  Y  E  U  R  O  B  G
P  F  R  Y  D  V  Y  Y  L  G  D  C  X  V  J  Q  Y  A  L  C  Q  B  S
Y  L  I  E  D  U  P  P  G  A  I  L  L  A  B  E  L  K  C  U  N  K  Z
A  S  O  E  T  C  Z  V  I  T  L  U  A  I  S  E  L  C  K  T  K  R  M
T  T  F  V  L  T  R  D  D  N  N  X  J  N  U  B  B  B  C  F  A  L  Y
G  O  S  A  L  D  I  Z  O  E  C  B  U  O  Q  M  Y  Y  G  A  T  V  Z
T  L  B  B  Y  Y  I  H  C  X  H  H  V  V  U  I  D  P  S  S  U  X
W  E  N  F  G  G  L  D  R  L  T  H  K  Z  Y  Q  I  B  T  E  E  X
U  N  V  M  J  M  F  S  G  E  E  G  D  I  U  H  V  T  V  B  G  Q  N
L  B  M  D  I  Q  J  Y  J  P  T  K  B  Q  T  F  I  M  L  A  A  Z  I
Z  A  F  M  L  V  Q  R  T  G  E  A  N  C  Z  T  G  M  R  L  T  C  I
G  S  V  F  L  U  C  A  H  S  R  N  D  X  H  E  E  K  L  N  D  B
L  E  N  F  A  K  W  Q  U  I  H  C  C  G  B  L  V  R  B  B  E  Q  S
K  Q  D  Q  B  R  N  X  Z  G  N  P  M  E  I  A  A  V  K  L  C  X  Z
P  Z  U  C  E  Q  V  V  G  G  X  A  O  B  N  S  K  C  M  K  R  S  K
X  V  E  S  V  G  Q  V  V  P  K  T  N  U  D  T  E  J  Q  L  E  E  B
F  W  O  W  R  S  F  Q  H  L  Y  F  R  S  B  H  A  D  C  E  P  N  L
O  L  E  Q  U  I  I  R  N  S  N  D  X  R  X  N  K  G  B  W  E  B  R
C  B  Z  D  C  R  H  H  J  Q  E  L  T  N  P  C  V  U  E  U  S  G  R
Z  I  T  I  H  E  S  A  B  N  G  H  I  T  A  N  D  R  U  N  A  V  E
Q  B  E  O  B  B  M  H  R  C  Y  X  J  U  P  C  D  M  W  Y  B  Q  B
A  Q  O  F  G  C  H  A  N  G  E  U  P  W  U  A  E  I  P  Y  N  A  E
Y  Z  E  G  A  R  E  V  A  G  N  I  T  T  A  B  T  Q  M  A  O  A  W
```

BASE HIT	BATTING AVERAGE	CHANGEUP
CLOSER	CURVEBALL	CUT FASTBALL
DESIGNATED HITTER	EARNED RUN AVERAGE	FIELDING PERCENTAGE
HIT AND RUN	KNUCKLEBALL	ON BASE PERCENTAGE
PINCH HITTER	SLUGGING PERCENTAGE	STOLEN BASE

Pitch Perfect 4

```
X  S  D  E  K  C  V  X  J  Q  J  X  K  P  Q  A  O  E  J  H  R
F  X  X  Y  L  H  W  H  I  G  T  W  E  R  G  U  F  E  T  E  E
W  W  O  R  L  D  S  E  R  I  E  S  M  E  P  R  N  U  X  T  N
E  A  S  M  V  Y  O  F  L  K  P  V  A  R  E  V  T  G  K  U  N
T  L  I  L  W  X  C  A  D  A  F  Z  G  L  G  U  R  A  C  L  U
S  U  B  E  H  E  O  B  S  R  Q  A  R  Y  O  Z  X  E  E  G  R
W  D  O  U  O  Y  H  S  H  E  O  K  A  A  U  L  U  L  T  O  H
L  H  T  E  O  M  E  Q  P  I  R  A  T  L  C  G  I  N  I  E  C
P  I  G  G  C  D  Y  D  X  F  U  S  S  P  A  M  K  A  C  I  N
Z  H  N  K  B  R  E  X  A  W  K  N  L  E  A  D  Y  C  F  S  I
K  O  P  A  W  Q  O  L  A  U  G  N  L  L  N  L  M  I  V  T  P
A  P  L  P  J  Z  S  F  U  W  B  L  A  P  J  Z  Q  R  V  H  I
E  L  S  P  R  I  N  G  T  R  A  I  N  I  N  G  F  E  C  A  C
P  A  S  S  Q  Z  F  I  N  D  Y  Z  R  U  U  N  M  B  I  K
J  R  U  U  D  M  K  Y  O  V  X  N  T  T  R  Y  O  A  G  N  O
B  T  W  I  L  D  P  I  T  C  H  L  U  E  N  W  S  F  Q  J  F
M  Z  O  M  A  E  T  E  M  O  H  Q  V  O  A  E  B  A  Q  X  F
W  F  K  A  Y  A  L  P  E  L  B  U  O  D  R  M  K  E  G  A  W
Y  T  Z  P  N  X  B  I  Q  I  I  I  K  I  L  G  Z  Q  C  M  U
G  T  Y  R  P  F  U  C  Z  P  Z  I  A  C  H  D  Q  P  I  R  W
C  V  D  K  B  V  J  C  I  G  S  J  S  X  E  F  L  U  J  Q  H
```

ALL STAR GAME	AMERICAN LEAGUE	AWAY TEAM
DOUBLE PLAY	FORCE OUT	GROUND RULE DOUBLE
HOME TEAM	NATIONAL LEAGUE	PASSED BALL
PICKOFF	PINCH RUNNER	SPRING TRAINING
TRIPLE PLAY	WILD PITCH	WORLD SERIES

Pitch Perfect 5

```
M Z Y C T O W I U P S A S S A N Q G K E N J C
W H L L J L N S S K T G T U H T B N P A O M I
P B C B U C Z N G A F V U D P O L H A L Y I Q
Q D F W S J Q I L U A Y P U Q I X P S Y H G U
L D D Z L R X M R F Y M T G P L F T S H S S F
U I R A H N A X Z E I K O O R A P T L O L Q C
H X U A G F A A E H D D R U L Z X W C G L F S
O E P Y W A I N S Y S R P T J P W C H T A A O
M B H K A A Y N I M E A A C D T X I Q T B K I
E R L N R A R B A G O W Y W O F J J A Q N Y V
P H L P R Y M E A M X A A U A G C J B K O B E
L V A Z E Q X N G E B E C A V G K T L R E A L
A L B L D S A J O G V V P Y R T N R E E S T R
T S L T L M N A G P U O N E P L L U B P A T D
E M U M K O U T F I E L D W A L L D O Q B I M
U M O L L Y F K W F J G S G T L J U B Y L N V
M V F L X N F N X C D V R I Y L U K E Y G M
P Y E E B A O X A Q G L K A E M N E B S R C Y
I Y F Y I F T O S M D O J W K V O A D S J A V
R I S T H A N F A F E G T Z U P L M Q B S G M
E B P J C B Y N G H C T I P Y B T I H L K E Z
M D J W D F E X K I Y M R Q K K T S S W G A V
S Q O V F V A L C U C N G G G A X O G F I S E
```

BASE ON BALLS
CY YOUNG AWARD
GOLD GLOVE AWARD
HOME PLATE UMPIRE
OUTFIELD WALL

BATTING CAGE
DUGOUT
HALL OF FAME
MANAGER
ROOKIE

BULLPEN
FOUL BALL
HIT BY PITCH
MVP
SILVER SLUGGER AWARD

Pitch Perfect 6

```
N  P  U  H  X  N  N  N  K  B  A  W  U  U  B  V  L  Z  H  R
C  S  F  N  D  R  E  L  I  E  F  P  I  T  C  H  E  R  F  L
A  I  N  T  E  N  T  I  O  N  A  L  W  A  L  K  D  S  V  V
T  G  C  F  B  L  U  Q  X  E  U  K  I  F  R  H  R  B  R  E
C  H  V  V  W  A  U  O  Z  N  S  I  J  O  P  E  M  Y  S  E
H  C  W  Y  E  I  T  R  M  F  F  N  U  R  H  C  N  I  P  B
E  A  H  D  F  T  B  T  D  S  I  K  S  Q  P  N  F  K  H  P
R  O  C  T  O  Q  A  J  I  N  R  T  Z  E  H  E  A  H  H  T
S  C  Z  C  U  B  T  C  T  N  U  E  C  B  V  F  T  J  N  B
G  G  K  R  L  X  T  Q  R  M  G  O  H  X  R  D  C  U  D  X
E  N  J  I  T  D  I  E  P  Z  C  P  R  C  S  L  B  E  G  T
A  I  X  G  E  T  N  N  I  Y  V  J  R  G  T  E  B  J  X  F
R  H  T  L  R  I  G  O  J  M  N  J  L  A  C  I  S  U  Z  E
N  C  Q  L  R  H  H  Z  M  A  H  U  W  I  C  F  P  R  C  G
C  T  I  W  I  H  E  E  O  A  W  K  F  E  I  T  I  R  Q  G
W  I  M  L  T  C  L  K  O  K  I  I  N  S  O  U  I  F  O  L
A  P  U  E  O  N  M  I  M  H  R  D  N  B  Q  O  S  C  D  E
Z  W  F  U  R  I  E  R  J  C  X  U  T  J  V  M  O  M  E  S
H  L  Q  F  Y  P  T  T  A  Z  I  O  V  F  Q  G  I  O  E  V
A  O  E  F  A  W  D  S  R  P  T  J  J  C  P  M  U  X  Q  X
```

BATTING HELMET

DIAMOND

INTENTIONAL WALK

PINCH RUN

RELIEF PITCHER

BATTING PRACTICE

FOUL TERRITORY

OUTFIELD FENCE

PITCHERS MOUND

SACRIFICE BUNT

CATCHERS GEAR

GROUND RULE

PINCH HIT

PITCHING COACH

STRIKE ZONE

Pitch Perfect 7

```
K S T A R T I N G P I T C H E R X F M Q O
M D V P N G U G N I N N U R E S A B O S A
J Z S B E Y C H Q C T C R P C R G N K U M
W R M U A P Z X G A H O V D G B C W M O F
S S O C Q S M D F K L I E K F L I P M L I
X L Q X I A E N A G Q E B L K X A I I R Z
C A I W V E J S S D L R A D Y K D R W H B
A U W D K S Y Z T J P Y L N B W O G K N I
A L S J E N W B B E P L L B F D U R U T E
I I L H S R P F A H A M G Z A J B E L O M
B N V A M I M H L C X L R D Z R L G Y R G
E E I T B P N O L I V X I A E W E N A T Y
D D N B O D K K V T A M P N Q I H I L N L
I R M Z Y P N P E E U L K X G V E F E U I
W I O I Q D Z U L R M A K V I Y A T D R O
O V I B S E P P O D W E J P C F D I N E A
L E V L P W X O C R X Z N F U L E L I M V
J V J B S E F P I G G F M T D L R P A O D
J B X U C C F O T A Z L O G B L O S R H K
G S F L A T H S Y E T G C C D L E T Z S T
R R B R C H A N G E U P G R I P J E L L Y
```

STARTING PITCHER

CURVEBALL GRIP

SINKER

POP UP

HOME RUN TROT

DOUBLEHEADER

CHANGEUP GRIP

FASTBALL VELOCITY

LINE DRIVE

BASE STEALING

RAIN DELAY

SPLIT FINGER GRIP

SLIDER MOVEMENT

GROUND BALL

BASE RUNNING

Game Day 1

```
B  M  E  P  W  N  S  Z  L  D  W  Q  C  L  R  Z  Y  H  A  C  E
M  T  G  B  E  S  L  U  R  S  K  S  L  C  Z  S  Y  W  W  C  D
X  V  F  A  I  R  C  A  T  C  H  H  B  G  E  E  E  Q  D  K  T
E  M  G  C  D  L  S  X  O  O  A  O  L  E  G  C  F  J  A  I  R
G  M  O  T  Z  K  Q  O  I  P  I  T  D  M  F  O  U  N  G  R  G
A  N  C  P  I  P  Q  H  N  L  I  G  E  Z  V  R  P  H  P  K  A
M  J  J  M  O  A  G  J  D  A  X  U  L  N  V  N  T  M  E  S  K
M  N  W  X  T  S  V  C  X  Y  L  N  A  T  S  E  Q  R  R  Q  F
I  T  R  A  T  S  E  S  L  A  F  F  Y  K  N  R  M  Z  J  L  X
R  S  K  R  B  I  U  M  Z  C  G  O  O  D  S  B  K  K  T  I  D
C  D  Z  N  N  N  G  V  Y  T  Y  R  F  U  P  A  L  A  C  C  F
S  W  T  F  V  T  Y  Z  X  I  N  M  G  O  L  C  M  Z  I  Q  L
F  K  W  V  H  E  A  E  B  O  D  A  A  N  G  K  U  E  G  X  D
O  N  S  S  P  R  L  L  B  N  F  T  M  T  I  A  W  B  C  Y  V
E  B  M  E  V  F  P  T  S  N  I  I  E  T  N  D  E  A  X  A  C
N  Q  Z  O  A  E  W  G  D  A  I  O  Z  I  T  K  L  R  P  L  F
I  T  L  G  V  R  A  C  J  O  D  N  Y  W  C  R  J  O  E  W  X
L  J  W  I  D  E  R  E  C  E  I  V  E  R  R  I  S  V  H  W  M
Z  J  I  E  W  N  D  F  P  P  X  N  O  H  B  P  J  F  D  T  S
B  T  H  R  U  C  G  L  J  M  L  R  B  S  I  A  P  E  K  N  S
X  H  N  A  M  E  N  I  L  E  V  I  S  N  E  F  F  O  X  J  J
```

CORNERBACK	DELAY OF GAME	DRAW PLAY
FACE MASK	FAIR CATCH	FALSE START
HOLDING	LINE OF SCRIMMAGE	OFFENSIVE LINEMAN
PASS INTERFERENCE	PERSONAL FOUL	PLAY ACTION
SHOTGUN FORMATION	TIGHT END	WIDE RECEIVER

Game Day 2

```
W  Q  R  K  V  I  Z  R  D  B  P  I  Z  B  D  F  X  J  P  A  C
V  A  U  C  T  N  X  F  L  P  C  E  X  K  V  S  Y  X  K  N  V
Q  A  Q  A  Z  P  N  O  I  T  O  M  L  A  G  E  L  L  I  S  D
N  U  W  S  R  U  M  L  G  S  S  K  T  K  H  X  G  V  L  D  Y
N  D  A  K  B  T  E  E  C  M  I  S  M  J  S  C  D  J  L  I  D
G  L  V  C  S  U  E  U  T  C  Q  Z  A  O  V  N  C  E  E  M  U
I  P  H  A  P  Q  D  R  K  T  R  S  P  P  O  T  I  O  G  R  Z
L  B  I  B  O  J  D  R  B  N  A  B  C  I  D  F  I  G  A  H  W
S  Z  G  R  J  Y  E  S  S  A  U  L  S  X  K  R  O  O  L  E  X
A  F  B  E  K  T  N  Z  W  G  C  I  A  C  K  A  A  R  F  C  X
C  X  L  T  U  Z  H  R  T  M  L  K  A  O  L  C  N  W  O  F  M
O  N  A  R  E  H  P  G  U  L  A  B  S  L  G  D  X  V  R  O  Z
P  R  N  A  N  B  M  C  O  T  G  P  I  N  T  D  H  P  M  O  A
B  R  K  U  B  C  A  C  S  N  E  N  M  H  E  R  L  N  A  J  F
L  A  B  Q  B  V  T  M  I  J  E  R  W  U  J  A  R  E  T  X  U
W  P  U  T  V  E  U  N  H  S  X  L  T  F  P  A  K  N  I  R  V
H  T  W  O  M  I  N  U  T  E  W  A  R  N  I  N  G  O  O  F  E
Q  P  P  L  M  U  B  A  E  J  E  B  R  Y  U  O  E  Z  N  V  P
G  A  E  Y  R  O  N  S  I  D  E  K  I  C  K  P  U  D  I  A  Q
U  H  T  F  A  D  W  G  D  O  Y  X  A  A  F  W  I  E  B  C  J
A  E  C  D  T  Q  Q  O  N  K  U  M  E  V  N  N  D  R  F  G  J
```

FIELD GOAL ATTEMPT
HELMET COLLISION
KICK RETURN
PUNT RETURN
RED ZONE

FORWARD PASS
ILLEGAL FORMATION
ONSIDE KICK
QUARTERBACK SACK
RUNNING BACKFIELD

GOAL LINE STAND
ILLEGAL MOTION
PILE UP
QUARTERBACK SNEAK
TWO MINUTE WARNING

Game Day 3

```
V R N L D N P W Y T K I Z I V Q K J P L Y C W O
O W A D Q A P L N S V J P A S S R U S H E S R G
F U I R D N Z D E O P N R I P V Y A C C D Z X U
Y S N N F V Z K W P K E C B D Q A L M O A U I I
I T E P T G S Q P L O I C A Y E U O U M T V Z N
V P J K Z E M Y T A C R W I O U V O M W H I V T
U F E R M C R G P O A M K R A T A Z I A F I E E
A W I C S H F C Z G E L P G X L O N N U G X Y R
P B L E T D S M O M X A D A Q C T U E Z T U M C
M H V Q L W W S N N Q B H K Q V I E C R H X R E
A G A R I D Y E D B F M U S E X N T A H V R B P
A P T V Z G G W R B A E Z R H C P M M D U Z T
S I R U N B L O C K I Z R Y Z G O M Y L S O H I
A P C F A N I Z A M K Z H E O I M I H C Z P W O
W H F B D Z R G O L G I W O N I P I E A T C C N
B J T S K O V L B K B N M T K C L Q R G I J L R
L Z X G C Y Y B H P K L B C Y O E F X D L X Y E
F I T P D Z Y X L D M L O E Q L T G Y Q B U L T
I Y E L Z H A D S A O L I C E F E S A O Y M Y U
E W H K J G W F K C B M G Y K P B V M T F X R
L I Q A C C V W K S D A U Y N R A O X L E J J N
D D P W J O W X S O B J Q Y B S Q W P F G A T
B U G C X H A I L M A R Y P A S S N I A F R U
H Y H E J O P N V X G K C O L B T N U P S X X I
```

EXTRA POINT BLOCK	FIELD	FIELD GOAL BLOCK
GOALPOST	HAIL MARY PASS	INCOMPLETE PASS
INTERCEPTION RETURN	INTERCONFERENCE GAME	PASS BLOCK
PASS RUSH	PUNT BLOCK	RUN BLOCK
SAFETY BLITZ	SPECIAL TEAMS	TOUCHDOWN

Game Day 4

```
O  J  Z  M  A  T  Q  G  T  I  I  U  W  M  B  H  K  V
I  I  H  W  A  E  K  C  A  B  R  E  T  R  A  U  Q  D
Q  U  F  F  O  K  C  I  K  V  C  I  U  N  O  C  I  J
O  B  B  U  Y  C  A  H  C  V  P  N  T  F  N  D  X  D
P  J  G  L  C  A  B  F  A  D  L  T  F  N  F  R  L  J
T  U  D  E  O  S  E  W  B  X  O  E  I  Y  R  E  F  E
Y  K  N  X  F  N  V  Z  G  D  N  R  E  Q  K  K  Q  F
M  T  Y  T  L  P  I  W  N  S  C  C  L  Y  U  C  E  Z
F  Q  B  R  E  R  S  H  I  Q  S  E  D  P  M  A  W  P
R  H  B  A  L  U  N  V  N  P  Y  P  G  L  F  B  I  S
Q  E  M  P  A  M  E  O  N  K  O  T  O  R  D  E  C  Q
R  K  V  O  K  L  F  S  U  R  F  I  A  Q  W  N  K  Y
O  Z  V  I  I  U  E  U  R  J  J  O  L  B  E  I  E  Q
P  N  W  N  E  L  D  G  M  W  F  N  E  X  D  L  K  M
I  J  E  T  K  C  F  F  J  B  U  E  Q  P  Q  H  G  T
K  U  V  C  I  Q  E  Z  M  N  L  W  G  S  A  W  O  S
D  I  A  A  L  K  O  R  R  W  V  E  D  X  C  N  Y  P
V  T  L  E  N  I  L  E  V  I  S  N  E  F  E  D  Y  T
```

DEFENSIVE BACK	DEFENSIVE LINE	EXTRA POINT
FIELD GOAL	FUMBLE	INTERCEPTION
KICKOFF	LINEBACKER	OFFENSIVE LINE
PUNT	QUARTERBACK	RECEIVER
RUNNING BACK	SACK	TACKLE

Game Day 5

```
C C P F V V K W T E D Z V M H Q J S A S C D O
D E K A Q I K Q O Q R P Q P D P Q Q S S Y K W
J O H B B D I A U Z Z A U F W R S B Z A S W I
C U N B W Z M L W K U A O T N T F D H U S X P
J U H O P T Y W S E L D D U H W S D B R A F E
C C K F I P X A L L E J F O W J Y E R P P G N
M V C Y S S I K M U I E R E Z R W E H A N G A
G D G X U S R O W Z I S F M N A T R E E E I L
G U L C G X E K U U N M I H Q R N L L E E T
R P C T M L F P V B H S T W X M L T L R H Y
I X A N P D J A W N M K K P D S A O V C C X J
K N P L R K B M L M O C L P V H O G I D S F S
W F L A Q F E L C O P C O S C B G N O Q X J D
Y D E V M B I Y B S M Z T I P E G J F Y G N W
O C V K O B A Y I N F R N N N H M O D E C I N
G F E G Q X A A U L B D N O I T A M R O F W H
D G Q E E L U V Y I H B O E D O O T C M F R L
U V L U P A D E X T Q Y Z V H K P S Q C W K B
L P I F I R I Q P P U M B R P T J O S F Q L S
W X Y X L G B Q A A A U G O I V V O W G I A U
Q E H F Z W L C N A X X D C O N I V R T B E Y
I O I Y P E E W S D F N V L R K F Z I L P X
G Y O T X I E D I S F F O S O X K L I C G A A
```

AUDIBLE

CHALLENGE

HUDDLE

PLAYBOOK

SWEEP

BLITZ

COIN TOSS

OFFSIDE

SCREEN PASS

TIMEOUT

BOOTLEG

FORMATION

PENALTY

SNAP

TWO POINT CONVERSION

Soccer 1

```
N  S  Q  C  Y  E  C  T  L  X  Y  I  F  G  D  Y
A  Q  T  L  A  B  Q  A  B  O  D  X  R  O  W  Y
M  F  D  X  R  P  N  G  G  D  V  P  E  A  L  D
J  B  Z  K  M  E  T  C  R  S  Q  V  E  L  B  F
F  Z  I  V  O  B  D  A  X  I  V  K  K  K  B  Q
Z  O  K  K  N  R  F  L  I  D  F  A  I  E  X  F
X  N  E  K  C  I  K  R  E  N  R  O  C  E  O  G
N  E  X  A  E  A  K  S  N  I  I  E  K  P  B  R
V  D  F  U  L  L  B  A  C  K  F  W  L  E  B  E
R  E  M  C  K  A  Q  R  V  G  R  D  O  R  R  S
D  F  A  I  E  O  V  E  E  E  B  H  I  R  A  C
T  E  R  Z  T  G  C  T  K  T  S  A  L  M  H  C
D  N  K  T  N  E  L  I  W  I  N  G  E  R  B  T
T  S  I  H  D  O  R  T  N  S  W  E  E  P  E  R
P  E  N  A  L  T  Y  K  I  C  K  X  C  O  P  Y
V  I  G  F  S  H  L  Q  H  F  G  I  N  G  J  O
```

CAPTAIN	CENTER BACK	CORNER KICK
FREE KICK	FULLBACK	GOAL
GOALKEEPER	MARKING	MIDFIELDER
PENALTY KICK	STRIKER	SWEEPER
THROW IN	WINGER	ZONE DEFENSE

Soccer 2

```
M R S Y B Y P X P R E S S I N G T Y C K K O G
I J G E B O B Q P E L Z C Q X S D D U J G G V
Y A H Z I G D T W O Z Q Q L Y F B E M D V V Q
K N V L H I P J V N L U N Y E L F G P H K T K
I O X N P O C V O P D R P O U A F E T C B W P
G N I S S E R P R E T N U O C U N S I U V Z P
I H O L R O H G Y S X U O H H M Q S Y O M S F
O L I N E S M A N H H O A G P E A B H T F K I
T V V J C J F T C Y G M Z V U J U A Y E C C G
V H F W C R I K W D P H V G C N J G B N E C X
R Y F R O X T F I I E C A I D B K E K O N T R
M I Y Y S A N X O H R E M E L A X I Y W I V S
W R Y J E I A N R B L X S T R V N Q M C L G Q
R K E Y U L V J R C L Q E O I Z S Z Q L M P
B G N D G E I F E M I V K A W U G R H W A C Y
Z P G B A K W I J G A A A F A G B Y E F O W T
Y Z F G E E M U A W E A Q T F X C J R S G O E
I H U F L E H K C G I T M V I F J D J M T T G
A E R D R H Y D C O R N E R F L A G J H L V F
Q O Q P O F F S I D E T R A P W J J L X P X N
I X G O J Y E I X X S Q O V D J J K C W L M T
N Q Z Q A K J F T W C B J N F M I D G H F L S
J M J N M T F G J M G R Q G H C W O Y Y O H U
```

BUNDESLIGA
COUNTERPRESSING
HEADER
OFFSIDE TRAP
PRESSING

CLEAN SHEET
FIFA WORLD CUP
LINESMAN
ONE TOUCH
SERIE A

CORNER FLAG
GOAL LINE
MAJOR LEAGUE SOCCER
PREMIER LEAGUE
UEFA CHAMPION LEAGUE

Soccer 3

```
M W S N A E R A Y T L A N E P B Z M M L
M G W K I O B Q G N J R J L W X A G Z C
M K W V V Y Q Y M D T Y C B X K N K J B
Y J D F C E C N A R A E L C H I B X U H
B W U E P Q T O H S P I H C K R O G B P
N S C M R P N R G D H G L R C H O P D Z
O I N F X U Y I R H J G A W I M K X P P
A Z H H D N S A W L L M O H K C I L F S
B Z S O G O C N F G N T D A E S N P H M
S O J X T W T E N A A R Y K L F G O K T
I T E Z O W Z A M V A P N O C K P V N B
H R E L B B G O B C R O S S Y M I Q U R
R E L K C A T E D I L S C R C U E C J N
I E E A N N V E M S O S Q I I T N N K R
Y F L M A J R F R R E U F B U T W N M W
Q G E M T U N J C E Y S N P J M Y W E R
H W G K N M K Z O T V S F I L Q K D K V
L P Y T D E F L E C T I O N K U P R X O
F Q Q J V F D V B C G O A T R I G T M P
S Z E X O F A M F Q Y N L J E G C W L A
```

MAN TO MAN MARKING	CROSS	POSSESSION
CLEARANCE	PENALTY AREA	GOAL KICK
YELLOW CARD	RED CARD	BOOKING
BICYCLE KICK	SLIDE TACKLE	DEFLECTION
NUTMEG	FLICK	CHIP SHOT

Soccer 4

```
O  L  O  G  E  Y  O  X  F  U  R  F  V  I  R  C  L
D  C  H  Z  U  H  L  R  E  V  O  P  E  T  S  T  X
I  U  W  J  B  Q  L  D  E  N  V  V  F  C  C  T  B
X  J  M  F  L  A  Y  D  A  W  C  N  I  F  S  R  T
E  R  G  M  V  S  H  R  L  G  D  S  L  O  B  L  R
V  W  D  H  Y  N  A  X  H  E  S  Z  P  I  K  M  D
O  L  V  I  N  B  K  H  S  O  E  R  V  O  D  V  D
M  R  T  P  J  T  L  R  R  S  A  H  G  T  E  A  T
L  U  T  S  R  O  C  K  X  E  U  F  K  X  X  B  R
L  C  X  K  B  P  I  C  N  Y  B  Y  W  C  Q  F  H
I  V  T  O  K  C  I  L  F  W  O  B  N  I  A  R  R
K  V  O  L  K  O  H  A  L  O  H  I  U  R  X  B  J
S  F  M  L  C  R  F  L  Q  A  P  G  P  E  E  R  Q
K  B  F  K  L  N  H  S  H  A  W  O  P  M  B  I  F
D  N  U  O  B  E  R  J  T  M  S  E  V  Y  I  J  L
Z  O  S  S  Y  R  Y  K  K  T  N  E  M  W  M  H  O
U  U  R  R  U  L  L  B  V  I  U  A  J  C  M  I  N
```

BACKHEEL	CURL	DUMMY
FAR POST	LOB	NEAR POST
RAINBOW FLICK	REBOUND	SCISSOR KICK
SKILL MOVE	STEPOVER	TAP IN
TOP CORNER	VOLLEY	WALL

Soccer 5

```
C  O  H  K  N  B  X  F  Q  F  K  B  X  N  J  Q  X  T  O  U
N  I  M  V  I  S  V  P  J  I  W  M  A  H  L  A  R  C  F  V
M  W  W  S  G  D  R  A  W  R  O  F  R  E  T  N  E  C  Y  B
T  C  S  J  Z  O  J  U  Y  D  R  J  O  O  Q  N  R  Q  G  P
Q  S  T  O  P  P  A  G  E  T  I  M  E  S  P  U  P  C  O  Y
W  F  K  Z  M  V  W  L  V  C  P  C  E  E  Y  M  T  C  L  R
J  I  C  O  M  E  E  S  C  J  F  T  N  F  R  N  O  U  D  X
F  V  A  R  E  G  C  F  V  E  P  A  F  U  E  E  I  K  E  O
R  B  T  G  H  S  X  C  E  I  L  T  Y  I  A  T  N  Q  N  W
E  X  T  R  A  T  I  M  E  T  U  E  S  Z  F  G  J  R  G  V
D  U  A  Y  U  F  W  C  Y  R  P  Y  B  C  F  C  U  R  O  F
I  P  R  G  A  Q  E  S  N  Z  S  M  U  R  Z  T  R  X  A  I
W  J  E  I  P  H  T  A  R  G  E  T  M  A  N  Y  T  L  I
E  V  T  Z  A  O  T  F  D  H  D  Y  G  N  N  T  T  R  D  G
Q  V  N  T  O  G  O  L  D  E  N  B  O  O  T  A  I  C  S  D
L  X  U  T  U  D  Y  Y  Z  K  O  D  B  B  C  I  M  O  S  M
X  U  O  H  K  C  I  R  T  T  A  H  Y  K  N  X  E  J  N  Z
L  U  C  X  M  Q  D  C  N  R  T  D  E  K  R  O  Z  S  Q  G
T  X  X  U  P  V  N  F  A  P  G  R  T  Q  R  B  D  J  T  E
A  B  O  J  A  N  O  M  Z  N  Z  W  P  L  C  V  X  C  O  V
```

ATTACKER	CENTER FORWARD	COUNTERATTACK
CRUYFF TURN	EXTRA TIME	GOAL CELEBRATION
GOLDEN BOOT	GOLDEN GOAL	HAT TRICK
INJURY TIME	MARADONA TURN	PENALTY SHOOTOUT
SET PIECE	STOPPAGE TIME	TARGET MAN

Soccer 6

```
S  Q  G  R  Y  C  M  V  V  K  H  N  B  H  M  S  J  S  A  F  T  Q
J  Y  D  C  C  F  K  N  G  S  B  K  F  J  L  A  S  G  Y  B  F  C
Q  I  H  H  P  W  H  T  U  N  L  L  A  B  E  H  T  F  F  O  M  N
N  Y  J  H  E  H  E  Q  D  R  Z  Z  G  V  O  W  W  M  Q  V  M  U
D  Z  S  J  Z  A  X  P  A  U  G  B  C  O  V  G  U  T  X  N  J  R
S  W  N  E  M  S  D  V  Y  N  F  N  T  A  N  Z  V  P  H  B  E  O
X  V  Q  W  D  P  L  I  S  P  R  I  I  I  W  I  N  G  P  L  A  Y
Q  F  O  N  Z  E  C  L  N  O  N  K  S  P  F  R  Z  J  T  R  H  Q
S  R  F  I  C  C  I  N  I  G  P  S  D  V  P  H  L  T  I  N  Y  K
K  S  P  Z  G  Y  L  Z  T  K  A  X  Q  D  B  A  A  K  N  I  A  C
M  H  M  F  P  G  L  E  C  P  S  B  I  Q  L  B  L  A  T  Y  J  O
Y  O  R  G  W  E  C  O  T  T  S  G  I  U  D  N  T  R  H  U  I  L
U  I  X  D  Q  H  O  R  N  O  C  S  N  L  W  D  A  I  E  Z  R  B
K  C  H  J  B  O  C  I  G  L  Q  E  I  I  P  A  J  B  V  T  W
P  R  W  I  A  H  G  H  W  J  P  I  Q  R  L  T  Y  U  O  D  O  O
T  F  Q  M  S  S  N  K  P  C  F  A  W  Z  P  B  Y  Q  X  Y  U  L
V  U  K  G  Z  M  D  K  R  D  N  M  S  Y  O  H  B  U  A  P  L  M
E  C  Y  A  L  P  N  O  I  S  S  E  S  S  O  P  G  I  I  T  T  S
V  W  Z  Y  F  S  R  M  M  C  L  X  T  H  I  H  V  I  R  M  Y  M
S  D  U  C  Z  M  Y  X  Q  E  B  I  G  J  L  N  G  S  H  D  D  B
Q  F  Z  V  R  K  D  V  H  S  D  F  D  L  U  V  G  S  U  F  O  S
F  F  G  N  I  K  C  A  T  T  A  R  E  T  N  U  O  C  X  J  J  M
```

COUNTER ATTACKING	DRIBBLING SKILLS	HEADING ABILITY
HIGH PRESS	IN THE BOX	LONG PASSING
LOW BLOCK	MIDFIELD BATTLE	OFF THE BALL
OVERLAPPING RUN	POSSESSION PLAY	SHOOTING TECHNIQUE
SHORT PASSING	TEAMWORK	WING PLAY

Soccer 7

```
N J X C Z R I T G B N D O C Z V K F N I L X C G
O S X D D G I D K P J I L H V J X F S N B E U Y
S B S F E X X C U C B P H E R O Y X G L H D X
N Z K E W F K O N C N X I X L L A B G N O L O
J L M K N M E H S V A Y U H B X M E Q D D D W
S U F L S E X N A T T M L Q S E Y O B W Q R I B
W T Z H U H R L S O C F X A I R G X V H E N H D
B L B W P S T A M I N A X N C L E I D D G H T P
F Y U F P O N B W J V K T D E Z M D L B Z E P Q
M S K L O M Y Z X A A E M N I N H E A Z X F N P
S I R U R I G S W F L R M C S I I C O E V H S O
N J O P T M R A G L C A N I V F K N S S L W P L
J X W N E U Z Q I O Z X C F D W W F E A I R F D
K E T H R O U G H B A L L I J F U Q T S N Q N L
V L O E S Q E T U D P B M E T G I G C H L A H S
Q F O X Q N N K L B U G Z R U C J E K T X A C R
F G F X C R M A Z B N S H N X C A H L S K H F L
N K X E J P D I T I R I P S M A E T E D Y H L B
K G J R Z M H E D F J R M C Z U T Z H F E F O H
N Y Z G I Q V L B U F T Z W W G M L K P O R C W
H O M E C R O W D H N N O Z V O F R X F X K Y H
O R U R X H W C G Z B L M G D F E U W W M U K L K
C F S E T C W K X L P U A M Q A T X H O X V N Z
M D I S C I P L I N E R M V R F Z V Z P L U W O
```

DEFENSIVE MIDFIELDER
FOOTWORK
HOME CROWD
STAMINA
TEAM SPIRIT

DISCIPLINE
GAME INTELLIGENCE
LEADERSHIP
SUPPORTERS
THROUGH BALL

FALSE NINE
HOLDING MIDFIELDER
LONG BALL
TACTICAL AWARENESS
WINGBACK

Relationships 1

```
Y  U  J  O  Y  O  U  S  P  J  H  G  E  C  W  C  U  I
O  Q  E  C  F  T  E  O  G  D  U  B  F  O  S  L  Y  C
T  A  T  W  O  U  M  H  D  Z  E  U  Y  H  D  Y  J  E
U  W  G  P  R  M  U  H  F  E  Q  T  N  E  O  P  H  E
G  Z  O  N  G  A  M  E  R  C  V  B  T  S  L  U  B  E
S  D  G  K  I  L  Q  U  E  K  O  O  V  I  B  N  C  T
I  K  F  G  V  V  Y  J  N  H  O  F  L  V  M  D  P  Q
E  C  D  E  I  K  O  N  M  I  V  W  P  E  R  M  S  C
J  P  Y  N  N  U  F  L  B  C  C  W  X  R  B  V  O  J
Y  B  A  U  G  S  N  P  R  K  F  A  F  I  F  N  D  C
J  G  N  I  N  E  T  S  I  L  F  G  T  A  S  H  Q  Q
A  Y  D  N  K  K  O  N  L  C  V  Q  I  I  X  V  W  L
V  R  I  E  E  H  C  H  L  R  I  R  D  V  V  E  R  P
G  P  S  G  O  O  N  M  I  P  B  E  D  U  I  E  Q  Y
E  W  Z  J  K  C  C  Z  A  G  R  K  Q  A  I  N  N  O
W  Y  D  E  I  A  H  V  N  A  D  S  H  L  M  S  G  D
R  V  H  A  E  V  L  G  T  W  N  O  H  Z  W  B  Z  E
L  Q  Z  X  Z  K  D  E  P  E  N  D  A  B  L  E  V  V
```

BELOVED	BRILLIANT	COHESIVE
COMMITTED	COMMUNICATIVE	CONSIDERATE
DEPENDABLE	FAIR	FORGIVING
FUNNY	GENUINE	GIVING
JOYOUS	LISTENING	LOVING

Relationships 2

```
B  X  O  R  G  G  R  O  W  I  N  G  R  T  U  Z
I  Z  S  E  T  A  M  I  T  N  I  U  P  I  F  P
N  M  H  L  B  M  W  C  D  D  V  Q  C  J  H  A
V  D  I  I  F  T  C  E  F  R  E  P  M  I  H  C
E  T  B  G  F  O  S  T  E  R  I  N  G  G  G  C
N  R  F  I  N  T  F  V  A  G  X  I  N  N  D  E
T  B  W  O  P  I  J  W  T  K  N  X  I  I  Z  P
I  S  G  U  Z  I  T  L  G  K  D  T  G  L  O  T
V  P  Y  S  B  X  F  S  G  N  R  T  A  A  E  I
E  B  U  M  A  D  B  R  E  O  I  O  R  E  P  N
X  X  T  D  M  N  A  J  F  R  P  T  U  H  V  G
K  Z  T  R  U  T  I  M  K  K  E  S  O  W  M  B
U  J  R  S  E  H  O  V  M  E  I  T  C  D  S  E
J  L  U  F  T  C  E  P  S  E  R  K  N  R  T  T
V  P  U  F  V  O  H  M  I  N  M  S  E  I  O  I
E  L  J  T  J  K  E  M  R  B  A  C  V  D  M  G
```

ACCEPTING	COMFORTING	DOTING
ENCOURAGING	FOSTERING	GRATEFUL
GROWING	HEALING	IMPERFECT
INTERESTING	INTIMATE	INVENTIVE
KEEN	RELIGIOUS	RESPECTFUL

Relationships 3

```
Q   V   G   E   C   D   C   A   J   V   Q   Q   P   L   Z   O   A
A   W   C   N   N   I   V   K   Y   O   O   P   K   V   E   B   N
M   F   H   E   A   L   T   H   Y   N   V   D   C   K   C   J   B
J   L   F   U   P   Q   G   N   Y   E   V   I   T   P   A   D   A
P   S   R   E   A   S   O   N   A   B   L   E   A   C   D   P   P
O   H   S   J   C   H   M   D   I   M   P   L   G   L   P   A   M
E   A   X   E   X   T   V   D   D   M   O   S   T   R   F   Y   O
P   R   H   X   N   X   I   E   T   E   O   R   E   K   G   A   X
T   I   S   T   O   R   X   O   U   L   V   C   B   W   R   T   V
T   N   I   R   J   Z   E   O   N   B   I   I   L   F   S   A   A
Y   G   F   A   E   V   I   H   S   A   F   E   B   E   D   E   A
Q   Q   L   V   A   D   B   Y   T   E   T   X   P   E   W   G   M
M   U   E   A   F   E   N   I   T   E   B   E   U   O   W   U   B
E   V   S   G   V   Y   V   E   F   R   G   U   K   R   R   L   V
M   M   N   A   R   E   R   Z   T   G   S   O   H   M   C   L   X
M   X   U   N   L   Q   M   G   Y   A   S   U   T   G   C   N   O
W   P   B   T   D   K   R   K   L   A   Q   P   Z   I   K   N   A
```

ADAPTIVE
APPRECIATIVE
JOVIAL
SAFE
TOGETHERNESS

AFFECTIONATE
EXTRAVAGANT
REASONABLE
SHARING
UNSELFISH

AGREEABLE
HEALTHY
ROMANTIC
TENDER
WELCOMING

Relationships 4

```
D  J  M  H  Q  A  X  G  Z  O  D  B  G  G  Y  F  Z  T
G  P  U  O  J  N  L  M  Z  A  G  C  G  J  W  G  Y  E
B  O  F  D  F  A  T  Y  N  I  D  Z  Q  Y  F  D  D  E
O  D  J  F  R  Y  G  A  D  O  R  A  B  L  E  Y  Y  W
R  Y  S  U  L  S  G  N  I  D  L  E  I  Y  F  W  O  S
S  L  T  C  F  A  Q  I  Y  F  Q  K  V  K  K  P  A  B
J  A  C  C  D  H  N  O  B  B  E  E  L  M  M  F  K  P
N  T  O  C  E  E  C  O  R  M  E  K  R  V  S  X  E  X
S  N  O  B  V  R  L  Y  I  D  I  D  N  A  C  D  B  F
C  E  H  A  O  Z  H  N  W  T  S  X  T  F  P  S  A  H
R  M  X  Y  T  N  D  W  T  F  I  H  E  N  E  X  D  P
U  I  N  K  E  E  D  N  I  P  H  D  G  I  T  X  P  Q
P  T  C  O  D  G  A  I  C  V  Z  Q  N  U  E  A  R  P
U  N  D  E  R  S  T  A  N  D  I  N  G  O  R  M  K  E
L  E  L  B  A  T  S  A  X  G  X  N  M  X  C  U  S  K
O  S  Z  E  V  R  K  I  Z  X  I  R  H  C  S  N  G  X
U  X  L  X  F  W  D  V  G  P  I  J  X  O  I  Z  U  B
S  P  P  F  H  L  B  D  X  G  J  G  Q  I  D  H  K  M
```

ADORABLE	BONDING	CANDID
DEVOTED	DISCRETE	LIKE MINDED
NATURAL	PLEASANT	SCRUPULOUS
SENTIMENTAL	STABLE	SWEET
UNCONDITIONAL	UNDERSTANDING	YIELDING

Relationships 5

```
F  G  V  I  W  M  K  M  S  U  P  P  O  R  T  D  W  G
K  U  R  S  A  K  S  P  J  C  B  H  D  O  R  H  Q  S
G  Y  N  Q  X  S  O  K  G  P  W  N  R  I  A  D  Y  P
K  S  P  I  H  S  R  E  N  T  R  A  P  I  C  V  G  K
Z  C  N  E  Q  Y  T  L  A  Y  O  L  I  Y  Z  L  I  Y
J  T  O  O  U  U  E  I  E  C  K  U  H  T  P  Q  N  W
O  Q  W  M  I  W  E  Q  M  B  U  F  S  I  J  M  O  F
B  C  S  U  M  T  U  L  Q  S  Y  E  D  L  M  R  I  E
X  D  T  R  J  I  A  R  E  C  L  C  N  I  L  Z  T  P
B  T  T  O  E  P  T  C  A  B  T  A  E  B  L  O  C  G
I  C  O  M  P  R  O  M  I  S  E  E  I  I  F  Q  E  R
Z  E  W  D  R  E  I  S  E  N  P  P  R  T  P  B  N  T
S  P  B  V  P  T  N  P  G  N  U  W  F  A  L  Z  N  H
G  S  P  H  N  O  A  N  N  S  T  M  Z  P  A  B  O  S
Y  E  I  I  P  Q  I  B  E  X  L  H  M  M  E  K  C  M
P  R  M  S  E  E  G  I  K  S  W  Y  R  O  Y  A  Y  E
L  B  E  V  C  Q  I  R  U  K  S  L  P  C  C  O  A  T
G  R  U  K  I  X  H  O  D  E  W  N  Y  M  D  Y  I  U
```

COMMITMENT	COMMUNICATION	COMPATIBILITY
COMPROMISE	CONNECTION	FRIENDSHIP
INTIMACY	LOYALTY	OPENNESS
PARTNERSHIP	PEACEFUL	RESPECT
RESPONSIBLE	SUPPORT	UNIQUE

Relationships 6

```
M Q E Y W Q D E A L Q E Q V S S T Z U V S O B
U Q B Q W I X A D Q V W W S P E B L U T D L P
P M N O Y O O X V W Z D I E K G F Y P E D V Z
O M T Q Z S T S E R E T N I L A U T U M T U E
B B L O N S N E Y E B B T R H P T Z W O D E C
A R V X C C S E N O A X E A T O Y G Z T J B N
I D K E C I F I R C A S R D M L E M N I G Y E
W Y J M V D T S C E G P D N J O X L J O Y P D
X D S E V K H E G Q R W E U B G O E V N I G N
Y Z C U P L P I W X O X P O I Y Q F R A M C E
F B E C N T J R Y S W Z E B A T I I N L N R P
L M F B A V J O T H T V N T P Z M O D B X F E
D D B N Q T H M S G H Z D S A F I R I O L X D
X I C H J V Z E K Y U I E M O T P S U N Z B N
X E M J V A Q M D T O K N E O E N L H D A D I
J A Q Q T Z U G S M P G C V R R K W I M P M P
Q Y K M T M X N P J L K E X H W J J H U A K C
L T R D C J A I E A T D L L O P G J K V L U K
E U N B I G M D T U R O M A N C E N Q J S O H
C O N O I T U L O S E R T C I L F N O C B E R
V R C O N A A I W Q U A L I T Y T I M E Y X S
S L A O G L A U T U M W G Z H B X Y T O N K G
Z P W M L Z Q B G F W S U M W I P A S I K P G
```

ACCEPTANCE
BUILDING MEMORIES
EMOTIONAL BOND
INTERDEPENDENCE
QUALITY TIME

APOLOGY
CONFLICT RESOLUTION
GROWTH
MUTUAL GOALS
ROMANCE

BOUNDARIES
DEVOTION
INDEPENDENCE
MUTUAL INTERESTS
SACRIFICE

Relationships 7

```
P  R  B  G  N  I  N  E  T  S  I  L  E  V  I  T  C  A  O  E  O  D
E  R  U  T  R  U  N  Z  U  I  S  R  C  Y  H  X  F  K  T  B  M  P
L  G  D  E  T  C  R  N  W  E  R  Y  O  K  Z  D  W  E  P  P  F  Y
B  W  M  V  X  Q  W  R  H  D  Q  A  M  E  T  B  I  V  L  P  M  A
I  U  F  O  U  P  I  M  H  I  Q  U  P  P  E  G  Z  T  U  I  N  R
X  U  I  L  I  Q  B  Y  Z  O  K  G  A  C  A  W  H  N  I  O  B  K
E  E  A  L  Q  H  S  K  I  S  Y  N  N  L  S  T  T  Z  I  C  P  F
L  H  S  A  D  V  R  Y  N  N  M  A  I  T  I  J  H  T  J  T  R  B
F  P  H  N  O  I  Z  O  Z  B  L  V  O  I  K  T  I  Y  C  O  N  V
X  A  U  O  W  K  N  P  E  A  L  D  N  N  J  U  Y  U  V  V  W  D
M  V  J  I  Y  G  I  G  B  R  I  J  S  I  T  L  C  H  V  A  O  E
M  Y  K  T  I  E  B  L  D  L  W  C  H  N  Z  N  N  B  P  L  V  N
H  I  U  I  S  G  I  N  W  R  G  K  I  T  M  H  L  G  X  I  P  K
O  D  V  D  F  I  Z  A  L  P  E  A  P  A  H  N  U  X  W  D  T  O
B  U  N  N  V  E  N  C  O  U  R  A  G  E  M  E  N  T  G  A  X  X
C  Y  Y  O  B  V  D  Y  U  W  Z  F  M  B  H  U  R  E  J  T  V  S
Y  S  D  C  B  O  G  E  J  E  O  I  L  S  H  W  V  N  A  I  A  N
Q  R  N  N  R  Q  M  U  A  R  M  Z  H  D  I  V  P  C  G  O  N  T
G  C  Z  U  Y  M  W  C  O  L  L  A  B  O  R  A  T  I  O  N  R  F
B  V  M  B  S  S  E  N  E  V  I  T  R  O  P  P  U  S  G  W  M  O
I  C  A  S  Z  B  N  D  D  C  H  X  N  R  B  X  X  F  V  S  M  W
N  U  S  E  S  W  D  H  M  K  U  S  W  N  D  U  K  M  Y  N  U  C
```

ACTIVE LISTENING	BALANCE	BOND
BUILDING DREAMS	COLLABORATION	COMPANIONSHIP
ENCOURAGEMENT	EQUALITY	FLEXIBLE
INTUITION	NURTURE	SUPPORTIVENESS
SYMPATHY	UNCONDITIONAL LOVE	VALIDATION

Running Wild 1

```
T  G  T  N  V  K  W  A  C  K  D  Z  T  Q  D  K  I  I  F  F  Y
W  Y  C  U  L  F  F  G  E  R  R  B  Y  C  H  U  O  L  A  D  M
R  M  Q  A  X  J  A  H  I  U  O  F  W  S  C  P  G  Q  A  R  N
Z  V  Q  E  R  L  E  E  N  I  P  S  Z  I  G  S  J  C  Q  Z  U
W  W  I  R  J  D  R  N  T  N  K  K  S  U  I  R  O  E  Y  I  V
V  S  X  D  Y  O  I  T  E  Z  Z  M  R  C  D  T  P  F  J  L  D
V  H  U  V  I  N  F  O  R  J  C  E  D  W  O  Y  N  I  L  L  J
L  W  O  M  G  S  I  D  V  A  K  B  A  Y  R  U  X  M  P  N  Z
S  E  H  G  C  T  N  Q  A  A  C  F  Y  H  T  S  N  N  C  E  S
F  E  E  F  F  R  I  Q  L  L  S  K  H  R  N  G  B  T  C  Q  J
L  A  O  D  Y  I  S  H  T  A  R  C  A  G  H  N  V  N  R  S  S
R  C  T  H  G  D  H  U  R  G  C  I  U  I  W  O  E  M  V  Y  Q
A  O  L  Z  S  E  L  V  A  V  L  C  L  L  S  D  P  L  W  S  O
A  O  G  Z  Q  G  I  D  I  K  V  L  P  X  A  M  W  P  R  R  B
O  L  M  N  O  K  E  N  S  N  G  R  K  R  C  U  R  A  P  Q  W  Y
M  D  G  U  O  M  E  I  I  U  C  V  A  R  V  C  F  O  Z  F  U
E  O  J  B  L  O  R  T  N  O  C  H  T  A  E  R  B  U  H  C  B
T  W  F  D  W  F  B  N  G  N  V  Q  Y  C  Y  W  Z  E  L  R  L
N  N  I  H  O  B  I  X  H  O  U  F  F  I  T  R  R  H  S  H  Z
L  Z  Z  R  M  N  Z  F  B  Q  U  R  D  N  Y  B  Z  N  Y  Q  Y
E  Q  H  G  G  L  Q  A  A  Z  O  K  Z  G  M  K  L  X  D  L  A
```

BREATH CONTROL	CADENCE	CARDIOVASCULAR
COOL DOWN	CROSS COUNTRY	FINISH LINE
HILL RUNNING	INTERVAL TRAINING	PACE
RACING	RUNNING GEAR	RUNNING SHOES
STRIDE	TRACK	TRAIL

Running Wild 2

```
W  T  H  H  Y  D  R  A  T  I  O  N  Z  S  I  Z  Z  E  W
H  C  S  M  D  M  A  C  X  E  Y  Q  R  N  W  G  U  V  K
W  Y  G  E  T  A  R  T  S  E  C  A  R  O  N  F  I  H  K
S  K  U  N  B  C  R  O  S  S  T  R  A  I  N  I  N  G  U
L  S  I  Z  S  L  F  R  F  V  C  A  L  T  C  Q  Q  I  X
A  G  T  Z  G  A  A  B  H  D  M  L  P  A  V  V  X  H  T
D  B  W  A  J  V  I  N  Y  S  O  F  A  T  K  T  L  S  G
E  T  V  R  R  B  O  K  O  R  E  S  P  S  A  J  H  R  Q
M  S  K  J  E  T  O  B  M  S  R  M  L  R  S  N  Q  E  K
W  U  A  C  M  C  I  A  V  D  R  R  I  E  N  U  G  N  S
B  R  A  X  I  L  O  N  Z  Z  F  E  Q  T  J  T  N  N  Z
X  R  W  E  R  F  D  V  G  U  A  F  P  A  T  R  W  U  H
D  U  W  F  M  I  Y  Y  E  B  O  L  Q  W  Q  I  B  R  Q
I  N  G  J  E  L  A  K  Y  R  L  I  R  J  B  T  L  Y  W
W  J  N  E  R  A  I  G  F  X  Y  O  D  H  A  I  E  P  X
D  S  E  C  R  R  T  R  C  A  D  X  C  C  T  O  F  T  S
E  Z  F  A  B  A  U  S  D  E  H  H  K  K  L  N  I  T  R
V  F  I  F  H  I  L  L  R  E  P  E  A  T  S  E  E  G  R
V  S  J  K  H  C  S  V  H  I  J  Y  Q  G  W  G  B  C  Y
```

CROSS TRAINING

HILL REPEATS

NUTRITION

RACE STRATEGY

SPLIT TIMES

FOAM ROLLING

HYDRATION

PERSONAL BEST

RECOVERY

STARTING BLOCKS

FORM

MEDALS

RACE BIB

RUNNERS HIGH

WATER STATIONS

Fitness Flair 1

```
E L U A X S N Z S S X L E H D F G N J R V Q
R L W G H S O L P L A D V W X P E V D S M I
H A L M T P U N U A Q V J O D A I E O M I P
D B B I R Y D F T J B Q B U I N Y L R F R O
E E V P P W N M R O W I N G M A C H I N E K
A N B U U T O P O A L S R H I P R Z M F S Z
I I Q W M L I D Y X S U E L F E R X Y O I U
P C D Q X U L C Y R N C L V L E C O I U S E
J I L S J N O U A R C A L L O E H O P T T N
Z D Y S Z S F B P L B H O N M A Y A A A E A A
X E S V Z G P R G Y T R R D L W F T K Z N H
K M I S H U Z C T Y B R M L H I I O G M C E
O E Q F H A D I Y A R I A M X O A C Y N E C
D J O S H I L Z S H K B O I N U P Y E A B Y
F M U J F I N P U C E M F A N P E B L M A L
Y P H T B K W S K S Y T R D N E T L Q K N H
N P N A G F A F I O U Y H V W H R R R L D Z
H H T F V L P C G F B B R H G O P R F M S Y
C S C Q X E R A X I Z J E I I E F M W H G L
K B K T C E M U K Y O A E J F Y L W V J A O
B X R T X A N E M F T W N U U I A Q L S G R
C M K E T T L E B E L L S T T P P E H S A J
```

AB ROLLER
FOAM ROLLER
MEDICINE BALL
RESISTANCE BANDS
STATIONARY BIKE

ELLIPTICAL TRAINER
JUMP ROPE
PULL UP BAR
ROWING MACHINE
WEIGHT BENCH

EXERCISE BALL
KETTLEBELLS
PUSH UP BARS
STABILITY BALL
YOGA MAT

Fitness Flair 2

```
T  H  T  E  N  I  H  C  A  M  E  L  B  A  C  U  N  W  V  K  N  A  X
P  L  Z  E  N  I  H  C  A  M  N  O  I  S  N  E  T  X  E  Z  Y  C  U
Q  V  A  E  I  K  O  W  P  X  Y  H  Y  H  F  A  J  S  Z  O  K  S  C
Y  X  F  T  C  W  I  E  A  Z  P  R  C  G  N  S  C  E  Y  J  C  F  N
D  D  H  E  P  N  T  U  K  C  R  J  J  O  Y  O  R  L  Y  S  Y  K  I
G  E  K  V  P  U  N  C  H  I  N  G  B  A  G  W  O  E  S  S  S  A  E
Y  C  A  L  R  J  L  F  J  J  B  F  P  O  E  S  S  G  R  W  B  M  G
F  G  F  I  L  V  D  L  U  S  A  N  W  I  E  H  S  P  Q  D  O  D  O
O  T  C  V  X  W  R  P  D  Y  H  Q  I  A  J  T  O  R  Q  U  E  Q  J
E  R  U  O  S  G  S  R  Y  O  T  T  T  P  F  T  V  E  M  T  Q  E  Z
P  X  H  U  J  U  S  S  W  D  W  E  I  X  S  T  E  S  R  D  R  T  F
O  S  B  J  U  J  L  W  E  P  D  N  Y  I  S  A  R  S  O  R  S  B  R
A  U  L  L  N  Q  N  F  N  R  K  Y  M  Z  W  K  M  M  F  A  C  O  U
W  S  E  K  H  D  T  S  O  J  P  A  A  A  U  U  A  A  T  O  C  R  R
N  P  L  F  F  L  B  W  C  Y  B  R  P  G  C  C  C  A  B  U  S  G
S  E  N  I  T  Z  M  O  P  U  V  T  E  C  G  H  H  H  L  E  C  W  H
E  N  I  H  C  A  M  H  T  I  M  S  V  D  E  H  I  I  P  C  U  X  V
M  S  J  H  C  Z  Q  A  J  P  J  O  U  F  L  Z  N  N  P  N  L  A  W
P  I  V  H  A  O  H  V  Z  C  E  Z  K  E  U  U  E  E  E  A  B  U  N
B  O  I  Z  Q  Y  S  O  R  L  N  M  P  N  M  Q  O  N  T  L  G  Q  W
E  N  I  H  C  A  M  S  S  E  R  P  T  S  E  H  C  H  S  A  T  U  L
E  N  I  H  C  A  M  L  R  U  C  G  E  L  X  G  L  P  S  B  U  Q  A
N  V  P  U  O  T  K  B  B  U  G  P  A  V  V  Q  W  T  K  V  M  Z  O
```

BALANCE BOARD	CABLE MACHINE	CHEST PRESS MACHINE
CROSSOVER MACHINE	EXTENSION MACHINE	LAT PULLDOWN MACHINE
LEG CURL MACHINE	LEG PRESS MACHINE	PUNCHING BAG
SEATED ROW MACHINE	SHOULDER PRESS	SMITH MACHINE
SPIN BIKE	STEP PLATFORM	TRX SUSPENSION

Fitness Flair 3

```
Q P M Z S F D U G X M W M E U M R J T A L V M
Q G F S F W M I Y I J M Y N Y U O M O N G D W
L M J K A B S Y J R E X Z E C K O R K Z Z L C
A I S B Q Z J P N S G H O S L I D E R S R H F
U X I S P F D J U A R D Z M Z W O E Q E E S H
C O R V Q M R P H Z M V G H R J D U S H B I N
L K T Z T E V I O V U Z U O O D X I K S R B O
T Y Q I S K Z H P W H L T W A S S K S T T T L
Q Y I E N I H C A M E T U L G T J N H H B I R
Q D D N M S H L R Q G Y K A X R I N G A V L
F V Q M V J T L O O L T R N V P T L G I T T Z
P W T Y N E M A E N I H C A M R E P P E T S J
F N C O D V R M I L U E G T C W R R E W L U M
D D A G X E Q S I R M A T D O K B M U E E J R
A S A A I I L G I A C D L B U D S O E L R T K
I H K B L H A S C O D L B M W J O B W K O S P
V P T L D P E H R G N L I R Z T W G I N P O F
A F G O X A I C W E E T V M N R K A D A E F D
D R X C N N S J U B L F A B B K T B N B S N M
L X A K E S O C O Z U W N B Z E H D B K N J P
K T O S M F E A A J Q R O D L M R N Y W R D F
Y K W S C D R E M R O F E R S E T A L I P D F
Q F L S R D F A M Y I H V H P G E S P G E O R
```

AGILITY LADDER
GLUTE MACHINE
POWER RACK
SANDBAG
STEPPER MACHINE

ANKLE WEIGHTS
INVERSION TABLE
PROWLER SLED
SLIDERS
WOBBLE BOARD

BATTLE ROPES
PILATES REFORMER
RESISTANCE MACHINES
STAIR CLIMBER
YOGA BLOCKS

Fitness Flair 4

```
M  U  S  C  L  E  G  R  O  U  P  S  D  S  R  S  O  Q
S  T  A  X  B  A  M  E  G  J  S  O  S  T  O  V  S  B
C  C  M  I  W  H  Z  P  J  X  G  D  M  R  L  G  M  S
C  M  I  K  P  L  W  E  B  K  W  D  N  T  V  B  S  T
J  G  T  R  S  O  X  T  W  I  C  G  O  A  Y  O  B  A
P  V  F  O  T  W  V  I  Y  R  D  L  I  B  B  V  B  E
P  U  K  Z  R  E  E  T  J  L  D  R  T  A  O  X  J  D
Y  C  K  A  E  R  M  I  C  W  M  K  O  T  X  H  R  B
D  L  T  M  N  B  W  O  X  F  D  Z  M  A  Y  L  C  T
O  Y  F  Z  G  O  Y  N  Y  D  V  W  F  D  R  U  E  O
B  L  D  C  T  D  A  J  R  L  B  N  O  R  X  S  U  N
R  C  S  R  H  Y  Q  A  A  Y  P  B  E  O  Z  X  Q  L
E  S  T  W  C  O  R  E  F  B  L  S  G  X  R  X  A  X
P  G  L  F  P  P  R  B  P  L  A  B  N  V  R  X  Q  T
P  K  V  G  Y  O  F  V  U  J  H  H  A  G  J  G  E  B
U  S  R  O  B  F  T  F  A  N  A  E  R  O  B  I  C  Y
D  U  V  I  B  S  H  E  B  H  R  P  Y  B  F  Q  U  L
V  Z  C  P  Y  X  R  R  S  F  E  H  R  R  T  M  J  M
```

ABS
CORE
MUSCLE GROUPS
REPETITION
TABATA

AEROBIC
FULL BODY
PLYOMETRICS
SET
TRX BANDS

ANAEROBIC
LOWER BODY
RANGE OF MOTION
STRENGTH
UPPER BODY

Fitness Flair 5

```
W  R  E  C  A  F  E  S  B  W  Y  C  G  T  F  D  C  V  F  V  M  L  V  C
Q  I  O  F  L  Q  W  K  O  A  B  O  W  Y  R  I  V  X  C  P  V  P  E  B
D  A  H  F  U  C  N  N  D  C  X  W  G  O  E  A  D  W  H  B  B  Y  H  J
I  O  O  Z  E  N  J  R  Y  A  O  N  I  Z  S  U  Z  E  U  G  M  R  M  Y
W  E  T  A  X  I  C  M  W  R  R  B  O  F  I  R  E  N  A  E  F  E  U  Y
O  P  X  E  O  N  P  T  E  D  T  B  X  A  S  S  X  U  W  D  C  N  Z  P
R  V  C  D  E  S  Y  F  I  I  I  K  Z  C  T  F  Z  C  X  C  E  I  L  A
K  E  Y  I  D  M  B  A  G  O  N  S  P  H  A  Y  W  E  K  Y  J  A  G  W
O  W  B  T  S  U  G  H  E  N  I  O  H  N  H  P  O  A  H  T  R  L  R
U  F  T  R  S  J  G  T  X  R  A  K  M  C  C  O  B  L  E  O  T  H  B
T  F  E  C  J  U  E  E  E  X  V  L  P  E  C  P  G  A  U  R  L  M  L
R  T  C  R  H  L  T  N  X  R  M  Z  Z  T  T  T  T  U  P  L  C  A  J  N
O  R  H  K  A  G  X  K  E  C  F  G  S  K  R  R  R  F  P  Q  F  N  P  W
U  L  N  C  J  Y  S  Z  R  I  R  F  P  X  A  A  I  I  Q  Q  K  O  O  R
T  A  I  Z  V  H  C  R  C  S  Z  L  A  I  I  T  I  O  C  F  P  S  B  U
I  R  Q  L  P  H  E  A  I  E  D  Q  N  T  N  O  B  N  A  I  B  R  G  A
N  A  U  N  N  S  H  O  S  S  R  I  V  E  I  H  V  S  I  H  N  E  P  F
E  Q  E  W  T  Z  B  N  E  V  N  V  S  Q  N  G  C  R  B  N  Q  P  V  C
T  P  R  O  G  R  E  S  S  G  Q  S  E  U  G  A  U  N  Z  L  G  E  S  P
I  R  D  A  D  V  Z  Q  P  F  C  M  M  W  C  P  M  E  Z  N  C  Z  D  Q
U  I  D  Y  H  O  U  L  L  S  S  X  I  K  Y  J  Z  S  K  F  F  P  M
W  L  U  M  K  E  A  M  A  R  G  O  R  P  E  S  I  C  R  E  X  E  H  A
X  U  Z  L  W  N  S  S  F  M  M  E  H  Z  G  A  L  I  P  U  X  H  T  M
L  Q  N  B  Y  N  S  V  O  E  U  A  E  V  K  L  G  D  J  U  C  N  O  N
```

BODYWEIGHT EXERCISES

FATIGUE

ISOMETRIC

PROGRESS

TECHNIQUE

CARDIO EXERCISES

FUNCTIONAL TRAINING

PERSONAL TRAINER

RESISTANCE TRAINING

TRAINING PLAN

EXERCISE PROGRAM

GROUP FITNESS CLASS

PLATEAU

REST

WORKOUT ROUTINE

Firness Flair 6

```
K  M  A  V  O  Z  O  C  J  L  J  Y  J  I  R  V  V  U  P  G  E  S
I  I  O  B  B  T  X  K  S  Q  Z  F  L  L  P  L  K  V  A  N  K  M
C  I  W  U  E  Z  G  C  P  F  V  E  P  O  I  U  I  Y  H  I  O  V
K  G  A  E  N  H  J  Y  I  J  E  X  K  F  R  P  F  Q  W  L  R  W
B  N  E  X  M  T  H  C  N  G  O  I  C  Y  A  W  W  F  Y  C  T  B
O  I  E  U  S  Q  A  L  N  T  A  J  A  S  Y  E  V  R  Q  Y  S  K
X  L  J  G  C  V  A  I  I  M  V  F  J  I  Y  V  E  E  L  C  Y  M
I  C  V  T  N  J  V  N  N  A  Z  Q  G  J  W  H  I  E  S  R  L  H
N  Y  S  E  P  I  A  G  G  C  S  Z  N  J  W  G  U  S  O  O  F  D
G  C  E  X  V  G  C  I  C  I  L  T  I  S  X  W  N  T  L  O  R  K
N  L  E  M  P  R  Z  N  L  L  Y  I  P  T  A  M  B  Y  D  D  E  Z
G  L  N  Z  V  Z  C  T  A  K  K  G  M  K  S  L  U  L  Q  T  T  Y
R  I  K  C  R  E  C  E  S  D  J  D  U  B  B  M  Z  E  D  U  T  P
J  H  H  Y  V  W  I  R  S  R  Y  R  J  N  E  R  G  S  B  O  U  O
R  P  G  F  E  M  K  V  E  A  Q  R  H  O  E  R  Q  W  B  H  B  J
C  U  I  A  T  F  E  A  S  M  A  Q  B  Y  M  S  S  I  S  E  S  Z
D  I  H  J  S  S  T  L  F  D  T  O  U  S  P  H  W  M  X  O  N  B
E  K  O  R  T  S  T  S  A  E  R  B  S  E  N  K  H  M  Z  H  F  R
E  P  X  X  W  C  I  R  C  U  I  T  T  R  A  I  N  I  N  G  C  M
L  X  U  E  L  V  G  Q  W  H  S  Y  Z  R  O  W  I  N  G  N  Q  W
E  W  C  A  R  D  I  O  K  I  C  K  B  O  X  I  N  G  L  G  J  J
Z  M  P  N  L  J  K  C  R  Q  F  T  O  V  Y  R  R  U  T  D  P  I
```

UPHILL CYCLING
OUTDOOR CYCLING
JUMPING JACK
DANCING
CARDIO KICKBOXING

SPINNING CLASSES
MOUNTAIN CLIMBERS
HIGH KNEES
CYCLING INTERVALS
BUTTERFLY STROKE

ROWING
KICKBOXING
FREESTYLE SWIMMING
CIRCUIT TRAINING
BREASTSTROKE

Relaxation Retreat 1

```
P  W  J  J  W  Y  Z  D  F  E  U  T  Y  A  F  N  O  L
N  Z  L  M  H  L  F  S  R  Z  X  A  W  Q  H  Z  C  R
R  D  T  Z  Z  P  A  M  P  E  R  I  N  G  O  K  P  W
A  N  M  T  A  E  R  T  E  R  H  A  H  V  T  R  Q  L
R  R  O  Y  W  X  W  T  T  U  S  Y  H  O  T  H  Q  D
O  X  O  I  Z  Z  T  N  F  E  D  O  W  Y  U  C  R  G
S  M  R  M  T  N  E  E  K  R  I  E  H  T  B  T  D  I
L  W  M  O  A  A  U  M  O  W  L  A  W  Z  O  R  W  Y
X  R  A  B  X  T  X  T  A  L  S  C  M  L  M  A  C  J
F  Y  E  E  E  W  H  A  N  S  E  Q  A  D  E  N  Y  A
B  Z  T  I  C  E  X  E  L  P  S  I  A  G  B  Q  L  C
M  U  S  V  R  I  S  R  R  E  C  A  K  J  S  U  J  U
N  J  J  A  P  S  C  T  W  A  R  F  G  Q  Q  I  K  Z
R  C  P  X  N  A  B  Y  F  D  P  G  Q  E  Z  L  S  Z
T  Y  K  K  L  U  W  D  O  F  A  Y  C  K  U  I  F  I
X  G  C  K  G  N  B  O  V  B  D  C  K  R  Q  T  E  G
Y  J  F  L  O  A  S  B  D  O  V  M  S  D  J  Y  H  J
M  N  X  W  W  Y  T  U  A  E  B  Z  M  H  M  N  J  N
```

AROMATHERAPY
FACIAL
JACUZZI
RELAXATION
STEAM ROOM

BEAUTY
HOT TUB
MASSAGE
RETREAT
TRANQUILITY

BODY TREATMENT
HYDROTHERAPY
PAMPERING
SAUNA
WELLNESS

Relaxation Retreat 2

```
N  B  U  B  U  S  Y  S  G  A  I  U  T  Y  C  A  H  G  S
D  J  C  Q  D  Z  R  A  I  S  Z  B  N  J  H  L  W  O  N
M  E  R  U  C  I  D  E  P  B  Y  E  Y  X  M  R  M  A  W
A  R  T  C  K  B  K  V  B  P  F  R  U  G  L  E  Y  J  S
S  U  Z  O  A  M  Q  T  V  A  I  D  W  Z  D  A  C  R  F
S  C  C  M  X  C  X  N  P  R  L  P  V  I  P  N  Y  K  A
A  I  R  N  O  I  T  A  Z  I  L  A  T  I  V  E  R  D  E
G  N  R  Y  S  S  F  N  O  H  W  A  N  R  H  K  X  K  P
I  A  S  A  S  U  E  I  O  C  T  I  S  C  P  L  A  W  M
N  M  U  F  H  M  P  A  C  I  V  L  R  C  E  J  W  B  H
G  L  M  T  D  G  P  T  O  A  T  V  A  I  R  N  P  P  Y
O  H  Z  F  G  N  V  N  O  I  T  A  N  E  V  U  J  E  R
I  F  Y  W  C  I  C  C  U  Q  J  I  I  Y  H  R  B  E  T
L  U  N  I  F  X  A  E  M  L  B  G  O  L  U  L  Y  P  V
S  A  P  T  C  A  C  Q  U  G  C  R  G  N  O  M  K  A  T
W  R  Y  I  R  L  A  X  J  P  I  B  D  W  Y  F  W  C  A
D  B  O  B  U  E  U  W  T  I  W  S  W  J  I  K  X  S  H
T  C  T  S  T  R  E  S  S  R  E  L  I  E  F  G  V  E  U
C  E  I  W  Y  C  W  N  X  U  H  N  T  F  B  R  D  N  R
```

DETOXIFICATION	ESCAPE	EXFOLIATION
HEALTH	LUXURY	MANICURE
MASSAGING OILS	MEDITATION	PEDICURE
REBALANCE	REJUVENATION	RELAXING MUSIC
REVITALIZATION	SCRUB	STRESS RELIEF

Beauty Bliss 1

```
W  O  R  X  Y  M  V  M  Z  L  P  S  O  S  J  H  H  B  H  V  L  E  Y  U
G  W  B  K  X  J  O  D  U  L  O  O  P  E  G  N  U  L  P  D  L  O  C  L
P  T  D  Q  N  V  X  O  S  P  P  W  N  B  C  S  F  P  U  Y  L  J  F  M
H  Y  Y  H  M  D  E  Q  R  Q  M  W  R  T  J  K  I  B  K  O  T  U  D  O
F  P  F  P  G  O  R  I  Q  N  Y  Y  G  Y  S  Q  T  A  N  O  N  B  E  Q
E  K  O  X  C  C  K  D  S  M  O  O  R  L  A  M  R  E  H  T  A  X  R  S
B  W  E  T  H  L  J  K  N  E  F  I  Z  P  T  F  S  F  G  U  R  E  X  X
O  K  F  G  S  E  M  F  X  F  U  S  T  K  K  S  X  E  Y  O  O  R  X  U
R  Z  L  C  N  A  R  L  A  W  R  E  Q  A  H  E  Q  K  L  S  S  I  A  P
A  O  E  O  E  U  U  B  F  O  Y  I  I  J  T  D  R  K  I  F  E  T  Y  Q
P  A  O  D  S  D  O  L  A  E  O  P  Q  G  I  I  D  D  Y  M  C  R  C  D
S  U  V  E  S  R  Q  L  N  L  F  A  P  F  C  U  D  V  G  O  I  A  F  Z
H  H  T  V  E  S  B  K  B  N  F  T  K  Q  V  F  B  E  Z  O  L  D  R  R
T  V  P  B  N  J  F  H  O  H  E  U  K  Y  R  D  O  M  R  S  E  F  E
A  A  U  U  T  B  O  A  D  C  I  H  A  X  X  X  E  U  F  T  R  S  R  Q
B  C  G  X  I  L  Z  T  A  E  R  T  E  R  S  S  E  N  L  L  E  W  E  N
L  E  T  H  A  H  E  P  S  K  S  A  X  Z  B  M  X  A  A  B  V  U  I
A  H  X  R  L  F  R  O  W  W  A  S  E  X  O  G  G  D  I  S  M  J  T  V
M  Y  P  K  O  S  Y  T  S  T  N  E  M  T  A  E  R  T  Y  T  U  A  E  B
R  S  Z  M  I  R  L  Q  V  P  J  N  J  M  E  L  P  E  H  P  C  B  T  S
E  C  N  F  L  L  W  D  D  F  L  L  W  D  P  Y  E  N  B  H  U  H  Z
H  T  T  Y  S  V  B  L  K  A  K  L  B  X  G  R  A  R  L  S  C  M  I  Y
T  T  N  E  M  N  O  R  I  V  N  E  L  I  U  Q  N  A  R  T  K  A  R  X
A  J  X  L  Q  B  L  O  N  B  J  W  S  A  R  X  G  U  N  U  A  E  Y  W
```

BEAUTY TREATMENTS
ESSENTIAL OILS
RELAXATION LOUNGE
SPA ROBE
TRANQUIL ENVIRONMENT

COLD PLUNGE POOL
HERBAL TEA
SALT ROOM
THERMAL BATHS
WELLNESS RETREAT

CUCUMBER SLICES
MEDITATION ROOM
SELF CARE
THERMAL ROOMS
WELLNESS THERAPIES

Beauty Bliss 2

```
M  G  S  U  O  E  G  R  O  G  W  T  C  H  R  K
Y  N  O  W  Y  K  Q  L  E  Y  V  U  X  B  L  D
G  I  N  G  N  I  N  N  U  T  S  F  G  R  E  L
L  T  U  M  M  I  V  D  T  F  C  J  E  V  Z  O
A  A  H  Z  E  D  B  B  P  A  I  M  I  G  D  V
M  V  E  T  I  S  I  U  Q  X  E  T  N  X  Y  E
O  I  R  R  Q  S  M  N  H  S  C  I  U  T  G  L
R  T  C  G  O  S  T  E  G  A  R  T  T  A  I  Y
O  P  S  N  Z  E  O  L  R  U  N  E  H  V  E  Y
U  A  X  I  D  L  V  T  L  I  R  D  H  C  E  B
S  C  M  K  G  W  T  L  Y  P  Z  G  S  I  A  U
C  D  V  I  G  A  A  E  C  J  D  I  F  O  I  I
T  Z  V  R  T  L  V  D  G  B  M  T  N  E  M  M
E  W  F  T  L  F  K  Q  H  C  D  G  V  G  R  E
X  N  Q  S  J  T  A  E  H  C  A  Q  M  A  R  O
U  X  Z  K  S  G  N  I  L  A  E  P  P  A  V  Q
```

ALLURING	APPEALING	ATTRACTIVE
BEAUTIFUL	CAPTIVATING	EXQUISITE
FLAWLESS	GLAMOROUS	GORGEOUS
HANDSOME	LOVELY	MESMERIZING
PRETTY	STRIKING	STUNNING

Scent Sensation 1

```
J  J  H  F  B  R  E  T  Y  K  F  T  W  L  I  E  P  P
L  R  T  W  N  E  C  N  M  C  H  G  K  T  L  M  H  Y
D  F  H  Q  Y  F  A  M  C  M  P  J  J  P  O  A  F  D
R  M  P  D  I  L  G  U  Q  H  M  B  U  W  I  K  A  N
I  J  X  E  B  O  L  Q  T  I  A  H  Q  R  P  E  S  E
C  M  I  H  Q  D  L  N  H  Y  P  N  C  N  M  U  H  R
M  F  D  S  I  U  W  P  Y  X  R  A  T  Q  D  P  I  T
M  T  G  I  U  I  I  V  J  F  R  O  I  I  L  T  O  H
O  S  E  L  E  G  A  N  C  E  W  I  U  W  N  V  N  O
F  A  P  O  I  H  R  K  U  O  S  N  A  T  S  G  A  E
Z  K  R  P  P  Y  C  O  S  N  S  S  E  T  I  X  B  R
D  X  P  U  Z  Q  D  G  O  Q  A  M  Y  M  S  N  L  S
G  J  R  Y  O  D  F  Q  T  M  C  L  E  X  E  S  E  T
F  X  Q  N  S  M  X  Q  M  Q  I  W  K  T  S  X  D  E
S  S  K  I  N  C  A  R  E  S  C  N  J  K  I  R  O  G
L  T  N  P  E  U  A  L  H  C  O  G  G  Z  O  C  B  E
E  E  Z  H  P  H  Y  U  G  U  A  I  Z  C  P  P  S  L
A  F  G  R  C  B  Z  Q  R  D  U  P  W  D  C  Q  F  B
```

BEAUTY ROUTINE	CHARM	COSMETICS
ELEGANCE	ENCHANTING	FASHIONABLE
GLAMOUR	GROOMING	HAIRCARE
MAKEUP	POISE	POLISHED
SKINCARE	STYLISH	TRENDY

Scent Sensation 2

```
Y  X  K  L  C  S  B  D  W  K  D  O  N  C  E  G  B  I
H  E  M  U  F  R  E  P  N  N  I  L  Q  E  V  T  D  T
C  Y  S  E  T  O  N  P  O  T  R  I  W  A  O  R  C  Y
S  G  K  E  T  T  E  L  I  O  T  E  D  U  A  E  U  Z
B  P  L  E  K  Q  X  A  D  K  S  Q  J  D  U  K  Z  B
W  S  D  D  C  J  G  O  Z  E  Y  L  T  E  C  L  Z  O
R  B  Y  D  E  N  N  L  T  C  U  F  C  C  S  T  X  H
R  Y  O  Y  L  J  A  O  M  Y  O  N  A  O  B  J  H  Q
E  P  P  U  E  W  N  R  J  X  E  L  X  L  S  B  C  E
Z  F  Q  K  Q  F  Y  C  G  S  F  A  O  O  C  V  P  Q
K  R  Z  I  B  U  L  R  S  A  M  H  V  G  E  N  F  R
U  A  W  Y  C  M  E  E  H  O  R  U  P  N  N  B  L  M
M  G  T  K  C  V  W  T  R  W  U  F  F  E  T  E  A  W
U  R  F  R  O  R  E  A  U  D  E  P  A  R  F  U  M  Q
F  A  K  V  B  H  J  F  T  Q  V  G  E  G  A  L  O  D
G  N  H  W  L  V  H  N  H  A  W  Z  E  F  Y  P  D  A
D  T  Q  L  D  P  A  Q  W  D  D  D  J  C  L  M  T  Z
D  Y  E  H  C  K  L  L  A  D  F  G  C  U  F  P  K  M
```

AROMA	BOUQUET	COLOGNE
EAU DE COLOGNE	EAU DE PARFUM	EAU DE TOILETTE
ESSENCE	FRAGRANCE	FRAGRANT
NOTES	ODOR	PARFUM
PERFUME	SCENT	TOP NOTES

Scent Sensation 3

```
S  R  C  C  J  W  O  P  R  C  Z  J  O  J  C  L  K  C  P
E  W  F  R  O  R  K  V  S  D  E  B  K  V  D  S  Q  N  N
T  G  U  J  B  E  B  Z  B  I  O  T  P  G  L  K  Y  T  X
O  P  C  Z  S  Z  T  A  N  T  H  I  G  Z  V  L  S  H  H
N  E  P  M  P  I  Z  L  T  G  W  S  J  X  N  D  K  P  T
E  S  O  Z  R  R  G  L  H  O  P  P  S  Q  O  O  R  O  M
S  L  V  P  T  O  E  N  F  R  M  Z  V  L  M  J  Z  R  B
A  I  S  H  N  P  J  Z  A  W  Q  I  W  U  O  I  E  I  D
B  O  A  Q  Y  A  X  Y  Q  T  V  A  Z  I  V  P  W  E  P
J  D  M  W  I  V  Y  R  E  M  U  F  R  E  P  F  W  N  A
S  E  T  O  N  E  L  D  D  I  M  R  K  L  R  P  Y  T  B
X  T  L  R  D  E  M  U  F  R  E  P  E  P  H  O  D  A  H
O  N  S  G  Z  C  P  H  Z  N  A  A  C  S  B  C  C  L  B
E  E  C  L  V  I  W  H  X  B  K  M  F  F  C  D  V  Q  L
X  C  W  C  A  T  N  E  L  G  M  Y  D  Y  I  E  R  C  P
N  S  M  E  D  R  E  M  U  F  R  E  P  Z  E  C  N  P  O
H  U  G  Z  D  U  O  B  E  A  I  A  S  T  X  S  C  T  E
K  I  T  E  Q  S  W  L  Q  C  H  E  R  W  N  P  Y  E  T
N  I  U  X  I  H  U  U  F  I  F  Z  I  J  A  E  E  X  T
```

ATOMIZER	BASE NOTES	BOTTLE
CITRUS	FLORAL	MIDDLE NOTES
ORIENTAL	PERFUMED	PERFUMER
PERFUMERY	SCENTED OILS	SIGNATURE SCENT
SPRAY	SPRITZ	VAPORIZER

Scent Sensation 4

```
R Q V Q Z R G H P C V U X R Y F J I W W N O
O V J N T L F D Q Z R C U W X Y C K U K Q P
Z L P L O N G L A S T I N G R E H K P H P Q
C S X T M I M X D W F T M U A N F S N A W O
V W Y E I G T L J A O A T D W X T B X S F D
F L J N G W B C M X Y M R B S E X X V L J H
M X C B S C Y D E R L O U F C U T N D W I C
W W O L T T V M X L E R F N P T B I N P C D
O I O I Z F M J K G L A V W E G J T E K Q B
N D K O H R V Y R T A O R P R N T R L K F I
X D I C D F E C W F D P C V F K F X B E N T
D Q C K R Y P I E Q U R B E U U I G E I G H
U O K V T K K P W F D T F G M S V Q M S S J
K A P R B C O S D B Z C Y E E U K F U F V I
O Y R E V I T C U D E S H N N I F Z F B I L
Z C U W M T I U J M E O S R O U T R R N W M
J Z U K M O A M F S U U Q H T N A E E H M I
K Z G R R X T R N S A Z H S E R F X P P L X
L W U Y E E P U E L V J T X S A B A L A E K
F F R A G R A N C E F A M I L Y E F B C A M
S X N H V Q O T S O E Q W X J R Q G B I Z E
L I U D R K D X Y W M I F E F G T V E J T P
```

AROMATIC

FRESH

PERFUME BLEND

PERFUME NOTES

SPICY

EXOTIC

LONG LASTING

PERFUME COLLECTION

SEDUCTIVE

SUBTLE

FRAGRANCE FAMILY

MUSKY

PERFUME HOUSE

SENSUAL

WOODY

Scent Sensation 5

```
E  L  T  H  H  E  O  Y  A  W  E  E  R  S  L  P  A  F  C  U  H  Q
B  S  T  H  W  V  T  N  O  M  R  Y  G  E  G  I  C  B  C  Q  Z  C
T  L  P  B  V  I  I  W  Y  M  H  C  C  N  J  K  J  Y  C  U  P  Q
Y  B  C  Y  J  T  Q  M  A  Q  O  N  I  V  I  Y  O  R  V  N  Q  M
F  E  A  H  S  A  C  C  G  J  Y  T  S  O  O  T  H  I  N  G  E  Z
A  I  Y  F  J  C  T  G  N  J  A  I  I  D  G  I  F  A  W  K  E  F
H  B  W  E  Y  O  F  Q  C  C  N  S  S  N  I  N  B  I  C  Z  Z  P
S  B  X  C  L  V  L  P  I  I  N  U  I  W  N  V  Z  I  L  K  B  B
Z  V  U  A  A  E  N  X  T  M  T  P  F  R  O  I  I  N  M  P  K  I
V  I  M  V  F  L  O  A  J  P  O  R  Z  S  G  G  C  Y  P  A  U  N
K  U  Y  E  K  T  M  M  G  L  T  Z  U  J  E  O  M  M  R  J  A  T
R  D  S  T  N  T  Q  I  E  B  B  V  A  S  H  R  E  O  N  W  A  R
Z  L  T  I  A  O  T  V  N  F  N  I  I  M  Y  A  L  J  Z  B  A  I
M  K  I  N  S  B  N  S  M  G  Y  X  M  F  U  T  A  N  B  B  E  G
A  Y  C  R  P  E  R  F  U  M  E  A  F  I  C  I  O  N  A  D  O  U
P  Z  A  I  C  M  T  D  W  B  G  C  X  V  X  N  Q  S  I  N  W  I
G  G  L  U  X  U  R  I  O  U  S  E  N  E  R  G  I  Z  I  N  G  N
P  N  Y  Z  Q  F  Z  D  T  F  V  V  P  J  C  G  D  M  O  H  W  G
B  O  Y  T  R  R  S  I  T  T  N  W  Q  F  R  M  E  H  Y  S  T  U
B  F  E  Z  A  E  V  T  X  C  C  J  Z  D  R  Y  T  Y  Q  P  W  X
F  B  A  B  X  P  H  S  W  G  C  F  B  U  E  J  L  Z  X  C  K  D
N  D  L  B  O  G  O  B  Y  K  Y  V  Q  M  P  I  X  O  X  B  C  L
```

AIRY	CALMING	CITRUSY
ENERGIZING	ENVELOPING	EVOCATIVE
INTOXICATING	INTRIGUING	INVIGORATING
LUXURIOUS	MYSTICAL	PERFUME AFICIONADO
PERFUME BOTTLE	SOOTHING	UPLIFTING

Body Language 1

```
B Z A F G B S T O K J D D V M T B X R Z S K
T G I O S W J J M Y E I F Y Q J O T T X E I
L S H R U G G I N G L N A H A X D X S S R Q
F S P Q Y P G P D N H V A T P C Y L M C U V
S T T S Y J F G O O Z K T X P P P Z G D T O
S N E C N A T S Y D O B W O V Z O P I F S R
C E O P R T X K L D H W E G Y U S Q U U E D
A M U I J B S T X I E Q E D S D T P A Y G H
R E I C S Q W U D N U G A J F I U J C E Y S
G V B L L S L A N G I S Y D O B R C L S D G
D O U V B A E H A N D M O V E M E N T S O V
R M D H P O C R E G O G S H Q C N Z L I B M
Q Y H Q D P O I P R E E S L T V F N F I U A
H D Y Z C G I L S X O W R U C V E D I C C Q
X O P C R F N Z Z Y E J F U A Q J C O A Y X
K B A Q H F V I C V H L C H T N Q R H A X B
Y U J I X T J G R S W P A O N S W B O C Y A
A O L U B O D Y P O S I T I O N O N J K O Z
N D E E Y R L G E U R J V L C A B P A W C A
O N P Y P H N F U G H R W E E A A B D Q Q A
B S E R U T S E G M Y F I U R F O V I Q B
M G G I Z A U G F A X K J M E N S J W G I N
```

BODY GESTURES
BODY POSTURE
EYE CONTACT
HAND MOVEMENTS
PHYSICAL CUES

BODY MOVEMENTS
BODY SIGNALS
FACIAL EXPRESSIONS
MIRRORING
POSTURE

BODY POSITION
BODY STANCE
GESTURES
NODDING
SHRUGGING

Body Language 2

```
D  H  F  N  Y  B  V  S  M  I  L  I  N  G  H  T  E  K  T
C  S  M  L  A  P  N  E  P  O  P  F  T  S  C  D  V  H  M
V  I  G  E  D  S  E  L  H  A  N  D  S  H  A  K  E  S  X
J  P  N  G  Y  P  D  B  P  K  Q  Z  D  T  I  X  F  C  Q
B  J  I  C  T  H  E  N  R  W  Y  A  O  W  F  H  V  F  N
N  A  T  R  G  A  N  O  A  N  N  U  Q  K  L  A  O  A  B
U  Q  L  O  S  G  P  G  U  H  C  Y  S  E  W  I  K  E  Q
A  X  I  S  Q  O  E  P  B  H  G  P  A  U  N  W  U  C  L
Y  S  T  S  I  F  G  N  I  H  C  N  E  L  C  R  R  N  L
X  R  D  I  I  P  C  N  G  N  I  C  I  G  O  O  F  E  L
N  E  A  T  Q  G  U  K  N  G  Y  G  B  S  J  A  W  B
X  G  E  G  C  F  H  W  G  R  I  F  G  S  B  N  G  L  I
Y  N  H  B  A  B  G  F  R  A  G  N  I  I  I  U  K  S  D
E  I  B  C  Q  W  O  K  T  E  I  N  W  N  W  L  R  G  T
J  K  E  T  I  R  G  M  Q  T  G  H  G  O  G  K  B  X  P
D  N  Q  J  W  Q  Q  E  N  A  N  B  G  V  R  E  B  M  E
K  I  Q  A  S  P  T  I  R  W  A  V  G  T  S  F  R  E  V
N  W  R  Z  V  Q  O  M  U  C  H  R  R  Z  N  X  D  S  T
R  D  I  R  U  P  S  K  K  I  J  Y  O  C  M  N  K  B  B
```

CLENCHING FISTS	CROSSING ARMS	FROWNING
HANDSHAKES	HEAD TILTING	LEANING BACK
LEANING FORWARD	LEG CROSSING	OPEN PALMS
POINTING	RUBBING HANDS	SMILING
TAPPING FINGERS	TOUCHING FACE	WINKING

Body Language 3

```
H  S  N  O  I  S  S  E  R  P  X  E  O  C  R  I  M  F  S  O  X  N  Z  W
Z  E  Q  C  W  D  K  U  Y  F  P  Z  H  Q  G  G  K  L  J  O  L  U  H  Q
U  Q  U  A  F  S  L  V  T  N  L  U  B  M  Z  R  K  J  R  D  E  K  P  Z
I  B  G  F  R  I  N  S  K  I  P  A  O  S  Q  A  S  C  Y  D  Y  F  E  X
I  N  K  L  I  P  H  E  N  N  W  T  D  A  V  P  Q  S  Y  C  D  X  C  W
A  Z  V  F  I  E  R  F  X  V  I  Q  Y  M  F  H  E  Y  O  P  K  P  A  H
J  X  R  O  O  G  U  O  A  F  U  D  O  A  P  A  G  I  B  C  O  G  P  Z
D  E  Q  Y  L  O  L  K  X  Z  N  E  R  V  O  U  S  H  A  B  I  T  S  N
K  Y  E  V  J  U  T  B  W  I  V  G  I  X  W  I  O  T  P  X  K  M  W  L  N
J  R  M  A  E  Q  N  P  S  E  M  V  E  Z  E  O  C  O  B  X  X  C  A  A
Q  Y  U  N  N  D  S  T  O  I  Z  I  N  M  R  W  R  D  R  Q  J  K  N  F
S  J  L  S  O  I  Y  D  A  I  Y  G  T  U  P  H  B  P  N  P  A  P  O  X
W  A  O  T  T  I  B  W  Y  R  N  E  A  Y  O  S  U  P  Y  N  P  J  S  Z
Y  M  V  O  L  H  T  B  P  I  Y  T  E  S  X  R  G  V  Y  N  E  R  G
B  S  E  G  A  C  L  A  P  Z  Q  M  I  V  E  C  O  P  G  Q  V  O  E  L
G  D  C  B  C  F  P  L  F  Q  S  O  N  S  I  G  X  V  I  Y  O  P  R
E  N  I  S  O  K  A  D  X  X  N  G  W  O  I  F  C  N  U  W  I
D  O  O  Q  V  T  E  W  K  C  D  S  M  I  E  I  B  H  P  J  O  G  O  I
D  P  V  T  T  W  M  W  R  J  J  L  K  U  L  M  G  J  X  O  U  B  I  O
S  A  Y  O  J  F  S  C  Y  I  J  C  I  X  U  I  E  Y  R  S  R  T  Z  T
W  I  O  C  X  R  S  K  Y  M  Q  T  U  P  H  L  L  N  C  A  N  D  G  C
Z  F  K  V  C  U  D  C  M  W  K  D  P  Z  U  B  S  P  T  Q  Z  X  H  K
X  X  Q  Q  G  H  D  S  T  H  U  M  B  S  U  P  R  G  Z  I  V  Q  C  Z
G  P  Q  U  V  R  K  G  X  I  P  U  U  M  T  C  Q  P  C  R  F  J  Q  X
```

BODY ORIENTATION	FOOT POINTING	FOOT TAPPING
HIGH FIVES	HUGGING	INVOLUNTARY MOVEMENT
MIRCOEXPRESSIONS	NERVOUS HABITS	PERSONAL SPACE
POWER POSES	PROXIMITY	PUPIL DILATION
THUMBS UP	VOCAL TONE	VOICE VOLUME

Wellness Wonderland 1

```
M D E N P H Y S R S S E N L U F D N I M D M V U
E E U X N O S E L F C A R E R O U T I N E S R J
D V T I M O S E L F A C C E P T A N C E F Z V F
E P O O K H D I V Y N E E S W E B S B D T M S
U H O L F I O P T U P O H Y G I E N E K H B B H
A S P V F Z S N D I P I Y O A H B X C T R I Z W
W E C T H L I L E Q V H G Q D B Y N I G R K F C
J S J I P M E U A O A E L P B S C O T R W A K B
F I G B O I N S K U R F A B A X P I C B Z S I X
A C T N S X N X E P T O P F V I O S A X G Y V M
P R H Y I Z O N O L O I Y X F D H S R R C E S R
N E H W F T N G E Y F X R R Q I K A P L H T H J
N X X Y R J A R C R Q A H E I R R P E U D N U N
P E B X E T Q E J H P S W O R D U M R D H Y Y C
N G Z A U H R O Y N Z E O A P A K O A V V B N K
B N U J T E O G O H B M A C R S C C C T S D X M
C I Y A D A P S C Q T K O C I E M F F K I P J W
D H I Z R K P B R Y U L H W E H N L L L Q O N A
J T N E M H S I R U O N A A Y G D E E E D P N H
M A J B A A U G V R X C X E T T T S S B S B J K
F E S Q M Z W I J N E F R G H U Y Y M S V M X
I R K F A B M A I K P Y S K Z X O Q E X O P B R
C B Y B P Z A U J G D T Y J N U F Q H Y H O F I
U U H M S D W V D N K T L Z N N M Z W V B O Y P
```

BREATHING EXERCISES
INNER PEACE
POSITIVE AFFIRMATION
SELF CARE ROUTINE
SELF COMPASSION

HEALTHY EATING
MINDFULNESS
SELF CARE PRACTICES
SELF ACCEPTANCE
SELF LOVE

HYGIENE
NOURISHMENT
SELF CARE RITUALS
SELF AWARENESS
SPA DAY

Wellness Wonderland 2

```
W A N M U M E Z O R R E F T C V G A A E R T V
S L A O G G N I T T E S E D Y G K D A Z E Z I
S I A X S L H C D C G O H P W A G D F U W H Z
P Z S C B T I M E M A N A G E M E N T G V Q C
S L E D N O O I Z L F M E L U Q R T P U K P L
S S S F D K H Q N I B E J O U R N A L I N G D
T G O E J R J V L O J A O A O I O K W K Y T C
X H C N L L F B I P S A T B J B U L S F X H L
X O I P G C L S H E O E A G M Y B I V O X N K
O A A S C Y R J I N S Y L J B L F S M P V U Y
T S L G N I E B L L E W L A N O I T O M E I P
E T C G Q Y B G E T F U F Q Q Z A E E T R Q A
D H O Z L O D E C I S R G I F N Z N X M G Y R
L R N Y H T P M S G L K S R W R T I E B N J D
A R N P X R U T C Q G B L O K A N N J C I W H
T D E C L U T T E R I N G A L P N G E S D K T
I L C F F J D I M F Q O T H W J E T G K A D T
G R T W B A Z C H I Z J E K L E O O K F E Y R
I X I H T A B G N I X A L E R Q R M L Q R K A
D F O D P P E K A A L E D U Z V Y U G M P B U
F Q N N Z I U B I T R I X R E V K S T D Z Z G
N T G F W F Y L H E A H P O H U R I T A K O L
Z D H W C I E W Q Z X W U M S T T C T V N Y L
```

ADEQUATE SLEEP
DIGITAL DETOX
JOURNALING
NATURE WALKS
SETTING GOALS

ART THERAPY
EMOTIONAL WELL BEING
LISTENING TO MUSIC
READING
SOCIAL CONNECTION

DECLUTTERING
HOBBIES
MENTAL HEALTH
RELAXING BATH
TIME MANAGEMENT

Paper

```
T  B  M  F  C  M  Y  V  Q  E  R  P  G  K  Q  N  T  E  R  O  D
B  U  U  R  E  P  A  P  E  T  T  A  M  K  I  U  T  A  E  O  T
P  G  B  O  N  D  P  A  P  E  R  U  Q  P  U  W  I  R  P  W  R
F  A  R  H  R  K  R  X  H  E  S  A  Y  J  Z  Y  Z  E  A  E  Z
T  C  J  E  F  E  E  W  R  W  Q  W  O  N  J  V  P  P  G  W
O  U  O  C  P  J  P  W  P  Y  O  T  N  Z  E  J  Q  A  M  U  I
U  N  U  N  K  A  A  A  P  A  B  B  M  E  Y  X  P  P  U  K  B
Z  J  T  F  N  A  P  E  P  G  P  I  Y  Z  W  L  R  Y  L  E  U
V  D  Y  P  G  C  S  K  Z  R  Z  T  A  K  A  S  E  T  L  X  R
N  D  D  O  L  E  S  V  C  G  E  L  F  M  J  S  P  I  E  B  L
Q  C  X  U  O  B  E  E  T  O  S  L  R  A  Y  L  A  R  V  S  F
T  O  H  C  S  E  L  R  C  W  T  E  O  I  R  J  P  U  I  J  Q
U  P  F  A  S  G  N  T  B  F  H  S  X  O  J  K  T  C  J  N  U
G  Y  E  Q  U  O  Q  I  T  Q  E  D  M  C  E  R  E  V  L  T
N  P  T  E  P  Z  B  J  E  G  H  K  G  R  A  R  A  S  R  X  F
N  A  J  A  A  R  W  S  K  B  V  H  V  A  L  E  K  B  S  B
N  P  L  C  P  J  A  C  W  R  M  G  Z  X  D  C  T  T  T  K  O
C  E  W  D  E  K  C  C  W  R  E  P  A  P  G  N  I  C  A  R  T
X  R  K  O  R  T  I  S  S  U  E  P  A  P  E  R  J  Q  V  W  E
F  V  Q  P  M  V  T  K  B  T  V  G  Q  G  G  E  E  G  A  G  S
R  S  H  O  U  R  W  O  N  B  X  O  O  U  J  O  R  G  U  G  A
```

ART PAPER
CARDSTOCK PAPER
KRAFT PAPER
SECURITY PAPER
TRACING PAPER

BOND PAPER
COPY PAPER
MATTE PAPER
THERMAL PAPER
VELLUM PAPER

CARBONLESS PAPER
GLOSSY PAPER
NEWS PRINT
TISSUE PAPER
WATERCOOLER PAPER

Pen

```
K  K  Z  M  F  I  X  E  X  Y  W  F  N  T  C  W  N  V  B  W  K  B
T  M  G  Z  P  W  M  S  A  B  V  W  R  V  K  D  Q  N  C  O  K  A
F  I  F  K  R  B  U  F  B  J  N  O  J  K  G  Z  F  E  M  H  U  L
F  W  F  L  K  E  L  X  Y  J  K  E  L  T  P  V  S  P  J  E  T  L
Y  L  S  H  H  T  N  E  P  Y  H  P  A  R  G  I  L  L  A  C  P
B  P  I  F  O  U  I  R  H  F  S  R  E  P  P  A  D  L  W  N  K  O
G  E  K  I  K  P  F  D  A  M  B  H  Z  D  I  K  N  A  M  P  L  I
Z  K  K  N  C  H  U  I  H  C  C  H  S  H  U  T  F  B  Q  E  S  N
X  E  T  E  G  S  N  Z  N  R  T  C  Q  I  C  N  R  R  N  J  Q  T
G  T  N  L  B  H  C  I  N  E  U  A  X  G  C  E  F  E  S  R  Z  P
Q  F  W  I  V  B  T  L  E  C  P  M  B  H  Z  P  P  L  B  T  P  E
F  O  U  N  T  A  I  N  P  E  N  L  F  L  I  L  P  L  I  I  S  N
T  A  J  E  X  Q  O  Y  H  J  Z  Z  E  I  E  E  Q  O  H  Q  F  B
A  B  G  D  Q  N  H  S  O  Z  M  S  G  Y  G  A  R  M  K  L  W
Z  U  V  P  A  S  P  P  U  M  F  I  E  H  I  N  E  Q  U  L  W  G
V  I  N  E  P  R  E  K  R  A  M  L  F  T  C  O  A  L  C  C  Y  A
Y  T  U  N  S  F  N  A  B  Z  B  Y  H  E  L  E  O  V  P  S  N  T
A  Q  H  M  F  N  G  T  X  A  O  Z  C  R  R  N  P  H  G  E  N  T
S  I  O  K  N  R  M  U  S  C  J  Z  Q  P  A  E  Z  R  B  K  N  Y
R  J  J  U  R  R  E  A  T  V  N  P  O  E  I  C  D  C  T  V  R  R
K  S  D  M  Q  N  R  P  X  H  H  D  H  N  L  U  P  Y  H  P  C  Q
M  T  G  H  N  E  P  L  E  G  R  E  T  T  I  L  G  F  E  N  R  A
```

BALLPOINT PEN	BRUSH PEN	CALLIGRAPHY PEN
ERASABLE GEL PEN	FIBER TIP PEN	FINE LINER PEN
FOUNTAIN PEN	GEL PEN	GLITTER GEL PEN
HIGHLIGHTER PEN	MARKER PEN	MULTIFUNCTION PEN
NEON GEL PEN	RETRACTABLE GEL PEN	ROLLERBALL PEN

Pencil

```
W  U  G  P  U  H  P  E  G  M  F  L  T  H  W  F  Z  W  W  J  T  J  F
L  I  C  N  E  P  L  A  O  C  R  A  H  C  O  V  T  U  T  N  L  X  K
I  W  A  T  E  R  C  O  L  O  R  P  E  N  C  I  L  K  S  L  P  N  X
C  G  R  E  A  S  E  P  E  N  C  I  L  S  P  C  S  E  K  K  L  J  E
N  G  P  Z  O  J  X  K  K  W  D  Z  N  X  O  L  K  R  S  H  V  I  W
E  X  E  H  K  N  F  N  Q  M  N  F  G  L  I  G  W  U  Y  I  N  Z  H
P  K  N  K  A  J  R  L  U  M  M  P  O  C  L  E  N  A  L  G  J  V  G
E  A  T  B  G  Q  K  S  Y  M  S  R  N  V  I  O  L  I  C  H  M  I  R
T  V  E  A  V  X  M  J  O  M  E  E  L  E  C  Z  C  O  L  L  R  Q  K
I  F  R  C  H  L  U  Q  U  D  P  H  L  T  N  N  Q  D  U  I  F  F  P
H  D  P  V  P  I  M  Y  P  R  D  P  C  D  E  A  S  A  T  G  I  P  Y
P  T  E  R  Z  A  G  E  O  F  A  Z  U  P  P  R  X  R  C  H  E  B  B
A  Z  N  Q  S  E  N  L  B  S  U  B  R  I  L  N  V  O  H  T  G  H  M
R  V  C  Y  E  C  O  V  T  T  S  A  M  K  A  W  I  X  P  E  S  R  N
G  W  I  L  I  C  N  E  P  E  L  B  A  T  C  A  R  T  E  R  X  N  Z
Y  B  L  L  R  D  L  G  V  U  X  E  U  U  D  I  J  M  S  N  P  T  B  R
Q  R  J  E  G  P  G  H  G  N  P  O  D  F  N  X  M  H  C  E  W  Z  E
Z  U  T  D  E  I  K  N  K  X  P  K  A  L  A  V  L  L  I  N  W  P  H
D  A  W  N  Q  R  A  U  P  V  J  A  E  Z  H  C  R  Q  L  C  T  V  K
W  C  C  M  L  I  C  N  E  P  R  O  L  O  C  R  E  M  M  I  H  S  O
Z  I  C  I  R  B  E  Z  J  J  O  R  J  I  E  D  T  Q  B  L  Z  T  J
L  K  X  T  T  Z  K  R  C  X  E  V  B  W  M  X  B  K  P  J  K  U  R
A  P  S  S  S  L  I  C  N  E  P  R  O  L  O  C  L  A  T  E  M  Q  C
```

CARPENTER PENCIL
COLORED PENCIL
HIGHLIGHTER PENCIL
PASTEL PENCIL
TRIANGULAR PENCIL

CHARCOAL PENCIL
GRAPHITE PENCIL
MECHANICAL PENCIL
RETRACTABLE PENCIL
WATERCOLOR PENCIL

CLUTCH PENCIL
GREASE PENCIL
METAL COLOR PENCIL
SHIMMER COLOR PENCIL
WATERCOLOR PENCILS

Sight

```
H V P G Y T H E E V N Z J R J Q
M V T R O M Y L O Z B O V P P Q
X C G Q R G C P T H G I S E Y E
Z P G C Z I E G W M S W R I Z V
P H E K S W L K I O O S J A P V
Q S B R E A W B O Q P S G V S T
P K O O C G N I E E S T H G I S
P G N I E E S G C O L A R K P L
O H T W G H P T S V F R K Y S N
L P I P M L I T W V U E P T W Z
O B S E R V A T I O N V K G A I
O B J B E D I N R O W L L W T H
K M F H Y Z B S C E N M K T C M
Y F L K M V S Q I E X T Z S H R
A V I S U A L V C O D R T D E X
C W Z X R U L G B M N A S O J W
```

EYESIGHT

LOOK

PERCEPTION

SIGHTSEEING

VISION

GAZE

OBSERVATION

PERSPECTIVE

STARE

VISUAL

GLANCE

OPTICAL

SEEING

VIEW

WATCH

Archeological Sites 1

```
L C Q N A C A U H I T O E T G P G T P M J W
O H Q K U M I E T J M H I U A G V O P C L Q
E I Q E Y B B T N I G W N Q Q P Y V O X J I
R C J N L E Y M T P K J T N E S Z T M R M C
I H C A I C O D A P P A C H X O A G P U C M
D E T R G F Y C L C Z W L N C R T Y E X K Y
F N W T O R Y E W W H O Q J T A R S I S G V
Y I A T Z G E S R N Q U A E G A S W I Y R S
C T M L I H P A V H T Y P X M O P M X P H V
K Z Y T S N E H T A F O S I L O P O R C A V
V A C F F I Q G S W R T D O C D L G G X E I
R M F V Y O R T D A S C D X C T T C V T U
Y S J I V E M E T Z O L Y G Q U H U Z C A P
K H T P V Z M N T F V N L G C J O U M D W U
F H X M B U T W G S X N E O B P J N R V R Y
Q J J P E A G I N R A Q Q H F G L A C V O Z
F E X Z Z F Z P U S J E M I E C A I A O K E
P N Q D J A N D Y L G N R M N N H L B J G J
Q D B V P O H R V M G L T C E L G I G T N A
W V Y K F Y E K I B I O J F M B Q E N A M A R
N V O N G N R G E Q Q G S L M R G L F A Q W
V H N G H C Z F H R A W N O D J R V Y R E Q
```

ACROPOLIS OF ATHENS
CHICHEN ITZA
GREAT WALL OF CHINA
POMPEII
TEOTIHUACAN

ANGKOR WAT
COLOSSEUM
MACHU PICCHU
PYRAMIDS OF GIZA
TIKAL

CAPPADOCIA
EASTER ISLAND
PETRA
STONEHENGE
TROY

Utilities

```
L D O W W T W D N E S I C C G B L M A H T N W X
G C N U H Y P L V G Z P N W C X V W V U S A S B
I A S E P I P L Q V K O C T P E B V U Z J B J D
H B J Q N I S G F B U W V I G N T Q V S O R Y U
H L R L V X O G Y P C E N F O S T I U D N O C C
W E T W P S S R O D I R R O C Y T I L I T U X T
X S A E Y Q L C W R L L W J Z Y R L L S G Y S S
J V R Z F P I E Q A Z I P T V P Z P R T C N I R
E P E E I S Y E N I T N Z D F O Q X T R O G U X
W N D P B T P Y Y N I E Y Y Q Z D W S I Z T S
J A V P F M H H V A U S R O H S E C T B C R T I
E X N T H L A N R G P T T M T F I A Q U R X J N
X C O N M E Z H Q E O Q D K A T C E W T P G P G
Y V U U W Y U R C J D J B P P I V B B I K F E R
W O B B P G D K L C S P G Y O N M N G H O M M C H
R J X I E D D A L D S Z R U G D B S D N H N W R
P Z X W M M D M I I W E M N P J Q N A S P G I P
Q T K L W G C P S H S B M C E S E P W R Y B U Z N
T G H Q U Y Y E B I O A T C E I N E P S T E V Z
F W D H I E Z R F C G T U R A T W Y C T C D G R
V M T B O R O S E L U V K K K E R Q G E M A D S
Q Z U A G A S L I N E S J G S A W Q B M S B R E
G Z E H V R E U X L O W T L P H Y O R S D S X B
L P S S Z T W P T C U L E K J M A O L L F O Z H
```

ACCESS CHAMBERS
DISTRIBUTION SYSTEMS
FIBER OPTICS
POWER LINES
TUNNELS

CABLES
DRAINAGE
GAS LINES
SEWERS
UTILITY CORRIDORS

CONDUITS
DUCTS
PIPES
TELECOMMUNICATIONS
WATER MAINS

Water Wall

```
K  T  Z  S  O  L  B  V  I  T  A  I  P  U  D  A  M  H  E
R  C  U  Q  F  E  B  R  A  T  S  K  D  A  M  Q  C  V  V
A  O  I  J  D  L  A  E  Q  K  O  M  B  N  A  J  R  V  E
M  V  L  M  A  D  R  E  V  O  O  H  M  I  D  W  Q  I  I
A  M  A  D  H  G  I  H  N  A  W  S  A  E  A  T  V  Z  U
D  G  A  M  U  Z  V  S  T  K  Q  M  O  A  L  T  K  N  S
N  X  Q  D  V  P  I  X  H  F  Z  V  B  M  E  D  W  A  F
O  H  Z  B  E  P  Y  N  R  M  M  P  C  U  B  U  N  T  K
Y  O  Q  L  A  E  L  S  E  R  A  X  I  P  R  O  G  R  R
N  P  V  B  E  D  L  G  E  U  N  D  G  R  A  L  D  M  E
A  S  I  W  H  L  F  U  G  V  G  V  N  B  T  I  V  A  T
C  F  E  G  D  O  X  R  O  Y  L  Z  W  A  U  F  X  D  M
N  O  S  D  Y  K  N  I  R  C  A  T  H  N  T  V  Q  K  D
E  N  K  D  K  R  X  D  G  S  D  V  K  E  G  R  Z  E  U
L  F  R  F  F  L  R  A  E  U  A  N  K  X  B  E  E  R  F
G  G  F  H  P  L  F  M  S  X  M  S  A  G  B  N  X  U  W
S  J  K  T  E  H  R  I  D  A  M  C  T  R  A  F  C  N  M
E  D  K  H  T  L  B  O  A  L  E  A  L  A  G  D  V  Q  K
X  V  H  Z  D  U  M  F  M  A  D  A  B  I  R  A  K  Z  H
```

AKOSOMBO DAM
ERTAN DAM
GURI DAM
KARIBA DAM
TARBELA DAM

ASWAN HIGH DAM
GLEN CANYON DAM
HOOVER DAM
MANGLA DAM
TEHRI DAM

BRATSK DAM
GRAND COULEE DAM
ITAIPU DAM
NUREK DAM
THREE GORGES DAM

Reservoir

```
L I K I N V S P J K R O K H S Z P J A
Y K N H Y A L L A K E P O W E L L X T
G L U V T M O N I Z S E T Y I A A O L
G A L U H S L A K E S U P E R I O R O
I K K A G K H Q N D A X G P G U L C V
A E D I Q E M Z X O N U W G G G S K E
J B O B Y D T I L E E B Z I C K I D K
U A I L H N N A J L K R C Z A T G Y A
W I C A O Q A G G G A D B I S L F L L
P K H K I Q G G W O L K R Z A M A J E
L A Z E R C I Q N C D O E K T K I L N
E L J E A V H U S A T A E M E D A N P
V X E R T C C C Q C T K L O E K V Q F
A Y F I N B I J I O A E N E E A I Y Q
Z G P E O V M V C R W E K H K A D Y G
K B L J E N E V I V G Y U A J A B U Z
S N S K K K B O A W R D E L K L J E
R T F S A O A B R T O D D H K T F F X
Q N J L L R L Q W N S G P M O H J Q Q
```

LAKE BAIKAL	LAKE ERIE	LAKE HURON
LAKE KARIBA	LAKE LADOGA	LAKE MEAD
LAKE MICHIGAN	LAKE NASSER	LAKE ONEGA
LAKE ONTARIO	LAKE POWELL	LAKE SUPERIOR
LAKE TANGANYIKA	LAKE VICTORIA	LAKE VOLTA

Mountain Range 1

```
I  D  L  C  A  U  C  A  S  U  S  M  O  U  N  T  A  I  N  S  R  P  K
Q  E  C  S  R  Q  C  J  T  V  Q  S  H  Z  B  L  M  A  Q  W  P  N  U
C  X  Q  U  X  G  A  T  L  A  S  M  O  U  N  T  A  I  N  S  M  H  H
B  M  W  Q  K  U  R  Z  O  E  U  G  O  T  F  Z  X  D  U  E  O  X  P
B  K  K  D  V  N  P  E  H  U  P  X  S  U  O  I  Z  J  Z  N  P  M  G
X  D  S  M  D  H  A  U  A  S  N  Q  D  W  X  T  W  Y  U  I  I  C  Z
Q  F  X  T  R  T  T  I  J  T  N  T  Z  X  D  V  X  W  P  N  B  B  F
E  N  K  P  A  L  H  O  U  S  D  I  Q  S  H  S  C  P  A  N  L  B  S
N  J  A  L  K  Z  I  J  Q  E  S  I  A  J  W  G  D  P  U  E  W  Z  E
T  R  F  T  E  S  A  S  H  D  I  E  V  T  O  B  C  D  X  P  Y  F  I
W  T  I  E  N  A  N  D  E  S  E  D  E  I  N  W  Q  C  M  O  O  H  H
U  V  G  H  S  O  M  I  Q  L  R  M  H  N  D  U  U  N  N  T  H  U  C
T  Y  X  Q  B  I  O  A  A  G  R  L  G  B  E  E  O  I  J  S  W  X  O
Q  Z  X  F  E  C  U  O  O  T  A  P  Q  O  T  R  R  M  X  P  D  E  R
A  Z  R  T  R  L  N  Z  Y  J  N  T  S  E  J  X  Y  A  L  B  S  A  E
C  P  Q  I  G  M  T  J  J  Q  E  U  N  R  F  H  G  P  N  A  N  Q  K
S  D  J  E  B  P  A  H  F  G  V  Y  O  Q  K  O  R  S  G  G  R  O  N
N  Q  D  N  X  R  I  G  O  K  A  L  A  M  F  Y  B  P  R  H  E  U  W
Z  U  D  S  E  F  N  A  C  X  D  V  I  I  Y  O  N  U  P  Q  A  U  O
E  O  L  H  I  M  A  L  A  Y  A  S  F  B  K  K  O  D  Q  C  W  I  Z
I  M  T  A  X  W  I  L  A  P  M  W  M  N  A  Y  C  A  X  U  D  D  S
J  P  H  N  J  Z  X  W  P  Y  K  S  E  S  R  W  W  O  M  W  C  O  A
Q  O  F  I  Z  E  Y  P  O  S  O  S  K  D  E  O  F  G  R  O  R  S  Q
```

ALPS	ANDES	ATLAS MOUNTAINS
CARPATHIAN MOUNTAIN	CAUCASUS MOUNTAINS	DRAKENSBERG
GREAT DIVIDE RANGE	HIMALAYAS	PENNINES
PYRENEES	ROCKIES	ROCKY MOUNTAINS
SIERRA NEVADA	TIEN SHAN	URAL MOUNTAINS

Mountain Range 2

```
P  W  H  B  P  A  S  N  I  A  T  N  U  O  M  T  S  A  O  C  U  N  E  R
H  S  D  I  N  A  R  I  C  A  L  P  S  O  S  F  P  L  O  B  A  G  Z  K
D  N  L  A  Q  Z  M  Y  G  Z  W  G  N  E  O  G  C  E  K  G  D  D  K  G
B  I  Z  H  P  T  E  I  S  D  H  Y  D  Y  R  U  F  U  W  K  A  R  J  E
N  A  I  D  Y  P  J  G  R  B  G  N  C  B  K  Z  Z  H  H  U  V  R  R  V
R  T  T  J  Y  O  A  V  Y  M  A  S  U  I  M  E  O  S  Q  N  E  F  T  Y
Y  N  S  E  U  Q  T  L  M  N  O  Q  C  N  X  S  N  E  Y  L  N  I  R  W
Z  U  V  G  U  T  R  J  A  S  C  U  Z  Y  Y  Y  I  W  E  R  U  A  R  L  P
H  O  G  N  T  F  K  I  I  C  H  N  Y  A  H  G  D  D  N  R  B  R  L
U  M  T  A  A  V  N  D  O  H  H  O  V  T  I  N  I  C  S  M  R  F  N  N
F  S  U  R  T  O  D  V  L  W  R  I  N  M  A  Z  E  H  D  O  E  G  X  W
Z  O  L  M  G  J  R  P  L  W  E  U  A  R  W  I  A  Y  Q  U  I  W  A  D
F  R  G  A  Q  J  F  C  O  S  O  L  E  N  K  N  M  X  N  S  Y  B  G
V  G  T  R  U  B  A  N  Q  M  A  D  J  U  M  C  R  S  P  T  L  W  Z  X
Y  A  H  O  V  N  F  O  S  Y  A  M  Q  O  W  O  M  Y  D  A  O  D  D  P
P  Z  B  K  J  N  S  E  A  C  N  H  U  T  E  H  U  Z  R  I  I  H  U  K
Q  Q  T  A  Y  R  D  N  S  E  A  H  Y  Q  N  C  N  X  I  N  D
F  S  H  R  C  N  R  A  Q  U  T  I  A  C  D  B  N  K  T  S  W  A  C  H
B  P  A  A  A  A  C  L  H  A  J  Y  B  X  X  H  R  N  O  A  Z  L  I  T
V  F  C  K  N  I  S  N  I  A  T  N  U  O  M  I  A  T  L  A  I  Y  C  O
P  W  S  G  K  Y  S  N  I  A  T  N  U  O  M  Y  K  C  O  R  D  N  B  L
X  B  E  Z  E  Z  S  O  C  D  J  V  H  K  V  Y  X  E  E  A  Q  G  P  N
E  T  V  V  O  V  R  X  P  S  P  C  V  Q  L  L  T  K  C  Z  S  M  W  X
I  B  A  C  N  G  O  P  K  J  R  F  Z  X  V  J  W  I  Z  S  H  M  K  F
```

ALTAI MOUNTAINS

ANDES MOUNTAINS

APPALACHIAN MOUNTAIN

CASCADE RANGE

COAST MOUNTAINS

DINARIC ALPS

HIMALAYAN RANGE

KARAKORAM RANGE

KUNLUN MOUNTAINS

PAMIR MOUNTAINS

PATAGONIAN ANDES

ROCKY MOUNTAINS

SIERRA NEVADA

TIAN SHAN MOUNTAINS

ZAGROS MOUNTAINS

Mountain Range 3

```
N N P N A C J M P H X W T P D C T J A O J M W L
D N S N I A T N U O M E N I N N E P A J Y N J H
R S D I N A R I C A L P S X O T W L B O R H U J
Q E A X I H T Z S V S X S C E E M S H X W C B
Y G U S C H A N Y W X V O H K F P R C S K B O Y
N N R R G J F I U Y M A U P X G W O A X A Y B Y
V A R W O Q O T Q O S C T Y B W A O N B O H J R
U R Q S E P G K G T M Q H R I Z W K A F W C J X
K L J U Z N E D R J U G E E D R U S D H G K O X
E L G G D Q Z A D X M D R N F Z E R I U R J C H
H E L K A U N O N Q I X N E Q G G A A D P P C C
V N V W S G D R R A K K A E B F K N N P W Z D O
G N Y B E K X B O I L X L S R S O G R A Z S C V
S O Q H W V L K J G M P P M E E N E O K X U Y E
C D C O U J V N M C W O S O J J B E C A B M P Z
Z C J E S E U Q M X M J U U Q Q T L K R B R W D
A A S N I A T N U O M A G N U R I V I A I V G D
X M E K R Q L A M X Y B B T T Y M B E L R Y M E
Y Z Y Q U G P L O W I W K A E A B M S Y Q D V G
S N I A T N U O M E N E I M I S G I R Y O Z Y H Q
R H A S B R U I E E S T R N G W T N P T T W Y Q
A L A S K A R A N G E B M S C F U G S L D M Z X
O Q J D F N P B S K T M F H Z S I V W K P F O E
I W D D E L S N I A T N U O M N A K L A B Q Z T
```

ALASKA RANGE
BROOKS RANGE
DINARIC ALPS
MACDONNELL RANGES
SIMIEN MOUNTAINS

APENNINE MOUNTAINS
CANADIAN ROCKIES
DRAKENSBERG MOUNTAIN
PYRENEES MOUNTAINS
SOUTHERN ALPS

BALKAN MOUNTAINS
COAST RANGE
EUROPEAN ALPS
RWENZORI MOUNTAINS
VIRUNGA MOUNTAINS

Mountain Range 4

```
M J I I E N T P I N R A U N P N D F A X M L
O I E H R A A R A V A L L I R A N G E W G K
S S H S U K U D N I H X M I K W R V G A B T
N T A T R A M O U N T A I N S Q H R N X G P
I L I R B F G K M Z Z N M W R E I O A V K B
A Q U E S C S S R R G D Q A N A S S R U J O
T L Y X N N T P N J J N L G E N N W R Q S L
N H J Z J S I L A I P Q D R I I J J A H H I
U I C Q D D H A O Q A U T A A M S P H Q M V
O M O K H R K A T O A T T T T K M H T B S I
M A R M W E Q P N N Z N N Z U M X X R U L A
Z L W K H X L O M M U U N U Q G A N I G E N
R A P J W N L O W O O O K Z O Y D R K S F A
U Y U H M V U S M M Z U M R C M C F X I J N
B A Q Y D N A A I S B T N N X D L W V Z X D
L N O Z T H L H F I S Y U T U M L A U M D E
E R W A S I S A F V L U B K A L D Q R H B S
J A I S R I N P Y G N K P Z L I N F R U N Y
A N T I A T L A S M O U N T A I N U I Z V C
S G O K O V J A P A N E S E A L P S K V R I
V E A G T U J B D K O J V X G O A Y W A Q S
P V W F U E T M Y M E P L N J A N U K Q F J
```

AKAISHI MOUNTAINS   ANTI ATLAS MOUNTAIN   ARAVALLI RANGE
BOLIVIAN ANDES   ELBURZ MOUNTAINS   HENGDUAN MOUNTAINS
HIMALAYAN RANGE   HINDU KUSH   JAPANESE ALPS
KIRTHAR RANGE   KUNLUN MOUNTAINS   RILA MOUNTAINS
TATRA MOUNTAINS   TIEN SHAN MOUNTAINS   URAL MOUNTAINS

Under The Sea 1

```
S  D  C  W  K  X  Z  S  F  Z  X  V  S  S  C
F  O  U  V  X  K  M  M  W  I  S  Z  I  E  C
Y  U  I  R  G  Q  E  Y  S  A  L  Q  X  A  Y
S  W  V  T  A  V  B  T  I  D  E  L  I  T  S
Y  L  S  W  Z  G  P  L  J  E  B  U  Z  Y  U
J  I  L  R  H  X  I  D  O  L  P  H  I  N  S
V  S  P  U  S  N  C  F  V  X  S  K  D  K  J
U  L  A  I  G  A  M  C  T  D  L  E  R  P  I
H  L  I  L  W  A  X  O  L  T  R  A  V  U  G
J  E  A  F  T  C  E  A  L  W  H  R  I  A  J
A  H  I  T  S  W  L  S  A  S  H  J  P  O  W
G  S  X  O  S  Y  A  T  G  Y  D  A  O  W  R
H  A  K  S  Y  Y  E  T  M  V  Y  O  L  J  U
F  E  P  M  A  R  I  N  E  L  I  F  E  E  O
H  S  E  A  W  E  E  D  A  R  Z  R  N  Y  S
```

COAST
MARINE LIFE
SEA
SEAWEED
UNDERWATER

DOLPHINS
SAILING
SEAGULLS
SHARKS
WAVES

FISH
SALTWATER
SEASHELLS
TIDE
WHALES

Under The Sea 2

```
Z  D  I  D  T  Y  G  O  L  O  E  G  E  N  I  R  A  M  D  V  D  U  V
N  X  P  J  E  P  S  F  B  N  Q  K  U  S  Q  W  N  Z  U  V  R  M  Q
K  Y  E  W  I  E  N  C  J  O  J  S  M  U  T  S  R  K  M  N  E  P  M
U  E  M  W  C  U  P  F  I  B  H  G  E  A  I  M  H  Y  A  E  H  D  M
V  G  O  O  X  C  A  S  W  W  L  E  L  X  S  F  F  P  R  C  P  B  W
C  Q  N  C  B  S  O  P  E  J  Z  A  S  D  B  J  I  P  I  O  A  U  Z
F  Y  U  P  E  N  E  R  W  A  T  F  Z  W  Y  A  Q  A  N  A  R  M  F
S  G  B  B  R  A  M  A  A  R  E  S  R  D  B  M  L  R  E  S  G  E  F
X  O  T  E  J  O  N  Y  F  L  D  X  A  V  J  H  M  L  E  T  O  Q  E
T  L  V  K  C  C  F  I  U  L  R  L  P  L  J  R  D  N  C  A  N  H  C
O  O  T  J  K  E  Z  I  C  O  O  E  O  L  I  F  P  P  O  L  A  I  H
T  R  H  J  E  A  V  T  H  C  C  O  E  D  O  N  V  Q  L  E  E  Y  Q
Y  D  W  R  Z  N  V  T  T  X  U  E  R  F  S  R  I  S  O  R  C  J  S
K  Y  G  O  L  O  I  B  E  N  I  R  A  M  R  D  A  T  G  O  O  W  X
J  H  C  O  N  G  P  L  G  F  I  F  R  N  A  E  Z  T  Y  S  C  K  I
K  U  N  B  T  R  T  I  Y  Y  Y  A  E  E  I  P  S  Q  I  I  P  R  O
Q  E  F  Y  U  A  W  Y  A  F  H  J  D  O  N  C  P  E  K  O  O  J  E
N  M  T  T  T  P  P  M  M  B  L  I  U  B  H  T  T  I  A  N  N  Y  X
Q  S  S  Q  G  H  L  O  Z  O  S  B  M  K  P  Q  S  I  N  R  C  D  S
N  Z  C  C  W  Y  I  K  S  P  T  X  F  B  G  Q  U  K  D  G  C  N  A
O  C  E  A  N  I  C  C  I  R  C  U  L  A  T  I  O  N  Z  E  V  H  F
R  M  O  D  G  S  B  B  G  Z  S  E  A  L  E  V  E  L  R  I  S  E  D
J  D  Q  Z  R  V  R  L  J  Y  V  C  Y  G  P  J  D  Z  N  Z  I  L  W
```

COASTAL EROSION   CORAL REEF RESEARCH   DEEP SEA EXPLORATION
HYDROLOGY   MARINE BIOLOGY   MARINE ECOLOGY
MARINE GEOLOGY   OCEANIC CIRCULATION   OCEANIC CURRENTS
OCEANIC TIDES   OCEANOGRAPHER   OCEANOGRAPHY
SALINITY   SEA LEVEL RISE   SEAFLOOR MAPPING

Under The Sea 3

```
B  K  L  A  R  O  C  E  L  B  B  U  B  U  D  R  V  T  M  R
B  G  J  A  V  I  I  B  I  C  L  J  N  X  P  J  B  A  W  R
D  Z  J  Z  R  L  A  R  O  C  N  R  O  H  K  L  E  Q  W  C
C  H  M  D  A  O  Y  B  C  C  L  K  I  G  S  S  W  P  Z  O
S  O  S  U  E  L  C  M  H  D  H  I  T  I  D  X  D  I  E  W
C  T  T  X  S  C  M  E  S  S  V  V  U  D  Y  D  A  L  T  C
O  W  A  D  T  H  N  B  C  Y  T  K  L  O  B  B  U  L  A  Q
U  Z  G  T  C  U  R  E  A  U  C  H  L  M  O  R  C  A  M  M
T  S  H  J  I  D  G  O  C  W  T  U  O  U  U  A  O  R  I  E
Z  H  O  Y  D  B  A  H  O  S  E  T  P  V  Y  I  E  C  L  P
Y  L  R  F  N  I  A  U  K  M  E  A  E  Z  G  N  L  O  C  A
J  Y  N  G  T  Y  R  H  X  M  C  N  N  L  J  C  F  R  C  O
G  P  C  Q  L  C  P  I  C  A  B  O  I  N  H  O  I  A  I  F
X  J  O  X  U  D  O  W  U  I  Q  B  R  M  Q  R  R  L  N  V
O  C  R  C  Z  X  T  R  D  C  N  D  A  A  U  A  E  N  A  F
H  N  A  G  X  D  Y  L  A  V  V  A  M  O  L  L  C  V  E  K
R  E  L  H  A  C  O  R  A  L  R  E  E  F  Z  B  O  L  C  M
M  W  G  M  U  K  O  K  R  Y  S  P  R  C  L  K  R  I  O  X
N  L  J  H  G  O  R  G  O  N  I  A  N  C  O  R  A  L  B  J
D  A  S  S  E  N  U  Z  F  W  H  L  C  P  H  K  L  D  J  C
```

BIOLUMINESCENCE
CORAL REEF
GORGONIAN CORAL
MUSHROOM CORAL
PILLAR CORAL

BRAIN CORAL
ELKHORN CORAL
LETTUCE CORAL
OCEANIC CLIMATE
SOFT CORALS

BUBBLE CORAL
FIRE CORAL
MARINE POLLUTION
OCEANIC HABITATS
STAGHORN CORAL

Under The Sea 4

```
O  A  E  B  I  B  Y  F  Y  E  G  N  O  P  S  S  S  A  L  G  D  W
E  Q  G  S  H  Y  R  T  U  B  E  S  P  O  N  G  E  I  P  N  P  L
Y  N  N  Y  S  A  A  O  G  A  W  R  Y  M  H  R  Q  M  H  N  S  N
E  V  O  D  I  O  E  M  W  T  E  L  B  I  D  Q  S  T  C  K  H  E
L  T  P  M  F  B  O  R  I  N  G  S  P  O  N  G  E  Z  L  W  C  Q
E  F  S  D  E  D  G  I  G  G  T  P  N  Y  H  Y  A  E  A  E  Q  Y
P  U  E  K  N  N  A  N  E  B  E  U  S  L  P  U  G  V  G  K  Y  N
H  L  S  R  O  G  A  N  H  A  R  V  B  N  V  N  N  N  S  S  H  X
A  T  A  M  M  Z  C  P  J  F  K  C  H  E  O  X  O  N  V  A  H  E
N  B  V  F  E  F  C  W  I  Y  Y  V  A  P  S  P  D  O  D  N  U  N
T  H  T  V  M  H  V  H  T  J  L  S  G  S  P  K  E  H  B  S  A
E  J  E  G  A  N  K  N  Z  H  E  E  N  L  D  R  O  G  X  A  T  B
A  W  L  L  N  E  G  N  O  P  S  L  L  A  B  E  G  N  A  R  O  I
R  E  O  U  W  J  Z  H  G  A  I  A  B  C  O  M  X  O  G  R  B  E
S  D  I  V  O  Y  G  Z  V  B  B  J  W  B  U  S  G  P  I  E  O  O
P  Z  V  Q  L  P  R  E  L  D  D  A  T  X  U  V  Q  S  F  L  W  J
O  S  I  G  C  E  R  U  E  M  C  R  N  P  K  B  Y  R  J  S  X  Z
N  K  H  L  W  U  S  R  P  K  F  W  A  J  K  O  P  E  G  P  B  N
G  G  S  C  Z  V  A  J  N  A  Y  S  D  B  C  K  F  G  T  O  C  J
E  Y  C  A  R  P  E  T  A  N  E  M  O  N  E  L  H  N  L  N  M  O
G  A  Y  U  N  F  N  R  Q  A  M  J  Q  X  K  L  D  I  K  G  F  N
J  I  W  G  J  S  E  N  O  M  E  N  A  A  E  S  G  F  Y  E  A  H
```

AZURE VASE SPONGE

BROWN TUBE SPONGE

CLOWN ANEMONEFISH

GLASS SPONGE

SEA ANEMONES

BARREL SPONGE

BUBBLE TIP ANEMONE

ELEPHANT EAR SPONGE

ORANGE BALL SPONGE

TUBE SPONGE

BORING SPONGE

CARPET ANEMONE

FINGER SPONGE

RED BALL SPONGE

VIOLET VASE SPONGE

Under The Sea 5

```
P E L L E S I O M E D E R U Z A L O C B S X
Z N G Z X C Q X O Y I W C R I J E R V E E O
T O Z J H A G O M E H T A G S K L E R J L C
W M A Y P X F U P L Y R N N J T N X S H W F
E E C E I E B I L L D L R U R U L A V M J H
N N V P G G Q Q U O D H X L S F E E R D E R
O A D T G N P N I W M R T F H F P W N I Z K
M Y T C R O O M Q T O A L T Q W O R X E F E
E R A W Z P A P L U M O S E A N E M O N E P
N R Z H O S O H S B W O I C A S N Y M O E Y
A E N O M E N A N E E R G T N A I G V M N A
A B D S G P C P R S R B X J L T B Z X E O H
I W E N Q O M B B P B I T G H G M J U N M Y
L A L J O R A E Z O N S F M X Z M C O A E D
H R V Z E S F A L N L G C J S B N I O L N K
A T W W K Y G B H G S R V M D E C C W E A O
D S P E G N O P S E B U T H C N A R B W E W
R D T O Z E G N O P S L L A B K N I P E B L
D F Y C E N O M E N A T E L D A E B I J U B
Y U P P P F P J E I S X D W O L R N P T T W
X E K E O E G N O P S D U O L C X T P A L P
O C F H B S B W H K F Y I I S B S O B Q X T
```

AZURE DEMOISELLE
CLOUD SPONGE
GIANT GREEN ANEMONE
PLUMOSE ANEMONE
TUBE ANEMONE

BEADLET ANEMONE
DAHLIA ANEMONE
JEWEL ANEMONE
ROPE SPONGE
VENUS FLOWER BASKET

BRANCH TUBE SPONGE
FIRE SPONGE
PINK BALL SPONGE
STRAWBERRY ANEMONE
YELLOW TUBE SPONGE

Under The Sea 6

```
J  E  Y  S  S  L  Q  I  H  H  Z  E  X  M  W  O  L  R  U  T  R
A  C  O  R  A  L  S  X  E  U  Z  K  H  U  P  H  E  Y  W  R  S
P  V  S  E  V  S  L  X  X  H  S  I  F  Y  L  L  E  J  P  E  A
R  L  E  T  F  O  K  M  T  S  E  A  T  U  R  T  L  E  S  J  Q
U  H  T  S  A  B  L  N  F  P  A  W  Y  T  Q  Z  Y  U  L  B  U
J  U  J  B  N  R  G  U  F  X  U  G  R  C  S  O  P  E  N  D  O
M  V  Z  O  Z  O  F  F  W  N  R  U  W  L  O  O  F  E  M  E  Z
H  I  N  L  N  A  I  I  T  M  C  Q  X  S  T  K  N  O  I  A  Z
E  S  T  Z  W  L  F  L  S  V  H  A  D  C  Y  H  S  D  F  J  F
J  B  K  S  J  Q  M  P  A  H  I  V  O  S  Q  U  I  D  S  F  B
J  A  Y  S  L  L  M  A  P  E  N  K  P  C  M  J  W  K  G  A  J
A  R  E  J  U  I  S  T  V  E  S  H  V  R  F  U  M  J  J  J  K
C  C  Z  M  R  L  A  J  M  A  G  D  W  Z  Y  V  O  J  M  U  U
W  A  C  H  K  A  L  J  U  V  O  H  N  B  W  B  S  H  H  B  N
W  Z  S  X  U  Q  M  O  U  U  L  E  B  A  R  C  X  D  Z  Y  D
T  G  J  U  B  R  M  L  M  H  Y  U  K  B  S  P  Q  X  P  W  F
W  Z  L  R  W  S  T  N  N  C  O  F  V  Q  I  L  B  A  G  Y  X
U  F  U  Z  D  C  B  E  O  O  J  G  O  J  I  S  A  W  H  Y  H
U  V  P  Z  C  Y  V  E  H  O  V  F  Z  T  Y  B  I  E  B  S  L
P  Z  M  M  O  P  D  B  H  H  J  T  O  A  P  K  N  E  S  Q  O
Q  P  Y  C  N  K  L  E  Z  N  R  W  R  E  C  Z  C  A  S  Y  P
```

CORALS	CRAB	CRABS
EEL	JELLYFISH	LOBSTERS
MOLLUSKS	OCTOPUSES	RAYS
SEA TURTLES	SEA URCHINS	SEALS AND SEA LIONS
SHRIMPS	SQUIDS	STARFISH

Under The Sea 7

```
H  V  G  G  N  G  P  K  J  Y  M  I  A  Q  O  U  D  I
H  J  K  S  R  E  T  T  O  A  E  S  C  M  B  S  K  I
J  Q  J  A  M  K  I  K  S  E  A  S  L  U  G  S  A  E
I  Y  Z  V  C  O  X  H  M  U  R  G  W  M  F  B  N  U
K  K  A  R  C  J  S  S  E  B  V  J  L  A  M  M  O  G
D  Y  K  M  Q  H  V  I  A  C  A  V  C  N  M  W  S  C
Q  H  E  M  P  Z  E  F  S  Y  S  P  J  T  Q  E  L  S
S  E  M  A  R  I  N  E  I  G  U  A  N  A  S  S  E  J
H  D  L  S  K  S  I  L  S  L  E  S  A  R  Y  A  E  H
D  D  X  N  S  E  E  T  A  N  A  M  O  A  M  J  Y  S
S  Z  K  I  T  A  G  T  S  L  M  H  R  Y  R  O  A  I
J  N  M  U  D  M  O  U  T  D  A  G  Y  S  W  G  R  F
R  L  B  G  U  S  T  C  S  E  N  K  E  H  C  O  O  N
K  F  E  N  F  H  L  F  S  I  N  L  H  A  S  Y  M  O
K  B  O  E  F  Y  P  E  T  D  A  S  F  R  N  H  Q  I
Z  V  O  P  F  R  F  S  E  H  I  W  U  K  E  H  L  L
W  P  D  Y  R  T  A  U  W  F  O  T  F  S  S  E  L  G
D  M  H  K  N  W  W  I  X  Q  B  P  C  V  A  K  V  H
```

FISH	SHARKS	MANATEES
WHALES	PENGUINS	SEA OTTERS
SEAHORSES	MANTA RAYS	EELS
STINGRAYS	MORAY EELS	LIONFISH
SEA SLUGS	MARINE IGUANAS	CUTTLEFISH

Under The Sea 8

```
N K Y M Q W H A L E S H A R K S U I X S I
D Y H S I F D R O W S Q S E A L I O N S Y
H G Q X B Z U B A R R A C U D A Y Y B L A
R A N M J B G T A E E Z Y U L H V R W B X
N U M I A B O D R S B X E R E W P U K E H
Z Q H M I P N L F R M A H K U R W F G P L
A Z Z X E H G L P B U P S Z O A U U M D B
E N Q C Q R S S Q D C R J A C N Q H O E E
V N T L C J H I X S U U C K N A O B L N L
Q S D M E O K E F B C U M T I M R U K F U
I M E L X T R R A R A G H T C A G M H C M
L H P A A N U A W D E M L U S A S Q O G L
J D S U M E I L K S L P G W P B J U I M
J H O X F N H W M P N H G H O M H B K C S
O B H H A T A O K N O B A N B P E S L S J
Q K X Z E L K K N Y X L G R A F B L S X R
J U V A R L M Y E L E E Y Z K Z L K L G Q
F Y G U D T G K G S S I E P S S I I D M Z
F M S Q E T I S N A E C A T S U R C M K S
U E W U Q T R S K O U T S K K N F V O F E
S U F P V H B U J H Z M S M J B B E X A L
```

ANGLERFISH
CORAL POLYPS
HAMMERHEAD SHARKS
SEA LIONS
SWORDFISH

BARRACUDA
CRUSTACEANS
NARWHALS
SEA SNAKES
WALRUSES

BELUGA WHALES
DUGONGS
SEA CUCUMBERS
SPONGES
WHALE SHARKS

Under The Sea 9

```
Z  R  R  A  K  D  A  D  U  S  R  Q  A  W  X  R
W  O  O  I  S  G  E  R  J  S  P  A  U  Z  C  S
D  B  S  E  B  E  M  E  E  L  G  W  O  J  Q  S
U  W  M  T  V  B  T  V  W  M  S  N  Z  H  A  A
C  X  A  N  E  K  O  Y  T  R  H  P  I  R  W  R
K  D  N  K  C  R  B  N  H  D  E  M  K  P  O  G
W  G  B  D  G  H  A  I  W  P  S  T  I  Y  H  L
E  C  S  N  W  B  U  U  D  E  O  Q  A  B  A  E
E  M  A  C  R  O  A  L  G  A  E  R  I  W  U  E
D  M  R  C  R  D  N  Q  J  T  N  D  A  R  H  A
W  X  G  U  Z  G  O  S  X  Y  N  U  M  H  C  L
L  O  A  M  B  Y  B  A  P  R  E  L  U  A  C  G
N  M  S  I  M  M  P  T  A  D  Z  L  C  D  O  A
R  M  S  Z  Y  L  I  L  R  E  T  A  W  I  B  E
B  G  U  J  E  C  S  E  A  G  R  A  S  S  P  P
V  Q  M  K  D  O  P  O  N  D  W  E  E  D  M  Y
```

ALGAE
DUCKWEED
MACROALGAE
RIBBONWEED
WATER LILY

CAULERPA
EELGRASS
MANGROVES
SARGASSUM
WATERWEED

CHAROPHYTES
KELP
PONDWEED
SEAGRASS
ZOSTERA

Archeological Sites 2

```
E F G R X C H P G S M H G D G G M W P Z H S S
J Y K E C U Z J G Y U M J G Y P J D T I D A D
J V M U D D R A W F D W H W Z H B E W B E W V
J Y K A I D N I M A R U P I L A B A H A M Z S
O O H C H L E A S L I W S E X A O R B I P A T
D N Z Y E A T Q L H G R V W Z Z E W S A O M P
U A Z A X R B P H R A E O J Y H A C V E R B Y
I G C N X D W A Y P E K X N L I R L S I T K G
S U T I P R W A L G Z G Y X P J O G D T R T E
Y N O H A D A A R I E B G N F P K W L A O H N
W I O C O M G O R E P A T O E N N U A L Y N O
R M P Y L G A J H K H U I T D X C M K Y A B I
S O C T E E A J A X A T R R D E V M F S L G E
E N Y I P N M M L A N I Y A D T I A Q C J V L
O U E C D E C S C A G O N K M N J C O I A K C
O M C N M N S F N R Y C Z D I I A Q F X M J A
U E Y O A J S G E O F O K M I T N X Z U A B R
N N F I V L P E Y W X C R U Z A N D E M I S E
B T Y L P A C L M F A H L T R W W A I L C E H
G Q Z J T E P A V L O V S K R U S S I A A N H
S R L Y E C E E R G I R T E P O L V A P Q V M
D V J N O X K D U X M E S A O O P N I K Y U Q
R K R D Y F S X A C N L R O K C T D N A L Q S
```

ALEXANDRIA EGYPT
DOGGERLAND
LION CITY CHINA
PAVLOPETRI GREECE
PORT ROYAL JAMAICA

ANTIKYTHERA WRECK
DWARKA INDIA
MAHABALIPURAM INDIA
PAVLOPETRI GREECE
PORT ROYAL JAMAICA

BAIAE ITALY
HERACLEION EGYPT
MAHABALIPURAM INDIA
PAVLOVSK RUSSIA
YONAGUNI MONUMENT

Wellness World 1

```
Y  M  B  E  U  B  G  R  S  M  M  H  Y  K  D  L  H  B
G  G  V  L  K  R  I  N  M  G  T  L  V  A  Z  C  Y  F
T  Z  N  Q  T  P  A  T  I  E  N  T  J  S  X  A  D  M
M  C  Z  X  P  O  G  Y  F  F  D  T  C  H  C  H  S  K
S  Z  R  W  Z  A  K  N  A  I  C  I  S  Y  H  P  D  P
Z  E  M  E  R  G  E  N  C  Y  G  W  C  C  U  V  P  G
C  J  Q  S  C  V  V  S  J  E  P  F  D  I  U  O  P  F
U  L  Z  U  I  N  L  Y  J  A  J  X  R  N  N  H  U  F
V  U  M  R  L  V  A  T  C  R  J  C  A  I  F  E  G  B
P  W  C  G  C  F  B  L  Y  A  R  X  W  L  T  X  A  N
R  A  V  E  C  N  O  C  U  I  M  F  S  C  K  I  T  M
R  I  W  R  E  S  R  U  N  B  N  R  Y  Y  F  S  N  C
T  O  V  Y  O  P  A  C  R  E  M  G  A  T  H  O  T  H
X  P  T  E  A  U  T  C  L  U  R  A  K  H  E  M  V  E
X  E  E  C  H  X  O  H  M  Q  F  Q  O  G  P  T  S  C
G  Y  A  M  O  O  R  G  N  I  T  A  R  E  P  O  F  W
E  T  C  J  O  D  Y  H  M  L  Y  U  K  G  A  P  C  U
K  Z  L  U  P  L  T  L  V  F  S  W  W  I  G  Q  P  Y
```

AMBULANCE
EMERGENCY
NURSE
PHARMACY
SURGERY

CLINIC
LABORATORY
OPERATING ROOM
PHYSICIAN
WARD

DOCTOR
MEDICINE
PATIENT
SURGEON
X RAY

Wellness World 2

```
S  C  U  V  P  E  D  I  A  T  R  I  C  S  M  Y  R  A  U  P  G
A  Z  G  M  X  V  Q  D  N  I  V  L  I  H  S  O  W  L  X  O  P
I  J  W  E  E  X  S  S  L  Z  K  S  R  C  O  O  B  O  N  G  E
A  O  O  C  Q  D  C  W  W  Z  S  V  Q  A  F  S  E  R  O  I  S
F  H  Y  D  I  L  I  K  Q  W  D  F  G  I  B  O  L  T  I  A  G
W  Y  K  H  B  M  R  C  J  B  R  M  M  T  K  N  F  N  T  C  C
L  N  B  P  S  L  T  D  A  I  O  D  J  N  I  C  K  O  A  U  V
Z  A  J  L  W  B  E  B  A  L  C  J  B  D  K  O  Y  C  T  T  Y
Q  Q  P  P  O  N  T  S  Z  Y  E  V  J  J  U  L  M  N  I  H  B
N  F  F  I  J  U  S  P  Q  T  R  Q  G  V  O  Y  O  L  R  W
Q  K  U  V  S  S  B  D  A  E  L  G  U  J  G  G  P  I  I  C  R
H  X  Y  G  O  L  O  I  D  R  A  C  C  I  O  Y  J  T  B  Y  B
V  O  R  T  H  O  P  E  D  I  C  S  I  L  P  Z  R  C  A  G  S
I  H  G  F  K  Y  I  I  S  H  I  G  O  O  Z  M  D  E  H  O  J
S  X  T  W  B  A  P  E  C  U  D  C  V  R  J  R  E  F  E  L  K
I  R  M  M  T  N  H  U  M  K  E  W  P  V  H  M  R  N  R  O  K
H  S  X  U  N  T  R  H  P  N  M  K  O  B  K  O  J  I  T  R  H
S  R  Z  C  S  R  G  S  Y  G  O  L  O  I  D  A  R  I  J  U  W
K  P  L  E  W  P  Z  G  F  Z  I  H  C  O  H  V  E  M  O  E  O
Q  Z  N  B  K  O  K  I  R  E  U  O  E  D  J  P  Z  C  H  N  Y
H  A  G  Z  T  G  T  J  Y  R  T  A  I  H  C  Y  S  P  O  K  U
```

ANESTHESIA

ICU

MEDICAL RECORDS

ONCOLOGY

PSYCHIATRY

CARDIOLOGY

INFECTION CONTROL

NEUROLOGY

ORTHOPEDICS

RADIOLOGY

GYNECOLOGY

MEDICAL EQUIPMENT

OBSTETRICS

PEDIATRICS

REHABILITATION

Wellness World 3

```
M  R  Y  H  W  T  O  G  Z  N  A  C  S  T  C  L  Q  D  X  D
W  C  V  E  O  I  C  C  J  N  U  R  S  E  S  A  I  D  E  I
C  O  O  L  Z  I  N  Z  M  Y  E  M  T  L  B  B  W  F  W  E
M  A  G  N  U  L  T  P  G  Y  L  V  K  L  W  O  Y  C  G  F
U  S  D  J  S  G  K  O  A  R  U  H  V  T  S  R  R  D  B  R
P  H  Z  R  P  U  L  L  N  T  Z  S  N  M  Q  A  S  G  G  J
C  E  R  U  M  O  L  Z  U  E  I  E  Y  V  W  T  J  B  X  R
I  Q  R  R  H  R  H  T  D  E  I  E  O  U  Q  O  K  Z  X  O
T  M  L  T  R  Y  Z  P  A  T  F  W  N  L  M  R  L  U  E  Y
S  W  A  V  O  F  H  A  A  T  Q  L  M  T  K  Y  U  Z  S  H
O  P  D  J  G  L  A  P  H  N  I  M  V  R  Z  T  E  Q  D  Z
N  E  M  G  T  T  C  A  J  W  O  N  A  Q  E  X  G  Y  J
G  U  I  J  X  U  R  B  V  R  Y  I  N  S  D  S  C  V  D  C
A  N  S  R  O  M  R  I  D  Q  G  R  V  O  I  T  P  R  C  C
I  K  S  J  L  M  U  U  A  F  E  O  T  U  F  S  X  C  K  L
D  G  I  Q  B  Z  W  W  T  G  N  C  I  N  J  A  Q  O  A  J
M  O  O  R  Y  C  N  E  G  R  E  M  E  D  T  X  P  D  M  C
N  W  N  Q  O  L  P  G  H  S  K  Q  I  Y  A  Q  F  J  T  E
R  Z  S  Y  S  K  F  G  B  L  O  O  D  W  O  R  K  Y  V  M
R  Y  J  Q  J  W  H  M  M  C  K  A  Y  J  R  A  C  I  P  F
```

ADMISSIONS	BLOOD WORK	CONSULTATION
CT SCAN	DIAGNOSTIC	EMERGENCY ROOM
INPATIENT	LABORATORY TESTS	MRI
NURSES AIDE	OUTPATIENT	PATHOLOGY
RADIOGRAPHY	TRIAGE	ULTRASOUND

Wellness World 4

```
M U L E G F I E L S K P T X P Q U I B C T P D K
U Q N V J A U N H R U S U O N E V A R T N I K J
Y G C I D Q A L I N O G N K Y U L W E R A G I M
L P A T M V D O J C F H C P H N Z M C U J G X P
X H A A R X W L H W R A R M N E A O E D O X Q
S R D R R N F O Q X X R E Y Q C X J V J G S G E
P Y I E E Z E S U B E G P W B S K P E K M U B A
W P N L H K S M H N G N P A E P R S P Y R T
K F F O I D T W T E N O V B H Y D J Y R K O W
Z X U E J A K L Y H I O I F Q N Z I R X C R D O
N V S R K Q A Y A T E V I T A R E P O T S O P B
D B I P C C Y Z P N U S Y T Q G H H O N F C Q K
N F O C I L C I O A O W I U A W K M M P U T J C
X R N X H R O G V R I G O Z C A Q U Q H J C B
F Y Y R X C W E Q R O E T S L C I F X H Q S O V
O H F I S I M D R H R W H A A O A D Q J G M R R
P E P E X X C T I G U X P T P M G P E E C E S V
Z E R G D M C D A S Q H M H U H Y L M A Y U F
R P F T V D G S X W V E A Y F C C N J T N F R M
P Q K L B H X I J G T P L K A B E C M H R N G C
B I R B T X D I U E I O L T Y H F E O E C M E H
S X I M O O R Y R E G R U S C T M D P E V I R V
R Z D V Y P A R E H T Y R O T A R I P S E R Y B
W J A A M P X X P Q P T E E U H M S Q L Z L T S
```

ANESTHESIOLOGY
INTRAVENOUS
PHYSICAL THERAPY
PRESCRIPTION
SPEECH THERAPY

CATHETER
MEDICATION
POSTOPERATIVE
RECOVERY ROOM
SURGERY

INFUSION
OCCUPATIONAL THERAPY
PREOPERATIVE
RESPIRATORY THERAPY
SURGERY ROOM

Showbiz Shuffle 1

I I V V Y B Q A W V N B R F N E E R C S L

G J F S N Z F K H P L I M F N P E Q M Z W

H K E S K D P S Y S N U L A E A P W U O U

T I T I T Q J W U V B V T T W R R U R A K

V E I W F R B B T E L E V I S I O N J E K

B T L T E S E O M W M Q L S S V G N Y S W

T Y L E U D R A L L F L M B F Z R G C U W

A A E P V U O S M G Z R A X A A A M P P I

U S T C T I D S T I F B R Q A C M R Q A X

C P A G W Q S U I E N L S W D E V A H C M

G H S N R R T I D P J G Y I G D B R Q R E

Y Y A K N R E M O T E C O N T R O L Z R B

Y F A N V P A Q N W G F B O I P S Y A S

N M N U N D D B L S U Q A R L J D I G

C U H L W E X Z Y I H E D I H P H U T T U

U E L S E B L M X Y T C R L H J G W P E L

H K Q D O S R Q M Y A Y L I G R P Y L N O

Y A S Z J S G S S S L C S D E D S N X N K

Y Q V Q Q Y M O T J C N F H N S P A I A M

U J R D Z V M O R C T U O Z O P I L J G S

W O H S E M A G J E A U V Q X W V S Y M H

ANTENNA

CHANNEL

NEWS

REMOTE CONTROL

STREAMING

BROADCAST

EPISODE

PROGRAM

SATELLITE

TELEVISION

CABLE

GAME SHOW

REALITY SHOW

SCREEN

TELEVISION SERIES

Showbiz Shuffle 2

```
E  A  C  N  R  X  E  V  B  O  W  M  W  Q  Z  Y  Z  Q  D  M
Q  A  F  C  B  C  L  K  R  I  D  U  N  Y  X  X  S  Q  O  M
J  M  T  A  L  K  S  H  O  W  J  Q  R  Z  J  P  U  A  D  S
Y  A  Q  W  I  Y  B  J  K  G  R  A  B  D  T  G  U  I  L  F
H  R  D  K  R  E  W  E  I  V  K  Y  E  B  Z  S  V  F  E  Y
U  D  T  N  E  M  E  S  I  T  R  E  V  D  A  E  I  R  S  X
M  X  W  R  O  A  A  N  C  H  O  R  M  A  N  N  D  R  Z  G
U  V  N  C  S  C  T  A  W  L  R  I  L  C  V  V  L  A  W  W
V  F  T  A  R  T  H  X  V  Z  I  L  B  G  U  Y  B  X  U  Z
V  I  R  F  Y  D  E  M  O  C  L  O  E  M  H  Q  Y  U  D  T
S  W  G  D  I  A  R  O  W  A  T  E  J  N  L  R  J  L  U  S
T  D  F  U  U  E  F  F  I  O  F  M  V  Z  A  E  O  P  U  S
R  G  N  R  F  O  O  C  I  C  T  I  R  T  G  P  N  I  C  G
O  F  R  R  D  K  R  Z  B  M  X  T  N  O  A  V  M  V  Z  N
P  O  J  J  M  E  E  K  V  J  F  E  U  G  Q  W  H  F  N  I
S  S  C  G  M  M  C  S  Y  T  M  M  K  V  U  P  U  C  U  T
P  O  Y  M  P  Z  A  H  C  U  L  I  A  I  J  E  P  R  N  A
T  U  O  F  S  Z  S  B  C  E  Q  R  C  F  U  L  R  Z  E  R
Y  C  E  E  W  W  T  O  H  E  L  P  A  P  S  X  T  C  H  U
S  S  I  X  M  E  D  A  Z  U  E  X  E  P  H  O  S  T  C  L
```

ADVERTISEMENT	ANCHORMAN	COMEDY
COMMERCIAL	DOCUMENTARY	DRAMA
HOST	PANEL	PRIME TIME
RATINGS	SITCOM	SPORTS
TALK SHOW	VIEWER	WEATHER FORECAST

Showbiz Shuffle 3

```
H  Q  R  H  B  G  C  D  V  D  O  D  R  V  T  T  R  A  M  S  U  A
S  Z  D  E  Q  S  C  K  K  N  B  Q  I  D  Y  H  C  I  V  E  T  W
L  S  E  P  M  V  R  L  R  Y  B  R  H  S  V  X  J  S  R  L  T  B
S  V  B  D  W  M  V  F  O  S  M  K  X  P  U  I  R  T  Z  T  O  F
I  V  A  X  N  V  D  U  W  T  T  Q  Q  X  C  F  X  R  D  I  H  Z
L  M  X  B  M  R  O  F  T  A  L  P  G  N  I  M  A  E  R  T  S  E
T  Q  O  R  K  Z  B  S  E  T  T  O  P  B  O  X  T  A  G  B  S  C
M  B  Y  X  Z  H  M  J  N  H  I  N  R  S  N  F  A  M  S  U  B  I
R  I  I  Y  S  D  L  C  T  K  P  R  Q  X  K  X  C  I  G  S  H  V
K  E  E  F  W  C  L  O  S  E  D  C  A  P  T  I  O  N  I  N  G  R
W  X  N  T  S  A  C  D  A  O  R  B  E  V  I  L  E  G  O  I  W  E
W  C  V  B  O  P  Y  I  C  G  W  R  Y  V  K  S  A  D  I  U  Q  S
W  J  O  E  U  M  P  G  D  H  P  J  B  H  V  B  N  E  M  B  Z  G
M  M  R  Q  E  U  E  Z  A  C  D  I  O  G  D  A  D  V  N  E  V  N
M  Z  D  V  M  T  C  R  O  T  N  C  J  L  M  C  V  I  N  D  T  I
Q  S  B  V  Q  T  J  E  R  A  K  K  Z  E  G  P  U  C  U  F  D  M
Z  G  M  P  E  F  J  Q  B  W  E  G  D  M  K  S  N  E  K  S  H  A
I  G  Q  F  U  V  R  D  X  E  S  N  S  L  S  I  C  D  K  U  V  E
J  W  E  G  Q  E  F  D  E  G  O  D  F  T  M  E  N  Z  G  S  J  R
H  Y  X  Z  P  O  X  N  A  N  C  H  O  R  W  O  M  A  N  K  Y  T
R  P  G  J  G  J  E  T  S  I  Y  A  D  S  U  V  T  S  O  V  I  S
O  G  A  K  K  Z  S  Y  N  B  X  P  S  L  B  H  A  R  S  Y  O  A
```

ANCHORWOMAN	BINGE WATCH	BROADCAST NETWORK
CLOSED CAPTIONING	DVR	HDTV
LIVE BROADCAST	ON DEMAND	REMOTE
SET TOP BOX	SMART TV	STREAMING DEVICE
STREAMING PLATFORM	STREAMING SERVICE	SUBTITLES

Showbiz Shuffle 4

```
U  N  Z  N  S  Q  S  M  P  R  K  B  Y  N  J  Q  F  I  K  I
T  R  M  U  G  Y  Q  Y  D  H  J  R  H  L  D  H  O  X  H  Z
G  T  J  L  S  S  K  Q  N  C  R  O  S  S  O  V  E  R  I  O
O  N  J  P  C  E  S  I  O  D  E  A  R  P  T  S  H  U  P  A
O  L  D  C  A  G  A  I  E  D  I  D  S  C  I  S  Z  Y  R  N
J  R  N  U  W  B  S  S  E  D  H  C  H  O  I  N  M  E  G  K
Y  L  A  X  H  D  M  J  O  T  O  A  A  D  J  E  O  L  A  W
V  L  M  N  D  U  O  E  E  N  N  S  E  T  G  W  G  F  H  E
I  Q  E  F  M  G  J  L  B  N  P  T  I  X  I  P  O  G  F  I
C  A  D  A  C  I  E  C  E  O  I  R  S  P  C  O  I  N  G  V
D  D  N  P  O  V  Q  L  F  L  J  I  E  A  E  I  N  I  E  R
O  A  O  R  I  I  S  Y  L  T  G  G  U  M  C  T  X  K  W  E
I  D  O  S  V  U  H  E  V  C  Z  H  M  H  I  E  O  I  C  P
K  Y  E  M  R  H  T  L  R  A  W  T  U  I  V  E  L  L  F  Y
Y  W  D  F  W  A  A  D  W  T  Q  S  K  X  M  J  R  E  I  A
A  L  I  V  S  R  P  R  O  G  R  A  M  G  U  I  D  E  T  P
T  N  V  O  F  K  R  O  W  T  E  N  E  L  B  A  C  G  B  Q
G  A  C  E  U  Y  B  F  L  D  U  M  V  T  I  U  P  S  E  G
W  S  G  R  O  E  R  A  D  I  F  E  M  C  F  T  X  E  N  M
X  C  K  W  R  Z  J  P  Y  X  K  K  U  G  L  W  N  G  E  M
```

BROADCAST RIGHTS
CROSSOVER
PROGRAM GUIDE
SEASON PREMIERE
TELECAST

CABLE NETWORK
PAY PER VIEW
REBOOT
SPIN OFF
TELEVISE

CHANNEL SURFING
PILOT EPISODE
SATELLITE DISH
SYNDICATION
VIDEO ON DEMAND

Showbiz Shuffle 5

```
W  G  S  T  A  S  O  J  W  L  R  Q  C  E  J  Q  H  R  P  T  W  C  W
F  M  V  O  V  C  T  Z  O  D  T  H  V  G  P  X  X  Z  W  U  I  X  E
Q  Z  R  D  U  S  V  U  W  K  V  S  Z  N  M  B  P  N  Y  D  H  N  D
Z  X  S  H  N  N  C  F  D  F  P  X  D  I  D  B  T  E  F  A  P  H  J
Q  N  H  V  E  Q  D  H  R  I  R  I  Q  T  V  K  C  P  P  V  D  J  Q
S  R  L  U  W  C  P  T  E  O  O  N  L  S  C  O  H  E  W  S  W  K  K
G  N  Y  F  S  O  M  V  R  D  D  A  P  A  L  J  D  J  Q  P  A  S  K
W  P  X  E  A  B  C  I  L  A  U  N  U  C  L  U  H  T  L  E  G  S  Q
M  D  R  H  N  S  O  D  W  G  C  L  Z  D  M  C  O  H  R  C  R  B  H
V  L  Z  C  C  O  Q  E  N  Z  T  K  E  A  I  B  V  B  T  I  E  N  E
I  V  T  M  H  O  M  O  B  F  I  B  O  O  R  E  L  Z  S  A  G  R  F
E  W  H  A  O  B  S  E  P  J  O  K  H  R  K  A  N  U  C  L  N  J  L
T  N  F  Q  R  E  M  D  V  A  N  S  F  B  I  U  T  C  K  E  A  W  J
E  A  W  F  M  J  O  I  X  H  J  W  X  C  H  O  Q  D  E  F  H  Y  S
P  F  R  E  I  G  L  T  Z  F  J  E  R  I  N  M  V  C  R  F  F  K  H
R  D  H  L  K  K  O  I  Y  A  Z  E  L  L  X  J  X  L  P  E  F  U  F
A  T  D  Q  I  Q  C  N  Q  A  M  P  C  B  S  V  Z  H  M  C  I  L  W
C  E  R  L  G  E  D  G  T  M  U  S  O  U  I  W  C  S  E  T  L  T  O
D  Y  P  X  K  Z  B  P  O  R  H  W  Q  P  R  U  I  S  N  S  C  F  U
E  I  O  Q  J  W  P  C  T  I  K  E  V  G  X  A  D  N  C  A  R  B  Y
R  A  T  I  N  G  S  S  Y  S  T  E  M  Q  S  X  T  O  O  R  K  H  C
I  L  I  J  V  F  M  J  F  C  F  K  R  B  K  N  V  E  O  M  A  D  W
R  E  T  P  M  O  R  P  E  L  E  T  W  Y  J  T  K  B  A  Q  F  R  N
```

CLIFFHANGER	COMMERCIAL BREAK	NEWS ANCHOR
PUBLIC BROADCASTING	RATINGS SYSTEM	RED CARPET
SOUNDTRACK	SPECIAL EFFECTS	STUDIO AUDIENCE
SWEEPS WEEK	TELEPROMPTER	THEME SONG
TV PRODUCTION	TV SCHEDULE	VIDEO EDITING

Showbiz Shuffle 6

```
K F H Y M Z Z N U V D N J M N T G Z X Z C D X P
K C R N U N X U H C U L D E V S H I F A N R Z
L R F E Y E O A B R D W B M G Q U K B N B G A B
Z H O W V X C C O M B E T V J O U R N A L I S M
U G L W D W A N S V Q N H F N S M E F F E S V O
I O R E T N E S E R P V T E F N T I T O B E N I
A Y W W L E C I H I G O I I B N Q E I I O D J X
Y J I K Z Y N M J R D B S X A Z O Z E O X T Z J
J F E T O G L V T Q C U R L G B S W R Z M E A I
I E P E T K Q W T A P S A O T A S J O P H S L N
E F G B R O A D C A S T T O W E R A P G Q X B N
S O A E T P W E G N I T H G I L O I D U T S Y R
N W C L H B S R L G N F F E D D R G V K G E C V
C G O U H G M S I L D E Q W P C U H U D X R U Y
Y Q G W G Z R D H C R Y E P V O H T D D X I D N
E B R O A D C A S T J O U R N A L I S M V E T W
V Q Y I P Y P N Z U U C G C L K T D E U S V K
C C C P B O K Z N Y A E A H K S Z S Q E V F C G
H S U E S O U N D S T A G E B P N W V D D I I M
K S H H P E V H I J I B R R U R E E N N T N L Q
Y X H P W P D Z A O Q P C B A Z Y X E X T A X P
C Y J H S T N E V E D E S I V E L E T R U L J S
U L Q N J N O I T C U D O R P O E D I V G E X R
K O F U G N U O A A H E Y R Z E O F Y S H Q U M
```

BROADCAST JOURNALISM
DIGITAL ANTENNA
SERIES FINALE
STUDIO LIGHTING
TV NETWORK

BROADCAST TOWER
GREEN SCREEN
SET DESIGN
TELEVISED EVENT
TV PRESENTER

CABLE BOX
LIVE STUDIO AUDIENCE
SOUNDSTAGE
TV JOURNALISM
VIDEO PRODUCTION

Showbiz Shuffle 7

```
S  D  Q  M  M  U  N  T  C  H  D  P  K  N  M  K  P  C  A  G  R  D  U
U  I  K  A  T  H  N  P  U  T  G  M  R  A  N  R  N  Z  H  J  A  O  E
Y  Y  S  G  W  E  B  I  M  V  K  G  M  O  H  W  U  T  C  O  S  Q  O
G  S  T  J  A  V  L  U  T  I  C  E  G  X  H  T  R  O  J  R  W  Z  M
G  T  B  W  Z  D  N  E  L  E  I  N  R  X  A  C  M  T  B  E  P  S  O
Q  Q  E  M  H  T  Y  V  V  O  L  N  O  L  Z  M  N  L  L  A  N  R  S
C  P  B  L  S  P  B  A  K  I  L  L  K  W  E  U  C  A  H  L  F  G  U
S  F  R  K  E  C  W  E  S  A  S  S  U  R  F  J  P  W  V  I  X  O  O
K  M  O  M  W  V  B  Q  O  I  H  E  C  B  Y  E  V  T  E  T  Y  O  O
O  V  A  T  E  F  I  W  M  O  J  I  D  F  S  C  X  C  V  Y  L  Q  A
W  K  D  P  B  G  G  S  W  K  A  U  J  I  Q  W  A  X  O  C  Z  B  E
K  F  C  P  I  U  A  H  I  L  X  O  C  H  N  G  E  U  I  O  O  K  T
I  B  A  O  R  G  O  R  A  O  T  P  T  O  G  T  T  N  C  M  H  R  Q
D  E  S  I  B  S  Y  D  E  R  N  K  A  U  J  M  E  Z  E  P  R  S  O
B  E  T  D  T  W  S  N  O  V  F  R  T  S  H  Q  D  R  O  E  H  L  U
W  B  D  U  E  Z  A  G  F  N  O  P  A  D  B  F  Q  E  V  T  U  T  S
P  N  E  T  W  O  R  K  E  X  E  C  U  T  I  V  E  O  E  I  G  X  E
J  J  L  S  R  A  P  K  H  K  X  T  A  Q  I  R  E  D  R  T  E  J  K
P  R  A  V  X  B  V  E  N  M  B  C  C  I  C  N  C  I  C  I  D  W  I
J  N  Y  T  X  S  M  Y  F  G  Z  R  B  F  D  W  G  S  L  O  U  O  D
I  G  S  C  R  I  P  T  W  R  I  T  I  N  G  E  K  S  Z  N  R  G  C
R  Q  Z  J  R  O  T  I  N  O  M  V  T  B  S  V  M  T  K  U  Q  D  A
E  A  P  G  A  T  R  S  D  E  H  E  K  Y  A  L  P  E  L  E  T  E  P
```

BROADCAST DELAY   COMMERCIAL ADS   MEDIA COVERAGE
NETWORK EXECUTIVE   NEWS BULLETIN   REALITY COMPETITION
SCRIPT WRITING   TALK SHOW HOST   TELEPLAY
TELEVISED INTERVIEW   TELEVISION RATINGS   TV ANCHOR
TV MONITOR   TV STUDIO   VOICE OVER

Showbiz Shuffle 8

```
Q  R  K  S  E  D  R  O  H  C  N  A  S  W  E  N  Y  S  H  M  M  S  F
M  W  O  T  Z  N  A  B  Z  E  T  V  D  R  A  M  A  M  E  H  L  D  U
E  D  E  V  A  E  C  N  S  P  T  B  A  N  P  N  T  D  A  H  A  Q  Q
S  F  S  D  T  H  W  W  O  H  S  Z  I  U  Q  V  T  H  T  R  F  B  V
Q  E  N  O  P  V  C  W  X  I  K  E  W  C  S  D  Q  Y  E  S  A  D  U
L  S  E  C  R  V  B  I  A  M  T  T  B  I  Y  J  K  M  E  N  L  X  Q
E  G  C  U  B  P  L  R  X  F  Q  E  M  Q  B  D  O  U  X  J  A  X  Z
G  N  I  M  M  A  R  G  O  R  P  K  R  O  W  T  E  N  T  U  A  K  F
S  I  L  E  G  T  X  M  J  A  S  U  M  C  E  H  G  M  U  H  E  S  K
U  T  T  N  S  P  V  X  L  U  D  Q  E  P  S  G  U  K  O  Q  D  I  I
B  A  S  T  A  O  G  P  R  F  F  C  R  N  V  I  N  V  C  C  S  W  X
Z  R  A  A  W  A  D  A  E  B  L  O  A  E  I  Y  D  Y  P  P  V  O  O
Y  R  C  R  I  Q  B  H  W  R  D  N  T  S  M  L  A  R  W  S  Y  T  H
I  E  D  Y  Y  U  G  E  U  U  S  O  P  J  T  W  L  U  E  F  B  B  R
U  W  A  L  E  D  B  Q  C  Y  W  O  H  W  P  Q  A  E  X  W  T  H  B
L  E  O  J  R  Y  J  T  E  Z  H  D  N  B  H  L  X  T  N  K  E  B  A
V  I  R  N  B  C  I  O  D  P  U  L  I  A  X  Y  I  V  J  N  E  I  I
G  V  B  Y  O  O  U  S  T  C  S  L  F  Y  L  W  U  U  C  I  A  Z  V
H  D  R  Z  N  H  S  J  S  Y  I  P  Z  Z  H  I  U  C  Q  U  C  H  X
F  P  R  M  E  L  U  D  E  H  C  S  K  R  O  W  T  E  N  L  R  T  C
K  W  K  K  A  C  Q  L  R  E  K  X  H  U  V  S  O  Y  K  G  U  O  N
U  O  J  O  G  O  L  K  R  O  W  T  E  N  V  T  K  P  D  B  F  K  E
V  Z  Y  W  T  U  X  S  A  X  B  W  E  B  G  I  G  S  M  Q  J  J  P
```

BROADCAST LICENSE	CHANNEL LINEUP	NETWORK PROGRAMMING
NETWORK SCHEDULE	NEWS ANCHOR DESK	REMOTE PRODUCTION
TV BROADCAST	TV COMEDY	TV DOCUMENTARY
TV DRAMA	TV NETWORK LOGO	TV PERSONALITY
TV QUIZ SHOW	VIEWER DISCRETION AD	VIEWER RATINGS

Showbiz Shuffle 9

```
Z  J  N  U  E  J  I  E  B  Y  O  Y  M  P  I  F  F  E  N  H  W  X  S  B
E  U  M  O  T  R  Z  A  L  B  T  E  J  Z  K  Z  E  G  O  O  O  P  N  Z
T  M  C  S  I  S  E  S  N  G  G  M  E  E  S  A  F  I  U  Y  B  R  F  E
F  V  X  A  E  T  F  I  T  P  Z  L  O  I  K  T  P  E  E  P  Y  O  O  C
T  M  N  T  R  A  P  E  M  R  G  N  I  M  A  E  R  T  S  O  E  D  I  V
A  O  T  E  L  E  V  I  S  E  D  A  W  A  R  D  S  H  O  W  W  U  Y  M
M  N  X  L  W  F  A  N  R  U  R  K  D  Q  T  E  T  H  G  E  C  G  G
R  B  M  L  S  O  Z  V  C  X  P  O  W  T  X  R  H  Q  R  R  T  R  S
O  C  L  I  T  Z  R  U  I  T  S  Z  S  C  A  O  H  O  M  X  C  I  Y  M
F  X  C  T  T  B  C  O  F  S  N  B  A  E  F  K  N  S  G  Y  N  O  A  I
W  W  Z  E  G  Z  T  W  O  N  O  E  U  K  I  H  K  N  W  N  O  N  B  Z
O  J  M  S  U  M  Y  K  Q  M  I  J  M  S  E  R  L  F  C  L  I  B  Y  M
H  Y  Y  I  U  J  X  U  Z  T  F  C  H  G  E  Y  E  N  A  X  T  U  C  Y
S  C  O  G  O  R  C  X  D  W  Q  W  G  J  E  L  Y  S  D  E  C  D  V  A
K  Z  H  N  S  I  T  C  O  M  R  E  R  U  N  S  B  V  V  W  U  G  F  M
L  A  U  A  T  X  D  R  G  J  L  V  T  A  T  T  S  A  U  T  D  E  Z  W
A  P  Q  L  K  S  E  Y  F  J  P  P  M  H  I  B  B  W  C  R  O  T  N  H
T  W  E  I  V  R  E  T  N  I  N  O  I  S  I  V  E  L  E  T  R  Y  H  E
R  C  O  N  A  I  R  P  E  R  S  O  N  A  L  I  T  Y  X  N  P  B  P  T
Z  Q  V  G  Z  W  M  F  S  Y  P  Y  B  S  N  O  R  X  V  L  V  D  F  J
D  D  X  Y  D  W  E  D  I  U  G  M  A  R  G  O  R  P  V  T  T  T  U  Y
X  Z  I  F  L  G  T  S  T  G  U  M  I  J  C  G  T  F  P  V  A  D  I  J
D  C  T  O  V  R  H  X  Z  J  V  G  F  A  P  O  K  T  I  T  U  U  T  A
U  J  K  P  U  W  W  O  E  T  A  B  E  D  D  E  S  I  V  E  L  E  T  V
```

CABLE SUBSCRIPTION

SATELLITE SIGNALING

TELEVISED AWARD SHOW

TV NEWS SEGMENT

TV PROGRAM GUIDE

ON AIR PERSONALITY

SITCOM RERUNS

TELEVISED DEBATE

TV NEWSROOM

TV SERIES PREMIERE

PRODUCTION BUDGET

TALK SHOW FORMAT

TELEVISION INTERVIEW

TV PRODUCTION CREW

VIDEO STREAMING

Showbiz Shuffle 10

```
D  C  N  A  O  X  S  R  O  T  A  R  E  P  O  A  R  E  M  A  C  V  T
B  O  C  A  M  G  O  O  S  D  E  G  N  O  Y  H  T  V  Z  S  G  Q  K
F  X  P  B  T  G  I  T  H  V  I  G  L  X  M  N  J  I  P  J  A  D  C
B  N  G  I  S  E  D  C  I  H  P  A  R  G  V  T  T  T  G  L  B  G  N
X  M  P  C  O  W  V  E  V  K  T  J  L  R  Q  E  V  U  R  B  K  M  V
L  V  X  I  H  G  E  R  V  O  A  I  L  X  Y  W  T  C  A  V  S  U  D
K  U  X  S  W  P  K  I  E  R  L  W  H  C  O  K  I  E  Q  L  S  R  K
Q  L  Z  U  O  V  O  D  E  E  E  G  D  T  U  Q  Z  X  R  M  D  U  F
U  E  F  M  H  Z  T  L  C  N  N  K  X  V  X  R  A  E  I  H  N  J  Y
B  E  Q  E  S  Q  E  A  I  N  T  A  Y  F  O  B  G  K  W  Z  E  I  Z
Y  L  J  M  E  O  L  I  F  U  C  M  H  Q  R  E  P  R  T  I  R  I  M
K  X  C  E  M  L  U  C  M  R  O  K  W  K  I  F  E  O  Z  U  T  H  H
O  X  B  H  A  K  Q  R  R  W  M  F  T  I  X  A  X  W  R  Y  Y  P  K
Z  C  C  T  G  M  E  E  T  O  P  H  R  Z  L  K  P  T  S  I  R  G  S
T  J  Y  V  V  Q  W  M  V  H  E  X  I  I  C  P  A  E  C  A  T  O  I
M  T  W  T  A  A  M  S  S  T  N  T  T  I  U  O  N  R  B  S  P  T
I  M  I  N  W  U  V  O  C  V  I  Y  K  W  T  I  U  V  Y  O  U  Q  I
O  T  V  D  V  E  M  C  R  T  T  W  D  H  R  M  Z  T  X  H  D  V  F
F  U  S  X  P  Q  X  B  E  V  I  A  X  O  S  S  E  Y  V  L  N  F  E
O  R  B  F  E  G  A  R  E  V  O  C  S  T  R  O  P  S  E  V  I  L  O
N  R  V  V  L  Q  W  N  X  N  U  H  V  L  N  I  B  W  S  V  K  Z
V  U  T  V  A  D  A  G  E  N  C  Y  L  S  V  A  A  Q  Q  Y  T  N  I
X  Z  E  S  D  B  R  O  A  D  C  A  S  T  S  P  O  N  S  O  R  G  N
```

BROADCAST SPONSOR	COMMERCIAL DIRECTOR	DIAL
LIVE SPORTS COVERAGE	REALITY TV	TALENT COMPETITION
TV AD AGENCY	TV CAMERA OPERATOR	TV GAME SHOW HOST
TV GRAPHIC DESIGN	TV INDUSTRY TRENDS	TV NETWORK EXECUTIVE
TV SCREEN	TV SHOWRUNNER	TV THEME MUSIC

Math Magic 1

```
A  A  P  K  D  B  F  Y  J  J  V  K  O  V  V  B  D  O  R
U  H  N  T  N  A  T  S  N  O  C  X  R  J  R  O  P  T  X
H  P  Y  O  T  K  O  X  E  G  E  O  M  E  T  R  Y  C  V
A  H  R  G  I  B  W  Z  I  P  O  Y  B  G  N  R  N  B  D
Z  B  N  O  I  T  I  D  D  A  H  M  O  A  I  H  F  E  F
G  B  U  X  B  K  C  N  K  H  U  A  U  V  X  F  U  E  N
O  E  Z  K  J  A  S  A  A  N  K  D  H  K  O  U  U  H  S
D  P  V  R  F  C  B  N  R  D  E  K  U  X  X  M  B  M  C
C  E  J  D  M  A  J  I  M  F  R  X  S  L  B  T  J  S  I
T  Z  Z  D  J  L  A  M  L  A  L  G  E  B  R  A  C  M  T
N  O  I  T  A  C  I  L  P  I  T  L  U  M  U  R  A  I  S
G  O  I  V  D  U  M  S  U  B  T  R  A  C  T  I  O  N  I
K  A  I  J  E  L  W  M  N  W  R  Y  J  E  S  T  C  O  T
A  K  U  S  C  U  R  E  L  V  Y  F  P  P  L  H  P  I  A
A  O  P  M  I  S  Z  F  V  J  W  G  T  H  O  M  D  T  T
H  R  V  P  M  V  B  M  J  D  D  X  P  G  W  E  Q  A  S
Z  E  A  H  A  J  I  A  W  H  R  S  D  S  L  T  Y  U  S
X  T  E  J  L  U  X  D  S  I  T  A  X  Y  R  I  V  Q  R
K  L  L  E  J  O  D  C  P  P  E  N  W  P  W  C  Z  E  W
```

ADDITION

CALCULUS

DIVISION

GEOMETRY

PROBABILITY

ALGEBRA

CONSTANT

EQUATION

MULTIPLICATION

STATISTICS

ARITHMETIC

DECIMAL

FRACTION

NUMBER

SUBTRACTION

Math Magic 2

```
S  D  N  V  N  A  C  G  Y  E  R  W  H  L  H
Q  D  A  I  F  U  D  R  N  P  X  C  J  M  C
U  C  A  N  I  P  C  A  E  V  X  E  J  Y  W
A  L  P  O  U  E  G  P  L  T  P  X  F  W  D
R  O  E  I  T  R  D  H  G  S  R  A  V  S  B
E  G  F  T  O  C  E  K  N  O  O  Y  R  S  O
F  A  X  C  E  E  X  K  A  C  P  D  H  G  X
P  R  J  N  N  N  P  T  I  K  O  Z  A  X  S
L  I  G  U  I  T  O  O  R  E  R  A  U  Q  S
E  T  D  F  L  L  N  I  T  R  T  K  X  B  E
I  H  I  B  D  H  E  V  A  R  I  A  B  L  E
G  M  W  E  T  A  N  I  D  R  O  O  C  U  B
C  A  F  B  N  Q  T  J  M  S  N  R  E  K  W
U  V  Z  N  Z  G  V  K  A  F  I  L  D  H  W
U  L  W  J  O  I  T  A  R  C  Y  Y  I  L  H
```

ANGLE	CIRCLE	COORDINATE
EXPONENT	FUNCTION	GRAPH
LINE	LOGARITHM	PERCENT
PROPORTION	RATIO	SQUARE
SQUARE ROOT	TRIANGLE	VARIABLE

Math Magic 3

```
E  P  N  C  N  J  Z  Y  E  U  E  G  P  I  M  Y  U  E  N  H  S  K  G
T  R  O  T  C  E  V  L  T  R  M  E  E  W  V  Y  Q  C  M  W  I  F  X
E  C  E  L  F  M  G  H  M  I  U  P  Q  K  D  U  H  L  R  J  X  R  T
S  P  Y  T  Y  A  L  A  P  T  L  H  J  W  M  Q  A  N  A  B  E  C  U
N  M  H  X  K  G  S  C  D  C  O  A  L  F  H  B  O  S  B  N  B  F  L
B  R  M  A  Q  W  O  J  O  L  V  E  U  J  G  A  G  U  S  Z  Q  H  Z
J  G  Q  S  F  W  S  N  D  X  F  E  I  Q  Z  B  S  E  O  V  Y  A  O
R  A  N  N  K  U  K  D  Y  W  M  J  Y  X  E  P  H  C  L  E  O  O  P
S  B  Y  O  O  A  W  W  H  R  S  T  D  V  H  N  O  U  U  H  T  H
Q  T  D  I  G  G  S  U  E  D  N  T  N  W  M  I  Y  T  O  S  T  F
O  S  T  T  J  R  E  B  M  U  N  X  E  L  P  M  O  C  E  V  C  H  S
J  F  U  A  W  N  P  D  H  M  X  N  B  O  B  O  Q  U  V  O  M  S  P
F  G  H  R  U  I  W  T  C  X  I  E  S  S  B  I  D  S  A  P  F  R  Z
T  V  O  E  F  K  S  O  F  D  R  I  A  E  Z  M  S  I  L  J  I  D  V
W  C  C  P  T  A  D  K  W  O  T  N  O  I  Q  E  T  C  U  M  P  T  Y
D  B  E  O  C  D  C  F  X  E  A  X  S  R  A  U  X  B  E  J  E  L  M
C  Y  A  F  K  K  A  E  N  O  M  X  S  E  Q  O  E  N  L  R  F  W  W
Z  M  U  O  A  H  I  U  A  D  R  J  R  S  Z  U  U  N  V  Z  P  N  B
D  W  L  R  I  I  M  B  E  R  E  K  N  Z  G  M  K  T  C  J  N  B  Y
E  D  B  E  B  B  E  Z  Z  T  E  Z  U  O  B  F  Z  H  I  E  X  A  V
U  R  I  D  E  V  E  G  F  P  B  A  E  E  L  G  N  A  T  C  E  R  L
U  Q  N  R  Y  D  M  K  P  M  I  E  R  E  V  G  C  V  B  K  S  O  M
L  P  N  O  I  T  A  Z  I  R  O  T  C  A  F  E  M  I  R  P  V  L  D
```

ABSOLUTE VALUE	COMPLEX NUMBER	COMPOSITE NUMBER
INEQUALITY	MATRIX	ORDER OF OPERATIONS
POLYGON	PRIME FACTORIZATION	PRIME NUMBER
RECTANGLE	SEQUENCE	SERIES
SURFACE AREA	VECTOR	VOLUME

Math Magic 4

```
Q L O P O J V N W W C N O I T A T U M R E P P X
X K X U I F C N O I T A N I B M O C Q O U W H A
L X G R E Y N O Q I D Z B R P S S E P S Y I L B
C M D X R B J O B N T C X V S F G Y I R X F B
E O W M E R O E H T N A E R O G A H T Y P N V P
Q N N T Q L O F Q V U A M U Z E G N G E A X P
U K Y G D B G N F H L S H R Z W G M I U U M L H
I R I I R S M N I O K T E W O T Z O W W B P F S
L Y J L A U I N A O N F G A L F X G L L N B R Y
A M R F C X E M V I S I K M N B S S K E X S I A
T L L F F O R N I A R A J G N G E N P V E Y G G
E T Q C F K J G T L M T C P F E L Q A V O N H K
R F S I E L F V J T A U S U Q P X E R R I N T X
A S P J M J F R U F R R K E T D E N L S T J A W
L U A N B Z S D I G I T T L E H W N X U B N A
T K W F F Z T X I E O U A R F E A N Y E M B G Q
R A W T D M F R O F L J B N I W C N T E M R L N
I T N O Z J V H Z R E V J G G A Z S G A L D E H
A N I G P L T O E B L X I B J L N V O L E Q S N
N X Z L E K M M P Z L N F V M X E G Z S E R Q I
G E K E D N P B A E A D O K G L B S L J I E X T
L V G K I E T U R B R Q Z K Y P L O O E R D Z S
E X W B N F S T L A K D I H K I D K T S Z P E
U W H E K J J Z Q X P P X V J N U E V L J L Y V
```

ACUTE ANGLE
EQUILATERAL TRIANGLE
PARALLELOGRAM
RHOMBUS
TANGENT

COMBINATION
ISOSCELES TRIANGLE
PERMUTATION
RIGHT ANGLE
TRANSFORMATION

CONGRUENT TRIANGLES
OBTUSE ANGLE
PYTHAGOREAN THEOREM
SIMILAR TRIANGLES
TRAPEZOID

Math Magic 5

```
O B F W O U T A R T B N G W C J C Y F O I N V Z
Y S S R E B M U N L A E R S D M G Y Z U V K C I
P J T Y W N Y P J L P A Q D W C E Q K I H I M W
X T D L V H A O I V B O H I O R F Y X I U M E A
T S X U Z Y T L B P I M X S N W L S K S Z A K D
U N F O W S S Y P O Z I I C E M M Y W R N G F T
C Y U H K M N O X Q N E R C G L S H E O I T G
P O F M S T C O T J E K M E X T R T A B I N K R
H W N S N P T M I E W L K T T E C E B M T A L T
W I Q T F R H I Q A U W P E B Q W M S U A R S P
R U Q O I X Q A I V M L M M B U D O O N U Y N T
T T U M T N L L R L M H U A O K T F L L Q N F A
I H W W I J U S U R A N R T U C V E U A E U V W
D B M N B G M O N X L A S H S D M Q T N R M A H
W W O E I U G O U A B M J E N Q O U E O A B M L
S T X M I X D B N S Z F L M M O V A M I E E Z K
G Z I F F N E O K N F L R A Y F K T I T N R S C
O O X F N R I K P K X U V T R I C I N A I S V J
C S I N E T Z M V P J T N I Q Q U O I R L I B U
U K D Z A C I J T N D J Q C O W P N M J E Y Q A
B B T R O U G H A Z K W P S T C W S U L G P K S
T D R S A B S O L U T E M A X I M U M X G U N K
H I T Y Q O Y W J V L A B O F O O Y U M K J O Z
H Q U A D R A T I C E Q U A T I O N C L R Z A R
```

ABSOLUTE MAXIMUM
CONTINUOUS FUNCTION
IMAGINARY NUMBERS
POLYNOMIALS
REAL NUMBERS

ABSOLUTE MINIMUM
COSINE
IRRATIONAL NUMBERS
QUADRATIC EQUATION
SINE

COMPLEX PLANE
DISCRETE MATHEMATICS
LINEAR EQUATION
RATIONAL NUMBERS
SYSTEM OF EQUATIONS

Math Magic 6

```
E  I  W  M  J  W  H  I  I  W  X  L  N  T  K  B  C  A  W  C  O  J
A  Y  M  R  V  S  K  W  I  F  B  Y  S  A  P  G  K  Z  O  D  N  J
O  M  T  Q  C  J  K  R  E  L  B  A  T  H  T  U  R  T  Z  A  M  D
N  P  P  C  O  M  K  X  G  W  V  B  A  T  J  B  A  B  E  P  Z  Y
A  H  R  K  I  A  A  Y  N  V  R  U  N  W  Z  T  S  Y  Q  Z  I  M
D  V  C  O  Y  R  V  J  A  X  V  Q  D  J  D  U  E  O  D  M  I  X
Q  R  U  Y  B  G  X  C  R  V  Q  F  A  P  Q  M  L  E  I  W  C  C
N  R  M  R  L  A  B  U  I  D  Y  B  R  P  A  C  B  R  A  L  R  B
F  Q  E  E  R  I  B  G  A  G  R  M  D  Z  O  K  A  K  U  A  M  I
W  Q  D  Z  A  D  N  I  R  F  O  U  D  N  M  Y  I  W  B  I  F  T
P  H  I  E  K  N  J  D  L  D  E  L  E  U  R  N  R  T  O  A  Y  T
B  E  A  V  T  N  K  Z  E  I  H  K  V  E  N  T  A  P  T  O  J  H
S  E  N  T  E  E  B  O  S  R  T  V  I  V  S  I  V  S  T  Y  E  I
Z  M  W  K  R  V  S  L  V  V  T  Y  A  S  C  A  M  D  U  U  K  N
C  D  K  E  G  P  V  J  Y  P  E  N  T  N  D  S  O  V  B  H  L  F
F  D  H  N  I  Q  C  X  Y  H  S  E  I  H  W  Y  D  B  F  F  U  Z
R  P  A  C  I  R  C  L  E  T  H  E  O  R  E  M  N  D  T  Z  R  R
S  H  Q  M  X  D  U  D  D  E  E  P  N  R  I  O  A  S  J  F  K  A
D  F  S  X  E  I  O  W  C  I  M  O  E  R  H  V  R  N  V  A  J  G
W  P  Y  N  E  V  V  C  W  H  S  J  R  M  W  L  K  Y  L  A  X  X
J  F  N  Y  W  P  D  J  C  E  R  L  K  Z  G  O  N  E  L  K  V  X
O  Q  M  U  N  S  S  R  D  N  M  D  M  S  G  S  O  Y  N  B  U  P
```

CIRCLE THEOREM	CONE	CYLINDER
LOGIC	MEAN	MEDIAN
MODE	PROBABILITY THEORY	RANDOM VARIABLES
RANGE	SET THEORY	SPHERE
STANDARD DEVIATION	TRUTH TABLE	VENN DIAGRAM

Math Magic 7

```
S O S S L H Y E N W K Q H F V E I Y H E M F R P
N O Y B V E C T O R C A L C U L U S I Q P A X C
I J E C M J D G I A F A K H E X A N T B I E Y Y
D Q F U I M Y U T L H I D P Y F T M V J V N C D
E V V B K D Q E C F A T N H M E T A I I O S S W
E X Y F R H N N N K V N Q T G M I F T D Q N T C
Y X S D D N E B U O Y X I R E M F A L M E N I B
M W P V G V U Q F Z E G A D H R V O K K R G M N
G G Q O R C L T C K N L U K R I S F O Y J X I W
S B Y B N E A A I C D D T D R A Y E X R Q Y L F
I V S Y B E V O M R S T Y E Z I C C C W P X V U
I X C Z L Y N U H U T R D T B Z D L C T U E G T
O P W K R O E T T E E A Q E S N G K Y F I T B S
X Z J D P N G W I W I U P R I U A J T I T O Z Z
D Y A Q Y O I I R A K G V M N X J U I I T I N C
X F T H C G E V A N L N E I N V A G L N Y D U Z
O Z V J R S Y E G A B F O N Z Q H O U C J H Q N
H W V B A J X T O R S N U A V B E Z N O D V I M
R D P G S C I W L L A U B N F E P Q F V L P P I
M Y M E M N R T F N T D Z T C L C X X C Q H P P
M E G M X E E B B B Z R H F F T O T T Q G K S P
W S Z O V I U B H N Q D I S H O I M O Q K A A H
E C K X I C O M P L E M E N T K F O H R Q I B T
N B I N O M I A L C O E F F I C I E N T B E J D
```

BINOMIAL COEFFICIENT
DERIVATIVE
EIGENVECTOR
INTERSECTION
PROOF

CARDINALITY
DETERMINANT
EXPONENTIAL FUNCTION
LIMITS
UNION

COMPLEMENT
EIGENVALUE
INTEGRAL
LOGARITHMIC FUNCTION
VECTOR CALCULUS

Math Magic 8

```
V  O  V  B  C  S  N  O  I  T  C  E  S  C  I  N  O  C  W  J  J  Y  A
S  S  S  P  W  I  V  H  V  A  M  A  S  A  D  C  L  C  D  A  J  P  K
X  E  C  N  E  A  O  M  G  S  X  Y  B  L  L  E  E  V  C  K  C  C  H
N  L  R  I  W  H  N  W  S  O  S  J  L  P  R  I  K  T  J  O  L  F
K  L  C  C  H  J  A  M  O  E  T  D  D  J  F  U  L  H  C  O  M  I  Q
D  I  D  F  A  C  T  O  R  I  A  L  U  S  T  X  S  H  U  I  B  N  J
A  P  A  R  A  B  O  L  A  R  T  I  C  D  K  X  X  K  P  O  I  E  I
O  S  Z  Q  R  K  W  S  G  E  K  C  F  S  H  M  K  X  N  E  N  A  Z
M  E  I  L  B  S  N  E  Z  S  R  S  N  M  U  M  F  A  T  J  A  R  L
R  U  A  S  E  A  Y  T  N  D  J  C  H  U  E  F  C  H  V  R  T  P  W
N  J  F  S  G  T  B  A  V  N  Y  E  H  K  F  C  G  Y  N  O  O  R  T
U  O  P  N  L  D  F  G  N  A  H  V  T  J  I  E  E  P  J  H  R  O  N
H  T  I  H  A  P  X  C  W  S  X  K  C  S  W  U  S  E  R  T  I  G  I
K  Z  S  T  N  R  O  I  R  E  T  C  E  T  A  W  B  R  C  D  C  R  C
S  Z  S  O  A  T  B  G  H  C  H  Q  U  B  E  P  P  B  E  N  S  A  B
S  Y  X  U  E  T  D  O  S  N  U  X  W  B  A  H  S  O  Y  V  G  M  X
E  O  G  O  L  O  O  L  D  E  V  Y  T  R  W  P  Z  L  A  P  N  M  S
M  X  X  B  O  U  W  N  N  U  R  B  N  G  D  F  S  A  R  H  C  I  N
F  R  Q  N  O  T  D  C  T  Q  N  G  T  E  S  X  F  P  P  T  I  N  B
I  Q  S  V  B  M  E  O  D  E  K  J  Q  M  N  W  S  L  Z  J  I  G  T
B  T  W  K  H  K  O  D  M  S  S  E  S  D  X  K  H  S  H  X  N  Q  J
V  W  Y  S  Q  L  E  E  N  A  L  P  E  T  A  N  I  D  R  O  O  C  K
I  M  R  X  E  C  J  S  E  A  N  C  P  R  S  F  L  J  E  J  U  L  O
```

BOOLEAN ALGEBRA

COMBINATORICS

CONIC SECTIONS

COORDINATE PLANE

ELLIPSE

FACTORIAL

FIBONACCI SEQUENCE

HYPERBOLA

INVERSE FUNCTION

LINEAR PROGRAMMING

LOGIC GATES

MODULUS

PARABOLA

SEQUENCES AND SERIES

SET NOTATION

Math Magic 9

```
I  N  A  E  M  C  I  R  T  E  M  O  E  G  F  R  D  V  S  J  J  W  U  H
Y  I  F  C  E  Y  C  R  Y  Q  N  F  H  I  S  U  Q  U  P  A  V  H  Y  G
R  O  E  S  O  P  S  N  A  R  T  J  N  N  J  Z  Q  D  U  A  R  J  T  F
D  M  B  Q  J  F  Z  U  E  J  A  V  O  V  G  J  Z  X  E  N  U  M  X  L
J  Z  Y  P  U  K  M  W  T  S  E  I  N  E  V  E  I  N  X  J  W  Y  Q  T
Z  U  H  V  P  E  P  K  J  R  T  W  Q  R  R  P  R  D  N  J  P  N  G  P
T  Y  S  I  R  X  U  S  S  R  Y  J  Z  S  K  W  W  F  J  K  W  N  P  H
E  U  B  U  S  S  K  E  O  G  A  R  B  E  G  L  A  X  I  R  T  A  M  R
A  A  L  W  S  P  M  P  M  B  A  B  V  V  M  O  G  N  H  E  N  K  E
N  I  L  X  Z  A  O  A  G  H  R  C  A  A  A  G  H  T  C  D  A  W  E  F
J  U  A  R  T  R  B  N  Z  F  T  D  U  R  Z  F  P  C  F  O  O  A  L  Q
K  M  K  R  P  W  I  A  O  U  J  S  P  I  R  M  A  M  L  O  D  H  F  X
N  O  I  T  A  U  Q  E  E  N  I  T  N  A  H  P  O  I  D  V  P  U  Q  W
K  X  E  T  I  J  Y  M  T  P  C  U  C  T  U  G  B  E  Z  V  D  K  V  U
V  X  Y  J  I  P  S  C  N  O  I  T  A  I  R  A  V  T  C  E  R  I  D  Y
F  J  D  C  Q  X  M  I  K  O  A  M  E  O  E  M  L  K  K  K  E  E  O  V
Q  X  L  W  Q  N  P  N  B  L  S  N  L  N  X  E  C  T  Q  R  G  R  Y  B
G  S  Z  D  R  V  K  O  S  O  O  M  E  O  V  T  C  X  S  W  N  G  I  I
L  C  Q  I  A  A  N  M  B  P  U  E  O  E  W  H  K  U  P  I  O  M  B  P
W  L  E  S  A  I  T  R  S  W  N  W  H  Y  K  E  K  I  B  L  T  G  A  G
U  R  I  Q  L  K  E  A  K  M  C  H  T  H  Q  O  R  F  O  R  C  G  O  J
Y  E  F  Y  R  O  E  H  T  R  E  B  M  U  N  R  V  P  Z  Y  Z  F  R  B
Q  D  E  C  R  Y  P  T  O  G  R  A  P  H  Y  Y  Y  O  T  V  B  F  B  I  B
V  K  U  L  M  N  A  E  M  C  I  T  E  M  H  T  I  R  A  P  K  R  Q  Q
```

ARITHMETIC MEAN
DIRECT VARIATION
GEOMETRIC MEAN
INVERSE VARIATION
PROPORTIONS

CRYPTOGRAPHY
FRACTALS
HARMONIC MEAN
MATRIX ALGEBRA
TOPOLOGY

DIOPHANTINE EQUATION
GAME THEORY
INVERSE MATRIX
NUMBER THEORY
TRANSPOSE

Math Magic 10

```
I  B  L  S  Y  Y  F  N  Y  F  A  I  O  Y  Y  X  U  Q  G  E  M  U  X  K
S  E  T  A  N  I  D  R  O  O  C  R  A  L  O  P  C  H  V  C  N  T  C  J
F  S  W  E  B  O  W  W  S  E  C  N  E  G  R  E  V  N  O  C  G  R  K  Y
W  L  T  T  J  S  I  Y  A  C  N  Q  Q  P  P  R  K  O  U  O  O  O  T  V
D  V  E  R  R  W  Z  T  L  W  I  F  G  O  F  U  R  S  H  F  P  W  D  T
P  P  Y  Z  A  Y  S  U  A  D  T  G  Q  L  Q  D  E  C  L  J  A  O  Q  I
H  L  S  H  T  D  F  X  U  X  O  P  Y  I  P  O  A  P  X  J  P  T  B
Y  N  A  H  I  J  S  H  Y  G  Q  D  Q  N  T  L  C  L  Y  Q  I  E  C  C
J  I  M  K  O  T  W  L  E  X  J  E  A  O  U  E  H  I  B  K  T  R  P  U
E  B  Y  B  N  A  A  I  A  Z  Q  T  C  M  S  C  N  N  A  J  R  A  B  K
N  M  I  I  A  Y  O  W  V  T  E  M  N  I  C  J  B  G  R  Y  A  T  M  U
P  F  Y  K  L  L  E  L  D  G  I  O  T  A  R  C  G  C  N  K  N  I  B  H
F  H  C  S  F  O  T  R  E  Z  P  O  J  L  Z  T  P  W  F  M  S  O  C  V
O  O  M  C  U  R  U  O  B  E  D  H  N  F  K  U  E  T  L  Z  F  N  Y  W
U  H  B  Y  N  S  M  L  R  A  I  D  S  U  D  C  S  M  S  O  O  I  D  Q
S  Z  L  Z  C  E  Z  A  U  C  N  E  A  N  U  Y  C  P  A  N  R  K  W  G
B  E  P  L  T  R  T  K  B  U  N  A  Y  C  E  L  D  B  K  R  M  G  G  D
K  F  U  R  I  I  B  W  Z  P  D  I  T  B  H  T  C  H  C  A  Z  G  B
D  X  Y  U  O  E  M  F  S  S  D  C  A  I  P  I  B  E  Y  H  T  P  A  X
U  Z  U  N  N  S  L  F  T  B  X  Z  U  O  B  L  B  X  M  X  I  H  Q  Z
M  G  C  O  M  P  O  S  I  T  E  F  U  N  C  T  I  O  N  Y  O  A  Q  K
S  I  K  F  U  W  G  J  U  J  T  G  T  M  V  P  Z  H  V  N  H  P  T
D  I  A  Z  A  K  H  F  Y  L  A  W  O  F  C  O  S  I  N  E  S  E  J  W
N  J  K  L  G  Y  E  L  Q  D  C  P  H  E  F  Q  A  F  I  Y  R  E  M  K
```

COLUMN OPERATION
COORDINATE GEOMETRY
PARAMETRIC EQUATIONS
RATIONAL FUNCTION
TAYLOR SERIES

COMPOSITE FUNCTION
LAW OF COSINES
POLAR COORDINATES
ROW OPERATION
TRANSFORMATIONS

CONVERGENCE
LAW OF SINES
POLYNOMIAL FUNCTION
SCALING
TRANSLATION

Glamour 1

```
D  N  C  L  Y  F  L  H  X  F  K  L  B  K  T  T  F  W  B  B
K  E  O  B  P  S  L  L  L  K  A  O  J  C  H  E  I  E  Q  Q
K  R  N  R  V  C  J  H  H  V  K  D  J  V  R  N  N  Y  K  J
Y  C  R  E  D  W  O  P  A  W  W  D  G  Q  K  Q  F  E  H  T
K  P  H  N  W  B  W  K  K  E  T  M  B  L  S  W  S  S  R  B
A  F  O  I  E  K  B  G  B  Q  N  W  Y  G  Y  R  T  H  E  C
O  W  C  L  J  Z  C  M  K  O  D  U  X  H  J  G  C  A  T  W
T  K  V  P  Q  M  B  I  U  W  C  J  L  K  U  O  U  D  H  H
J  K  A  I  Y  I  M  I  T  V  W  E  R  K  A  T  D  O  G  X
F  K  H  L  I  P  G  L  O  S  S  V  K  I  Y  U  O  W  I  S
R  P  P  P  M  K  H  I  N  K  P  X  U  P  G  X  R  D  L  T
H  X  S  D  S  G  M  S  J  W  N  I  R  M  H  E  P  F  H  O
P  Y  U  G  G  Z  Y  E  U  A  O  O  L  G  L  T  W  M  G  Y
A  C  O  Z  Z  W  A  W  Y  L  D  A  Q  A  A  H  O  U  I  F
K  U  N  E  C  H  Y  N  D  U  B  R  E  Z  N  O  R  B  H  Z
E  K  H  Y  U  S  E  W  C  P  I  C  W  U  K  K  B  C  G  F
G  F  O  U  N  D  A  T  I  O  N  R  E  N  I  L  E  Y  E  R
P  B  G  E  B  A  S  L  D  O  A  J  Y  R  F  K  Y  Y  I  N
T  K  Q  W  O  I  X  L  C  H  N  O  R  Z  L  W  E  D  S  D
D  U  X  F  S  A  R  A  C  S  A  M  C  U  F  V  Z  B  Q  F
```

BEAUTY PRODUCTS   BLUSH   BRONZER
CONCEALER   EYEBROW PRODUCTS   EYELINER
EYESHADOW   FOUNDATION   HIGHLIGHTER
LIP BALM   LIP GLOSS   LIP LINER
LIPSTICK   MASCARA   POWDER

Glamour 2

```
B R U J G P J X R E J F V X A L M Z L H S T T
M I N A I L C A R E Y I V Z F R S F H V P N C
P P G Z Y Z A T A Q S P O O P M A H S Y P W U
Y K T Z D G B R D J B P B L I O R I A H C A S
E B P O S W Q F W Z D D B H H A I R M A S K A
G X P S J R T Z B B C T X E Y L P U T M L I A
O R T C U D O R P G N I L Y T S R I A H Q C V
A Z M S N Y H E O G S C V F R N Y T Y P X A B
K N O K H C S S W L O D A I U P P X K L S H F
F N A E G O A N G W Q Q A S E J H C F S U B J
I C Z I D U W A H Y V H R O W V U O C S V F H
X G H Q L L Y E B O D Y L O T I O N S F H R A
N H P Z K P D L R B V Y B J Z G A D B F E J I
M C T M Q J O C J G F V W D E I T I G I T R R
Y M A L K C B L D U E T Q M K C Q T O U G G C
R Q A L F L Z A I R S L T S S O P I L D M P O
F Y B S J V D I U S M X Z X V E O O Y J V N L
I V J Z K W A C G E H X W M L E D N E A K X O
D E I H Z H M A T F W W W N G M X E Z Q N M R
R Z L E P L F F J Q E B S O N E E R C S N U S
K G Z J U Q L E G R I A H M N D W V K K L K Y
I E Q E T U A B R T I D O D A Z V V W E K O V
Y G M S P L L X V F O Z U R M O V A H M J N W
```

BODY LOTION

FACIAL CLEANSER

HAIR MASK

HAIR STYLING PRODUCT

SHAMPOO

BODY WASH

HAIR COLOR

HAIR OIL

NAIL CARE

SHOWER GEL

CONDITIONER

HAIR GEL

HAIR SPRAY

NAIL POLISH

SUNSCREEN

Glamour 3

```
O  S  H  B  T  S  W  X  M  V  Q  W  Y  A  P  Z  W  X  L  I  Y  O
G  N  U  E  P  H  E  Y  P  L  M  R  L  M  G  H  T  P  W  W  L  U
C  F  T  Q  S  B  M  T  K  D  P  F  A  U  O  O  Z  M  W  T  U  Z
U  W  X  P  T  U  U  B  T  J  H  E  T  S  L  M  N  G  O  H  A  E
N  I  W  X  C  U  R  E  Z  I  R  U  T  S  I  O  M  A  W  Q  Z  S
K  Y  E  A  U  I  E  I  U  C  N  O  W  U  L  O  A  T  J  Y  K  S
E  I  U  G  D  K  S  B  E  Q  N  G  Y  A  I  P  D  H  V  T  P  L
J  B  T  A  O  B  S  Y  Z  E  B  L  S  Y  K  S  K  R  R  W  C  U
N  C  B  J  R  T  E  Y  R  D  A  Y  U  P  R  H  Z  O  C  L  M  G
B  W  W  F  P  K  F  M  J  D  T  U  J  E  R  G  T  A  K  M  A  K
B  U  F  W  G  L  S  I  U  U  X  Z  D  C  W  A  N  F  Y  I  K  C
M  C  K  B  N  F  F  A  A  C  D  N  O  B  I  A  Y  L  P  B  E  H
Z  B  Y  H  I  Y  W  E  M  K  E  N  R  L  F  J  S  I  J  O  U  T
D  E  D  H  G  D  B  E  V  L  T  X  O  R  Q  R  E  M  I  R  P  T
A  K  P  O  A  L  D  C  B  O  A  F  I  C  U  X  M  T  E  B  Z
K  O  I  D  I  Z  B  Y  U  M  X  I  H  W  O  Z  I  O  O  A  R  B
N  A  O  Q  T  X  T  R  J  E  V  A  C  P  Q  L  A  C  Y  Q  U  Q
M  I  K  Y  N  U  I  R  D  V  T  Q  S  A  D  V  H  F  E  J  S  K
E  D  I  E  A  N  E  Q  V  I  E  E  G  Q  F  L  N  I  R  U  H  S
P  H  V  E  G  P  B  N  N  M  A  K  E  U  P  R  E  M  O  V  E  R
Z  N  B  P  M  C  W  A  C  N  E  T  R  E  A  T  M  E  N  T  S  W
W  U  O  D  V  O  Z  E  F  T  L  B  F  F  Y  Y  Z  N  S  L  J  V
```

ACNE TREATMENTS	ANTI AGING PRODUCTS	BEAUTY BLENDER
BEAUTY SALON	CONTOURING	EXFOLIATOR
EYE CREAM	FACIAL MASK	MAKEUP BRUSHES
MAKEUP REMOVER	MOISTURIZER	PRIMER
SERUM	SETTING SPRAY	TONER

Glamour 4

```
H G B V U T N H U X M T S I M L A I C A F L Y
H C W U D J W L B M W P R X I X Q Z R N K E F
Z X C J T R A N S L U C E N T P O W D E R K M
S X I C R X M T G M E T Q G H E L C T B W H Z
Z B F X R F A N V A B N C T X J P H H S S S R
V D J U J E H H J K D H D Z V K Y R X K A F M
R E T A W R A L L E C I M I S G Q E Q O G S G
I T Z L D F P M S U H X J U N B Z D Q I M W O
Q K S Y X O E Y A P O C L Q K G K W D R N P P
G I X O B U O B R R L F B Z H L S O Q D S C L
T S I M G N I T T E S P U E K A M P S G E S R
U W U N Y D C A A M D G L A F V K D O X V D X
M H E W F A T N X O Z W I E P F I E K N V T A
C J I I X T S J U V H C O J K H T S L J G E F
F C B J Z I S C S E T V L P Q H H S C T H E M
O G B F N O W Y F R L I A D G R V E D T L O A
C V I G B N C B U W I F I Y M N D R V Y J G E
S G O U C B A B D I Z F C P O R I P S P B M R
P I P M V R L U F P U S A R L Q N T U U F Z C
L E J S W U U N L E I K F D J Q E I T Q B Z B
C E N Y V S E L Q S V N A L A N V P P E X X B
N C R J P H I G H L I G H T I N G H K Z S I B
U M S L J Y P J F G L O O S E P O W D E R Y F
```

BB CREAM	BLENDING SPONGE	CC CREAM
CLEANSING OIL	FACIAL MIST	FACIAL OIL
FOUNDATION BRUSH	HIGHLIGHTING	LOOSE POWDER
MAKEUP REMOVER WIPES	MAKEUP SETTING MIST	MICELLAR WATER
PRESSED POWDER	SETTING POWDER	TRANSLUCENT POWDER

Glamour 5

```
B  J  R  D  N  F  X  U  K  B  G  S  Q  R  S  Y  O  A  J  W  K
O  D  P  A  J  A  T  K  C  Q  P  U  A  D  G  Z  E  Q  E  P  A
U  C  E  B  Z  L  I  R  H  Z  M  V  I  K  U  F  Y  L  T  D  K
V  F  C  T  P  S  W  L  R  S  M  E  P  Q  M  X  E  I  T  R  P
Q  O  Y  R  N  E  H  C  S  J  H  I  U  A  W  G  L  P  E  N  R
U  U  W  E  U  E  X  M  X  T  F  B  K  A  W  W  A  S  L  G  C
S  G  Y  A  Y  Y  M  Y  A  I  R  E  V  O  T  K  S  C  A  X  F
U  N  H  S  E  E  I  T  U  S  U  E  R  V  T  J  H  R  P  N  P
A  K  V  F  X  L  B  O  A  P  C  B  N  C  N  R  C  U  W  I  C
T  P  O  D  Q  A  R  R  P  E  E  A  C  G  N  Q  U  B  O  B  W
K  M  V  G  G  S  I  A  O  Y  R  T  R  O  T  D  R  H  D  T  J
K  I  F  A  T  H  L  Q  E  W  L  T  T  A  B  H  L  K  A  V  I
C  X  U  O  Z  E  S  M  Q  C  P  I  E  P  W  E  B  H  Q  W
H  X  V  H  T  S  O  T  W  G  Y  E  P  I  L  R  R  N  S  A  L
Y  C  U  T  I  C  L  E  O  I  L  I  N  S  L  A  I  L  E  A  F
Z  D  E  N  I  G  O  N  Q  U  Y  M  X  C  T  B  P  M  Y  R  Z
S  S  B  F  S  L  O  O  T  E  R  A  C  L  I  A  N  P  E  B  S
Z  O  T  P  A  J  R  U  V  W  T  S  D  F  F  L  I  R  I  R  P
T  P  U  O  O  O  B  P  S  H  X  X  O  F  W  I  Q  N  S  L  E
L  I  J  K  V  M  R  E  Y  E  B  R  O  W  P  O  W  D  E  R  A
B  F  E  F  V  W  C  X  C  Y  A  L  J  X  M  S  K  A  Z  D  S
```

CUTICLE OIL
EYEBROW POWDER
FALSE EYELASHES
LIP STAIN
MASCARA PRIMER

EYEBROW GEL
EYELASH CURLER
LIP PALETTE
LIP TREATMENT
NAIL CARE TOOLS

EYEBROW PENCIL
EYESHADOW PALETTE
LIP SCRUB
MAKEUP PALETTES
NAIL STRENGTHENER

Glamour 6

```
I  H  W  R  H  Q  A  N  F  P  I  B  M  Q  A  L  T  H  N  Q  Z  I  G
C  Z  I  E  Y  P  V  E  G  A  N  C  O  S  M  E  T  I  C  S  E  V  T
F  U  A  Z  P  B  F  R  T  L  C  C  B  U  V  Z  Y  G  J  O  Q  F  C
P  A  J  I  P  Y  U  M  C  Z  J  E  O  M  G  Z  M  V  R  L  A  S  O
F  N  D  R  D  H  U  R  A  M  R  L  S  J  M  L  V  Q  N  C  B  W  A
A  V  T  U  C  V  P  N  C  K  A  H  Y  E  I  S  Y  W  E  B  O  Q  C
K  H  R  T  B  O  W  B  Y  S  E  N  Z  O  R  O  K  S  L  Y  U  T  G
J  F  S  S  A  O  A  O  V  H  Y  U  Y  A  A  U  C  D  B  H  X  S  B
M  T  T  I  A  I  D  D  X  J  R  D  P  B  Q  R  M  U  Q  Y  W  I  I
C  J  A  O  B  R  F  Y  L  S  O  F  O  O  U  Y  P  G  U  S  K  P  K
V  A  F  M  B  V  H  M  S  B  R  D  N  B  R  B  V  E  C  L  U  T  R
M  P  F  D  R  T  L  I  W  H  Y  R  G  S  N  G  Z  P  W  H  K  B
F  A  C  E  O  I  L  S  Z  B  I  G  Z  B  H  J  A  K  Z  R  M  G  X
N  Q  S  T  P  P  I  T  U  I  A  M  U  J  C  N  I  N  D  D  D  S  U
S  W  C  N  C  J  Y  T  S  E  D  G  M  K  R  C  A  E  I  V  O  L  U
F  A  C  I  A  L  T  O  N  I  N  G  D  E  V  I  C  E  X  Z  F  F  U
Z  J  I  T  E  G  V  P  J  T  Q  O  D  R  X  X  X  A  U  E  U  E
L  G  A  A  R  B  Z  G  W  F  T  B  L  I  P  P  L  U  M  P  E  R  N
F  U  O  Z  N  C  Q  N  B  T  V  I  V  K  U  D  G  I  X  D  R  L
T  G  E  I  D  Z  F  Y  Z  I  E  I  A  D  L  D  Z  H  J  T  D  D  T
G  H  N  M  J  H  K  I  P  L  M  U  G  H  P  Q  O  W  I  C  P  J  W
N  A  I  L  F  I  L  E  O  R  E  S  C  D  P  G  I  P  N  O  E  V  K
J  J  L  P  R  O  S  J  F  A  C  E  M  I  S  T  M  C  D  Q  Z  U  L
```

BODY BUTTER

BODY SCRUB

FACE OIL

FACIAL TONING DEVICE

NAIL FILE

BODY MIST

BODY SHIMMER

FACE SCRUB

LIP PLUMPER

TINTED MOISTURIZER

BODY OIL

FACE MIST

FACE SERUM

MAKEUP ORGANIZER

VEGAN COSMETICS

Glamour 7

```
K  L  Z  S  U  N  R  R  V  R  V  K  V  N  V  R  X  A  T  W
K  Y  I  K  R  R  X  M  K  G  T  M  F  H  S  O  M  N  C
V  R  R  P  W  E  M  U  V  T  T  X  Q  L  A  C  Z  I  N
S  V  N  E  L  I  N  O  Y  A  R  C  P  I  L  S  G  T  A
R  V  F  E  D  A  M  O  P  W  O  R  B  C  I  Q  N  P  Y
E  F  P  Y  H  I  C  O  I  K  Y  E  B  N  L  O  P  I  K
M  N  C  E  B  T  U  Q  B  T  S  H  O  E  H  K  U  L  H
I  B  B  P  M  Z  A  O  U  P  I  Z  P  T  C  H  W  S  K
R  R  P  R  V  P  G  O  P  E  R  D  I  S  D  C  U  U  H
P  O  M  I  O  U  M  N  Z  E  R  T  N  W  J  R  G  Y  M
P  W  Y  M  Q  W  G  Z  T  I  B  V  A  O  B  E  M  D  Y
I  P  L  E  F  I  G  T  Z  C  T  E  B  R  C  C  Z  J  K
L  O  M  R  E  A  U  E  O  M  Y  O  E  B  N  P  Y  H  Y
U  W  L  P  N  B  A  X  L  E  K  N  H  E  S  U  I  R  V
F  D  Q  G  P  K  C  X  B  N  I  Q  W  Y  L  G  N  L  U
P  E  R  I  R  O  T  A  I  L  O  F  X  E  P  I  L  I  F
D  R  L  Y  P  C  S  C  P  O  C  C  I  A  Q  D  H  E  Y
X  Q  B  Y  D  E  L  I  H  W  I  E  T  E  H  Y  R  J  K
T  O  N  V  J  T  L  I  P  M  A  S  K  A  K  E  E  Q  H
```

BROW GEL
EYE BASE
LIP BUTTER
LIP EXFOLIATOR
LIP MASK

BROW POMADE
EYE PRIMER
LIP CONDITIONER
LIP LACQUER
LIP PRIMER

BROW POWDER
EYEBROW STENCIL
LIP CRAYON
LIP LINER BRUSH
LIP TINT

Glamour 8

```
H  Z  R  X  O  K  H  S  U  R  B  W  O  R  B  J  T  J  I  Q  U  Q
B  A  N  Y  R  T  F  B  U  A  P  M  H  R  H  K  F  A  B  N  I  V
L  I  X  M  A  U  X  E  E  T  P  K  I  U  I  U  O  K  I  S  U  L
G  S  K  O  A  N  H  E  K  I  Z  M  G  G  S  A  C  E  Q  P  I  D
T  S  E  T  T  I  N  G  B  R  U  S  H  U  Z  U  V  D  X  O  S  R
U  B  L  H  A  L  H  T  S  U  B  G  L  N  Q  I  J  C  J  W  E  R
A  D  G  B  U  V  A  M  A  E  M  J  I  Z  S  T  B  J  F  D  Y  F
R  N  U  Q  I  X  G  K  R  X  H  C  G  E  S  T  O  K  R  E  E  R
T  E  S  H  S  U  R  B  W  O  D  A  H  S  E  Y  E  X  T  R  S  G
O  X  M  E  K  M  E  A  N  Z  H  D  T  T  E  R  I  N  J  P  H  L
I  P  T  I  Y  E  M  O  P  V  A  C  E  M  F  M  E  Y  O  U  A  N
E  Z  M  P  R  E  N  Y  V  H  O  E  R  C  Z  E  Y  I  E  F  D  B
D  Z  J  E  M  P  L  E  S  N  Y  W  B  P  V  N  E  T  P  F  O  L
V  P  J  Y  D  A  W  A  T  M  D  X  R  L  H  Y  L  S  Q  A  W  U
U  Y  Y  S  Y  G  L  O  S  M  J  F  U  W  I  P  A  Q  P  N  B  S
M  Y  C  M  D  E  U  Y  D  H  D  F  S  G  E  C  S  A  E  B  R  H
C  D  K  K  Y  R  P  K  T  A  S  R  H  P  W  U  H  F  G  R  U  B
P  L  W  E  B  C  S  V  B  P  H  E  O  P  O  P  C  E  L  U  S  R
N  G  F  R  G  J  S  C  T  F  M  S  R  B  O  E  O  B  W  S  H  U
A  B  U  C  S  Y  N  T  Y  N  L  T  E  U  C  G  M  L  X  H  Q  S
F  S  E  Y  E  L  A  S  H  G  L  U  E  Y  M  B  B  H  L  P  R  H
H  S  U  R  B  I  K  U  B  A  K  E  P  F  E  N  J  M  X  E  R  W
```

BLUSH BRUSH
EYELASH ADHESIVE
EYELASH SERUM
EYESHADOW PRIMER
KABUKI BRUSH

BROW BRUSH
EYELASH COMB
EYESHADOW BRUSH
FAN BRUSH
POWDER PUFF

CONTOUR BRUSH
EYELASH GLUE
EYESHADOW BRUSH SET
HIGHLIGHTER BRUSH
SETTING BRUSH

Glamour 9

```
X O D H G I J Q E Z M Z A Z R G T W H C T Q K
J A Y L I Y Z U V Y I N T F K I G U W B A Y G
E U D R S Z V E H X U C C X K K W N K O W G Z
C N F D L Z Y T C P F D M Z C Q Q V L V M B H
F M M H S M P K U R U G Y T U A E B B A H R U
N D V A O Y P R T I H D I F V W L Z K K Y Y Y
M J S B K B Y W R S S B U B U B K E N I G T P
R F T E W E J K H H D E E F E B U R T W O M E
R R T A H L U T E B E A Z A M P I I V C L M C
T E L U J Q U P M I U U U V A C Q A F I O A Y
C N R T T C Y P S T Y T I R Z A M S N W T K G
N A I H N L Z Y P Y Y T R Z M M J L W E E R
D E A V N S B M S O I T L S Z E C Y G M U Y
Y L H L P T L U C C S N H I Y T L M R A S P S
A C C O R O W H S T P F G B N Y D B O L O B I
N H P G G S O B X W G L N E Q A R K M M C A C
D S U G I O S N R O A U E E H E V N I D R G F
N U E E L J F M C G T E W X M O F P R J S X P
G R K R Q I P T Y N N K R A I L P U P V R X
F B A F E N P W A H O C I A B R G D C E X W O
P F M O I D U T S P U E K A M A D B E D K B N
M C O M P A C T M I R R O R I P G A C R K A J
X E S A C C I T E M S O C S B H I Q E U I V M
```

BEAUTY BLOGGER
BEAUTY SCHOOL
COMPACT MIRROR
MAKEUP ARTIST
MAKEUP SPONGE HOLDER

BEAUTY GURU
BEAUTY VLOGGER
COSMETIC CASE
MAKEUP BAG
MAKEUP STUDIO

BEAUTY INFLUENCER
BRUSH CLEANER
COSMETOLOGY
MAKEUP CHAIR
MAKEUP VANITY

Glamour 10

```
Z G W A X Z A S V E L O K F A C E P R I M E R S
E L E U J A F A E S N Q R M G R E S A G G M J T
I I H L F M E B R O W P E N C I L B C Q K B V O
R T R J E E M W C T V Q Z J N R H N Y P X R E X
I T E S P Y A Z E G J C N E F E R V K A O O V D
N E N T P I E F X R M J O S Z T U X V L B W U H
W R I O T L A L E P X V R N Q N N S G N N N W W
U E L A O E T P I Y D N B O A U E N D R O A I P
E Y E X S I L W Z N P Z Y I C O D D I D I X I Q
O E Y U Z M M A O R E P D S W C B Y A A T N L A
N S E N W Z W J P D E R O N K P V H H L P G I S
R H D W I O L Y I G A A B E T U S Z F O I Y Y K
M A I W E J F J Q N H C T B E Y L S T R P R E
J D U Q H B A A W D I S X Y K Z K Z T C P K G
Q O Q H D Y V T H Z S K T E W A M Q G A S B S S
E W I G O Z U G L S I F R H Y M D V E Y B D J U
K Q L H P O H X P C E E W S G E Z P J I U D N Q
P M I G R K R H I X M Y B A W I M A S K S H Q M
E O H O H G M I P M H H E L X F L A G O W W H
V Z D O O T K X I G F W P E N I L H E P X C A T
Z V H B C I K H A N W T S Y T H N P G R G K E E
P S W P J R S S N U P A T E F T J H P I C Q W T
R M S E T T I N G L O T I O N L A Y V M H K D D
L K W S C O Q I L Z C U J L R F E M A Q X I V K
```

BODY BRONZER
CREAM EYESHADOW
GEL EYELINER
LIQUID EYELINER
SETTING LOTION

BROW PENCIL
EYELASH EXTENSIONS
GLITTER EYESHADOW
MAKEUP COUNTER
SHIMMER EYESHADOW

BROW WAX
FACE PRIMER
HIGHLIGHTING PALETTE
MATTE EYESHADOW
SUBSCRIPTION BOX

Glamour 11

```
T Z P J C R E A S E B R U S H J T E U P H R
F K H E B Q Z N U X L F L C D L C Q U N U B
G S E L Y R E F F U B L I A N U C Y S K C R
N E W X L E G C R F S I N V T K B O L C A Q
Z A T J B W L K D F G P Y I J J Z I A I L S
H T I Z S D D A I Y K P C X N Z P J C T L G
U J M L N I B Y S T G L L Y Y O D Q E S U I
Q M H L A W G D G H E U M Z I X O L D P S Y
Z Y U J Q R P L M R A M C L E Z C P L I R V
K D O M N E T T E L A P S S O L G P I L E R
R O V K D W L M Z Q Z I P H Z D B D A D M R
Q J O N M Y O N B G X N C L T H A O N I O J
O Y X F Z V E L X E I G G L I R U O V U V L
Y L B V E W G D R L I G V D O C Y B F Q E D
B C M R C T Y W I M O L V A H W A U M I R W
G F V D N N K H L A B O R O R J K T Y L A P
X Y W Q H Z O M J N Z S Z P U R R L O C X Q
S U M K V G F N A I L S T A M P I N G R S C
D E Y H Z L J B U C L N E T Y C S C I P G P
T S C B C N E P V U G E L N A I L S F H E L
E H S M U D G E B R U S H J S T X Y G C A D
D K N W B I W J J E Q M S R V I X I T U G O
```

CALLUS REMOVER
EYELASH APPLICATOR
LIP GLOSS PALETTE
LIQUID LIPSTICK
NAIL DECALS

CREASE BRUSH
GEL MANICURE
LIP OIL
NAIL ART
NAIL STAMPING

CUTICLE REMOVER
GEL NAILS
LIP PLUMPING GLOSS
NAIL BUFFER
SMUDGE BRUSH

Pop Culture 1

```
J  Q  G  P  F  I  S  B  J  K  I  V  V  L  K  X  G  G
S  G  L  O  S  J  E  U  Y  H  F  T  I  U  B  P  P  A
E  K  N  C  K  R  O  X  L  P  A  Y  C  L  J  Y  U  K
O  N  O  I  H  S  A  F  R  D  U  T  I  C  J  F  Q  Q
R  G  T  O  M  J  S  S  S  T  M  I  E  H  S  S  V  R
E  Y  Y  E  B  A  Z  L  L  G  J  L  U  S  D  B  B  Z
H  N  A  L  R  C  G  L  H  P  E  A  S  N  R  W  H  H
R  Q  I  X  S  T  I  S  L  B  W  E  E  A  B  K  U  T
E  O  D  Q  V  H  A  M  R  Y  P  R  M  E  X  Z  T  E
P  A  E  B  K  D  A  I  O  E  T  Y  E  T  U  G  U  J
U  N  M  Y  B  Q  T  D  N  C  C  U  M  H  U  T  S  L
S  I  L  U  C  I  S  U  M  M  Y  N  O  S  U  H  T  W
E  M  A  K  E  L  R  P  F  U  E  O  E  U  K  A  Q  Z
I  E  I  S  O  Z  I  D  M  B  M  N  G  U  I  S  Z  F
V  X  C  K  X  L  Z  F  N  H  J  I  T  Z  L  B  A  I
O  L  O  Z  U  L  J  G  N  D  U  W  C  K  O  F  W  U
M  I  S  A  M  N  A  S  S  M  A  H  J  M  W  P  N  U
W  R  C  A  R  T  O  O  N  S  B  H  S  K  Q  T  J  I
```

ANIME	CARTOONS	CELEBRITIES
COMIC BOOKS	ENTERTAINMENT	FASHION
GAMING	INFLUENCERS	MEMES
MOVIES	MUSIC	REALITY TV
SOCIAL MEDIA	SUPERHEROES	TRENDS

Pop Culture 2

```
M  C  U  N  G  J  H  B  J  M  I  K  J  G  T  N  Y  U  R  M
D  S  P  A  N  Y  B  O  X  O  F  F  I  C  E  P  P  P  S  L
M  O  V  I  E  F  R  A  N  C  H  I  S  E  S  Y  Z  E  O  T
B  U  S  E  S  Z  U  L  U  B  A  Y  C  L  O  O  Z  R  H  C
E  N  A  P  S  H  K  K  X  Z  Q  L  A  O  D  I  G  I  O  A
R  D  T  H  A  D  J  L  W  T  T  V  S  E  R  I  E  S  N  F
W  T  S  U  U  P  V  C  S  H  I  N  J  W  Y  G  P  O  J  P
U  R  T  E  V  J  A  F  E  T  H  S  X  Z  U  L  Q  E  A  U
V  A  O  Z  I  W  V  R  S  S  T  N  Z  Y  A  D  G  M  U  N
J  C  B  U  M  B  U  E  A  R  D  O  A  Y  Y  G  O  X  A  L
Z  K  X  L  Y  Y  F  F  E  Z  E  T  W  V  H  E  X  T  D  D
X  S  E  S  O  C  T  C  L  X  Z  F  A  N  B  A  S  E  T  V
N  J  B  A  I  C  N  B  E  F  G  I  R  I  T  N  U  S  X  T
F  S  F  S  D  O  K  V  R  T  Z  K  D  R  O  B  L  K  U  M
A  D  U  U  C  S  L  B  M  R  B  P  S  F  P  B  S  X  S  E
N  M  F  I  D  I  I  D  U  J  O  A  T  T  C  K  F  B  E  V
D  A  V  P  J  E  X  W  B  S  C  P  H  L  M  U  Y  J  E  Q
O  Z  V  U  F  I  V  C  L  F  T  F  X  C  F  T  D  E  P  G
M  A  T  Z  N  V  I  R  A  L  W  E  T  K  Z  I  D  U  A  H
W  S  O  E  D  I  V  C  I  S  U  M  R  B  R  V  K  R  X  F
```

ALBUM RELEASES	AWARDS	BLOCKBUSTER
BOX OFFICE	CONCERTS	COSPLAY
FANBASE	FANDOM	MOVIE FRANCHISES
MUSIC FESTIVALS	MUSIC VIDEOS	PAPARAZZI
SOUNDTRACKS	TV SERIES	VIRAL

Pop Culture 3

```
L L P D M R F E B B E U M A N C N P R D A B F N
A W L T A W F B E S V G E T V N C P H W U C M C
Z W V I D E O G A M E S R R D J Q O P Z W G S E
C M T Q F O I P K Z K O C U T J L Q O C D X T I
C O L L E C T I B L E S H R A T E V P X X I G N
X U R M E X O S R D M Z A X Y T S O C M E J M J
Z X G Y I H A S D K D P N S I A E S U M E O X B
Z A O S W M K O F P O E D J B Y E S L P N F J R
F R Z D T P W G V P Q V I D A D I L T S D A O P
P E D A M T E Y F G D X S G X I M A U S L S N M
I N F L U E N T I A L D E S I G N E R F E H O N
G L W H Z N T I Y V N O K M Z G B S E D V I Y Z
P Z H S J Z U R U N R K O A E Q D P R G Q O X J
X J P S T T G B H O Z B G E S N Y O E O M N F I
D X E E G R Z E P X E L K M E Y J R F Z G I S Q
I H X B N R E L Y I D C K R S C P T E Y B C W Z
I I N T E R N E T C U L T U R E K S R O O O F
H G W V Y G H C T L D N K V J F T P E X N N H H
A I T W K Y O B T S O H F E V E H D N Q Q S S C
E F I O T O K U D I T D J W Q K D R C U W E K C
U A C A Q K R X H F R Y Y B G X B C E C X G L V
G K J C A E E S I J Z M L V O J K M V E C B A T
N I Y X O J A K L C B L C E G Y O N N Z A E T Y
L W O R S F A N F I C T I O N P W P B S A N H L
```

CELEBRITY GOSSIP   COLLECTIBLES   ESPORTS
FAN FICTION   FASHION ICONS   FASHION TRENDS
GEEK CULTURE   INFLUENTIAL DESIGNER INTERNET CULTURE
MERCHANDISE   POP ART   POPCULTURE REFERENCE
STREET STYLE   TALK SHOWS   VIDEO GAMES

Pop Culture 4

```
Y Y X I Y X P U Q R M S E E G X H X Y U S Y N
U I B P J P P B Y F O V V V W N J N E T H X K O
F C Z E O X B R E A L I T Y S H O W S H Y X S
U N S F S P G T N M C O N C E R T T O U R S R
C G L W S P C M Z S D X D V P R R I C E D U J
K L D T O N O U U N G N L O O A Y M W G A G C
B H A J V H M R L N H Z E Z H K A X W A I H G
G J L O B F S F T T Z L X C B A X S U M D Q R
A R T H J R D T C S U X D A I Y E E S I B B U
M O V I E S O U N D T R A C K S J P X D R D K
I G Y X G P O A L E A O E O P D B F A G Z V Z
N A R M L L W D O L X U T L F Q V J C S I C
G R T N G L Y K B W H A E R R V Z L X O E C W
C C W T G M L L Z E A J T H N I F P J M R P C
O N T I Q F L H P Z B Y K F L A V X W M N L P
N D C S D I O L B A T K R S W C M I W U E T I
S M U J B G H K D K G N I W S Z U E A N G H G
O B C M V P U E Q I J I J S C K D A N I C Y I
L S X L Y S T A R E N D O R S E M E N T I D K
E G X I S K V O P U C J B N S B A M N I S L F
S W R B B I J Y L W G X O K P G O X O E U C J
I U Z G N I H C T A W E G N I B E Q D S M Y Z
P V T I Z J P J Y P U Z D T L Z B H S G Z T D
```

BILLBOARD CHARTS
CONCERT TOURS
GAMING CONSOLES
MUSIC GENRES
STAR ENDORSEMENT

BINGE WATCHING
ESPORTS TOURNAMENTS
HOLLYWOOD
POP CULTURE TRIVIA
TABLOIDS

BROADWAY
GAMING COMMUNITIES
MOVIE SOUNDTRACKS
REALITY SHOWS
TALENT SHOWS

Pop Culture 5

```
D H M B Y V A U F I P O T E M U X S M I F G O K
T N H F A S H I O N M A G A Z I N E S M O F K O
R P M U S H I C U U V V A R Q I Q I G H L K J A
H B O O E N K O W C V E J F H I Y R Q Y P H Q L
M E O D M T O M N Y D C C R J M V E W P R U E R
X C O H E V S I W M Z P R R F E U S Y O Z P Z N
G M C R M I E C T S E T O U Q E I V O M N Q E D
D S C N T I I C L I H J T W X T I T F A U C Z Y
W T T E E T V O P L T I D B V R B D Q P V Y P G
N S V B N G O N D H K E U S A D E E X K C G M J
R A Y D R I M W W T X S P L S X Z T R O C X D F
Z C U P E C D U O B X H C M I S C A V I M T V P
U D X H T E E K Y E Z H C Y O R Q M H K V H T
C O H X N X T J G P A L C E E C L I Q P R S T E
E P R Y I R A B S L Z X P X Z Y N N V E H I T
V N D R E L M O L X G G D P I D F A D G V O A E
A E Q N U P I E N S Y A X V E Z V H L B H W C W
U G D E X S N O I T N E V N O C N A F P N Q B U
Z S D Y X G A T W F O Y E J Z W B X Y D S U G J
M R S K E E W N O I H S A F F H X D V D J O W D
R E M S W J E T X F W V B S I Y Y O H Z B T C V
S E I T I R B E L E C E B U T U O Y K V N E L X
V O R R F F G R S B A R I G R I Q W T S W S N E
T Q H F M O V I E T R A I L E R S E C M F H R J
```

ANIMATED MOVIES

COSPLAY COMPETITIONS

FASHION WEEKS

MOVIE TRAILERS

TV SHOW QUOTES

ANIMATED TV SERIES

FAN CONVENTIONS

INTERNET MEMES

PODCASTS

VIRAL CHALLENGES

COMIC CON

FASHION MAGAZINES

MOVIE QUOTES

TIKTOK TRENDS

YOUTUBE CELEBRITIES

Pop Culture 6

```
L X Q B O H T P D Q R C G E S C A G W U R Z Y A
G V J C G H A Z E R R O V W S U Z J O R R Z P F
C J R V T E L W W E S M E L T R A T E E R T S Z
U M R T H L K F E K P E P F V U Z X R O A V X L
V K L E Q S S A Z X P D R U N W A Y S H O W S D
I N X T V T H S B H A Y S S D M J J M X D E E W
Q E O X X R O H G S G S A T L W C W Q X L L H
X R B F E E W I Z E N K Z D D I I U M O R M U J
E W G I J E H O Y I I E R W P R Z I S I O X X Z
V J R N M T O N P V M T E G C R M N V H M K D F
H W P L O W S P Q O A C I D V I O E W C T K O T
S Z X J V E T A O M G H E I I C V E E M A R C J
M G L A I A S R W O E E F F E X M E L C F R U K
W J U G E R P T Q R L S K M M M V Q S F D M M Q
J J Y J R B M N V E I T A T N A D A Z R M N E J
S R M B E R D E F H B G I M P H D U Z C C U N L
R N A K V A I R R R O S J Z U L G P I W K N T Z
K B N A I N A S E E M M L J X Q E T Q X D H A P
N T I J E D X H D P C M C R V I B M X U P R R O
O M N T W S M I B U G K I S D E K W R S H S I A
E Q H F S R V P T S N E A K E R C U L T U R E W
K S U F O W D S R E G G O L B N O I H S A F S X
I G M M T V S H O W R E V I E W S J I K O P U R
T R Q S P F A N C O M M U N I T I E S I D M Q W
```

COMEDY SKETCHES
FASHION BLOGGERS
MOVIE REVIEWS
STREET ART
TALK SHOW HOSTS

DOCUMENTARIES
FASHION PARTNERSHIPS
RUNWAY SHOWS
STREETWEAR BRANDS
TV SHOW REVIEWS

FAN COMMUNITIES
MOBILE GAMING APPS
SNEAKER CULTURE
SUPERHERO MOVIES
VIDEO GAME CONSOLES

Pop Culture 7

```
Q S P X W S K I N C A R E R O U T I N E S K F N
Y W O H R S R E C N E U L F N I E L Y T S W G F
X O F U E E B R U W O O D M B K U O Q M F H E E
Y H P P D L H E D J V A X D U X S F Q R E M W R
R S S B C Y P P A D S V R Q Q R L Y B I X X S J
O D L K A T Z J A U R C O M E D I A N S K D M V
L R W N R S T D R R T Y R V B O J K Y P N I R C
Q A W Y P R U I Z E G Y Q R A V R S O E G F H F
H W R F E I C D W C A O I N M B F Z R K K V L D
T A A O T A E O W V A L T N G A F T P H V C Z K
M G K Y E H L J E A Y H I O F C E Z L A V R O O
O N Q Y V V E G W G R K L T H L K C J U T V P Y
U N F T E T B T G Q V Y K W P U C Q V R M E S
R B S V N I R L O A R T W T U T N E C Q O Y S S
Z T O P T R I D Y V K W S F D M V O N C Q F P K
N W E H S T Z Q W Y R Y P S Q O S I C O R X Q
M S D W P E Y C W P I Q O K N J V L T H E L T M
T O I W L L C B V A N R A R P F W Y M A S R H V
R R V G F E O R H V C N Y M B T D Y J E R A S F
P Q L Q L C U W L I P D Z R I Q L P J U P S F P
Y M A K E U P T R E N D S O D P O C K P C L N Q
W G R Y A S L A D N A C S Y T I R B E L E C O V
N L I L A T E N I G H T S H O W S Z S V E V D X
D O V U D B S C U O G S K Y Z W N P R J D N P M
```

AWARD SHOWS
CELEBRITY HAIRSTYLES
FASHION PHOTOGRAPHER
MAKEUP TRENDS
SKINCARE ROUTINES

BEAUTY INFLUENCERS
CELEBRITY SCANDALS
HAIRSTYLE TRENDS
REALITY TV STARS
STYLE INFLUENCERS

CELEBRITY COUPLES
COMEDIANS
LATE NIGHT SHOWS
RED CARPET EVENTS
VIRAL VIDEOS

Pop Culture 8

```
F B G M R U C F U C Z L Y J R O C K M U S I C
U A O X F V I R A L C H A L L E N G E I D U Y
F L N U G Z Y R I W E L Y M F C O L K I R V S
L Q H T B N W M L U O S P B T F O D I H A G E
J E E H A I I C I K L S Y N Z Z L D K T W O D
J R M S S I M B J N V U P O Q G B L L A P N
T U V M L M Y M A Y L L O V X C J L X U Y S D
C T F W J L G N R E I U M Z A H D N G E R C M
J L H L M I W N O J R I A D L Y D L N E T U A
O U F F Q F L I M V D T Q D D G M P C B S Q U
U C S Q C T X D E C E P S V Q D O N F I U F C
B P T P O L T K M V X L E E E P E Z C A D P Z
B O S C I U Z G E A C M S L M U F A T M N O D
I H I H G C O H I H S C L U L A W N S G I P N
R P T S Z M N E V C H X S F Y A G J V C M M D
Q I R C O X Z I O V E I N T R S O O O H L U E
F H A S L U D Y M O C I A D O C I I E U I S N
V K B U Y K R L L C G P S C O H O P I D F I T
H W D U P S T W H N C O U N T R Y M U S I C P
L Q N P O Z D A I S P S T Z T K N Y J Y E V E
H S A X H Z R M Z D T F K W M H M G B F Q T F
F A R O S T A X G J B G L L J T S T A O P T E
Q Q M X S G S D F M P X C I S U M E C N A D B
```

COUNTRY MUSIC
FANTASY NOVELS
HIP HOP CULTURE
POP MUSIC
ROCK MUSIC

CULT FILMS
FILM INDUSTRY AWARDS
MOVIE MEMORABILIA
POP MUSIC CHARTS
VIDEO GAME STREAMING

DANCE MUSIC
GAMING INFLUENCERS
MUSIC AWARDS
R AND B ARTISTS
VIRAL CHALLENGE

Fun in the Sun 1

```
K  A  N  J  C  S  A  U  X  V  G  I  D  N  T  B
A  L  B  A  E  Y  F  Y  T  R  A  P  S  K  D  X
G  V  H  T  L  W  H  E  U  Z  N  Y  P  S  D  X
I  M  V  D  E  R  E  C  R  E  A  T  I  O  N  V
N  Z  M  B  B  U  A  O  F  U  I  C  L  K  R  Z
P  Y  A  F  R  I  J  E  R  E  T  H  G  U  A  L
L  Z  K  L  A  T  S  C  Z  F  A  N  I  R  S  V
A  E  B  Q  T  T  E  N  J  O  Y  M  E  N  T  E
Y  J  E  T  I  Q  G  P  D  I  J  O  O  V  F  D
F  W  V  V  O  F  A  P  M  K  Q  E  Z  A  D  S
G  G  I  H  N  H  M  K  F  W  R  C  E  N  X  A
P  T  T  O  S  S  E  N  L  U  F  Y  A  L  P  H
Y  O  S  T  I  W  S  I  S  Q  A  H  I  E  J  L
X  W  E  S  E  I  T  I  V  I  T  C  A  C  Y  L
J  I  F  Y  O  J  E  W  M  W  U  X  Y  U  M  B
J  T  H  R  I  L  L  W  Y  G  D  M  B  M  H  Y
```

ACTIVITIES
ENJOYMENT
GAMES
LEISURE
PLAYFULNESS

ADVENTURE
FESTIVE
JOY
PARTY
RECREATION

CELEBRATION
FESTIVITY
LAUGHTER
PLAY
THRILL

Fun in the Sun 2

```
F  J  L  I  B  I  N  D  O  O  R  A  C  T  I  V  I  T  I  E  S  N
J  I  Y  Q  P  V  C  H  V  S  K  R  A  P  R  E  T  A  W  P  K  A
N  D  S  B  N  K  H  O  B  E  A  C  H  O  U  T  I  N  G  S  R  H
G  C  P  S  K  S  T  H  G  I  N  E  M  A  G  P  R  B  J  I  A  Z
C  R  L  G  Q  X  L  S  A  T  Q  G  U  K  J  S  K  L  A  E  P  M
N  A  V  E  H  G  I  N  R  I  H  D  Q  S  K  X  X  Y  M  A  T  R
T  K  P  U  M  V  V  J  D  V  W  E  L  D  W  A  L  T  A  T  N  M
I  O  I  U  H  X  E  S  R  I  A  F  M  Q  D  B  R  O  V  Z  E  O
X  W  L  N  N  K  P  S  B  N  T  O  J  T  E  C  S  M  W  K  W  M  V
J  S  K  L  N  W  E  E  O  C  O  J  S  D  P  N  X  G  O  Z  E  I
W  E  R  P  Q  K  R  A  Z  A  C  D  N  L  E  A  N  K  A  X  S  E
D  O  P  K  A  T  F  Y  R  R  R  W  P  J  N  D  R  O  F  E  U  N
O  F  M  G  A  F  O  B  H  O  K  D  X  I  K  G  H  K  F  P  M  I
I  E  Q  E  L  W  R  E  J  O  N  H  G  L  C  E  O  Z  S  I  A  G
S  M  H  Y  Q  E  M  W  I  D  M  P  A  A  N  N  O  W  L  P  O  H
P  T  D  Q  A  X  A  D  L  T  K  K  R  Z  M  Y  I  J  H  Y  C  T
I  O  H  M  F  A  N  D  Q  U  J  D  L  J  I  E  R  C  R  H  Z  S
D  S  U  L  U  Q  C  N  O  O  G  X  I  V  L  J  S  F  S  A  A  X
Z  Z  Q  V  Q  X  E  Y  C  A  R  N  I  V  A  L  S  P  K  V  K  N
G  B  V  P  P  N  S  V  M  Z  Y  M  A  H  T  V  E  H  T  T  N  Z
Z  R  K  L  O  S  L  E  X  Z  Y  A  Y  A  V  V  Y  X  B  N  K  W
G  W  M  W  R  K  S  J  B  T  M  Q  V  A  T  K  E  A  K  N  A  I
```

AMUSEMENT PARKS	BEACH OUTINGS	BOARD GAMES
CARD GAMES	CARNIVALS	FAIRS
GAME NIGHTS	INDOOR ACTIVITIES	LIVE PERFORMANCES
MOVIE NIGHTS	OUTDOOR ACTIVITIES	PICNICS
THEATRE	THEME PARKS	WATER PARKS

Fun in the Sun 3

```
Y  R  R  C  U  Z  R  E  Q  Z  E  Y  T  M  K  F
U  Y  H  C  Y  P  W  V  Y  T  T  T  G  T  A  P
Q  U  R  K  E  X  P  L  O  R  I  N  G  D  R  A
P  P  R  O  G  E  Q  L  A  C  I  M  O  C  A  R
H  H  S  H  T  U  D  R  D  F  S  W  P  I  O  T
O  M  I  E  D  A  P  A  C  S  E  Y  E  M  K  A
T  G  N  I  W  A  R  D  O  K  N  F  L  O  E  N
O  N  G  P  Z  G  E  B  M  D  W  P  B  Z  D  D
G  I  I  H  T  N  E  M  E  Z  A  M  A  G  V  C
R  R  N  Z  O  I  W  F  D  L  L  U  Y  B  F  R
A  E  G  V  G  T  W  V  Y  K  E  C  O  C  E  A
P  E  D  L  O  N  R  E  S  L  B  C  J  F  V  F
H  H  S  W  J  I  C  I  H  R  T  R  N  J  W  T
Y  C  W  E  V  A  Y  X  O  Y  W  X  E  V  S  K
H  Q  Z  Z  P  P  P  B  W  E  U  K  T  A  E  L
U  L  B  U  C  S  S  E  S  M  U  T  B  T  K  I
```

AMAZEMENT	ART AND CRAFT	BREAK
CELEBRATORY	CHEERING	COMEDY SHOWS
COMICAL	DRAWING	ENJOYABLE
ESCAPADE	EXPLORING	KARAOKE
PAINTING	PHOTOGRAPHY	SINGING

Fun in the Sun 4

```
S  O  S  H  A  G  A  T  H  E  R  I  N  G  R  G
F  X  P  I  T  N  B  V  B  G  F  T  U  S  Y  B
M  Y  M  L  N  I  I  D  E  N  O  O  T  S  E  F
P  Z  U  A  E  K  C  O  X  C  R  G  O  H  L  R
F  K  J  R  M  A  K  C  U  W  Z  Y  P  Z  G  I
N  M  X  I  I  M  S  X  B  T  T  N  W  A  G  V
E  U  Z  T  R  Y  F  U  E  S  I  F  R  K  I  O
E  R  A  Y  R  R  B  E  R  A  R  N  R  X  G  L
T  E  A  W  E  R  W  U  A  A  E  G  G  V  S  I
S  D  R  F  M  E  R  I  N  S  B  C  D  M  E  T
L  E  U  O  N  M  W  G  C  Y  T  L  Q  L  O  Y
U  O  I  I  B  A  T  Z  E  N  C  I  E  S  H  R
M  W  T  X  X  M  F  I  L  F  V  Z  N  L  P  X
Q  X  B  D  F  O  A  I  C  G  I  F  Z  G  U  V
J  Y  T  I  L  L  O  J  Z  L  S  D  I  Y  Z  T
M  L  E  Z  J  X  A  Z  U  J  W  S  E  X  D  L
```

EXUBERANCE	FANFARE	FEASTING
FESTOONED	FRIVOLITY	GATHERING
GIGGLE	HILARITY	JAMBOREE
JOLLITY	JUMP	MERRIMENT
MERRYMAKING	OUTING	PLEASURABLE

Fun in the Sun 5

```
N  S  G  S  R  F  Z  S  E  N  B  K  P  Z  Y
Z  S  H  U  T  O  G  F  L  Z  M  U  A  J  Q
S  E  C  O  L  R  U  T  K  Z  M  L  I  P  V
N  N  T  I  X  A  E  S  C  Q  X  L  T  J  G
F  I  U  R  X  D  Y  A  I  N  C  P  S  R  V
Y  L  E  A  I  U  E  K  T  N  P  W  L  I  R
V  L  A  O  P  U  C  S  F  J  G  J  H  W  J
N  I  N  R  I  N  M  R  A  U  C  O  U  S  Y
F  S  S  P  F  H  Z  P  E  E  E  R  I  O  S
P  I  O  U  S  T  Z  U  H  V  L  X  C  O  Y
D  I  Y  A  D  D  J  R  W  A  E  P  H  T  L
M  P  L  A  Y  T  I  M  E  A  N  L  A  H  G
X  P  Z  S  H  I  N  D  I  G  E  T  R  N  Y
S  H  G  U  N  W  I  N  D  S  D  F  N  Y  Z
K  K  A  O  P  M  E  T  P  U  N  N  T  M  W
```

PLAYTIME	PLEASED	RAUCOUS
REVELRY	ROUSING	SHINDIG
SILLINESS	SOIREE	SPLASH
TICKLE	TREAT	TRIUMPHANT
UNWIND	UPROARIOUS	UPTEMPO

Fun in the Sun 6

```
L  D  X  R  Y  X  K  O  I  B  V  B  Z  V  Z

R  S  W  F  E  E  P  P  I  Y  G  N  I  Z  M

P  C  D  R  H  L  Z  O  O  M  H  D  I  I  X

Z  O  L  S  S  A  A  F  F  Y  M  P  K  W  M

U  R  P  C  R  U  X  X  J  A  P  C  J  N  K

K  C  V  M  A  H  N  H  I  Y  S  L  T  Y  M

K  H  J  F  V  R  L  K  F  N  W  U  V  A  C

V  I  Z  U  O  I  P  U  I  K  G  F  N  E  W

T  N  X  T  N  N  E  B  O  S  I  T  L  N  K

N  G  N  I  R  E  T  L  E  W  S  S  U  T  Y

D  C  S  V  F  S  X  P  G  A  N  E  U  B  S

Q  V  F  A  C  B  Z  J  Y  N  C  Z  D  J  W

X  B  U  Z  A  T  M  H  S  P  D  H  X  D  S

S  U  O  R  D  N  O  W  D  H  W  E  Y  H  H

N  B  R  I  G  H  T  H  V  Z  N  Z  R  D  E
```

BEACHY	BRIGHT	HOT
RELAXING	SCORCHING	SUN KISSED
SUNNY	SWELTERING	WONDROUS
YAY	YIPPEE	ZESTFUL
ZINGY	ZIPPY	ZOOM

Fun in the Sun 7

```
T  Z  S  A  N  D  A  L  S  U  O  G  W  A  J
A  B  P  B  X  O  M  G  J  R  F  C  Y  T  B
N  A  O  O  V  T  A  A  C  E  W  L  M  X  H
K  R  P  O  Z  Y  X  A  E  F  E  Z  Y  Y  I
T  B  S  O  U  T  D  O  O  R  F  U  N  Z  G
O  E  I  U  C  G  C  I  U  E  C  U  L  C  Y
P  C  C  Y  N  E  F  S  B  S  T  E  A  W  M
S  U  L  R  M  G  I  H  K  H  C  K  C  L  N
L  E  E  O  L  E  L  R  K  I  S  D  I  I  Y
D  S  S  B  L  T  O  A  E  N  T  F  P  W  G
J  Y  X  R  L  W  L  B  S  G  A  I  O  B  K
I  P  F  D  E  X  X  A  S  S  H  O  R  T  S
O  W  Y  R  Y  P  Q  H  R  W  E  I  T  T  T
F  L  I  P  F  L  O  P  S  Z  J  S  T  D  T
I  F  K  H  S  K  C  O  M  M  A  H  E  G  R
```

BARBECUES	FIREWORKS	FLIP FLOPS
HAMMOCKS	HATS	ICE CREAM
LEISURELY	OUTDOOR FUN	POPSICLES
REFRESHING	SANDALS	SHORTS
SUNGLASSES	TANK TOPS	TROPICAL

Fun in the Sun 8

```
D  B  G  N  I  H  S  I  F  B  D  K  P  L  R  Y  J  P  H  R
W  L  N  T  I  H  Q  P  T  A  R  V  B  C  N  N  G  S  N  C
H  I  I  S  T  H  G  I  N  Y  R  R  A  T  S  K  R  V  O  J
V  S  T  X  Y  P  Q  J  H  A  T  O  G  T  E  Y  E  L  U  F
R  S  A  C  Z  A  R  O  Y  B  S  D  R  R  R  G  O  I  S  U
E  F  R  O  A  H  D  Y  Y  L  E  E  T  V  I  R  H  V  B  O
A  U  A  C  L  W  L  G  A  S  C  L  Z  H  F  P  R  Y  O  P
U  L  L  S  B  B  I  V  N  N  R  L  P  U  P  I  X  O  X  E
K  B  I  U  P  U  I  C  O  O  Q  I  L  C  M  H  B  H  S  K
H  I  H  M  G  T  I  C  K  U  L  F  L  X  A  B  J  A  T  I
M  U  X  M  S  U  R  D  I  U  V  N  L  F  C  A  K  J  E  H
K  M  E  E  D  O  Q  E  O  T  O  U  P  J  W  Z  E  Q  S  F
O  A  F  R  O  K  F  W  I  X  R  F  H  E  S  F  V  W  N  A
R  O  A  D  T  R  I  P  S  B  Z  L  K  P  D  F  H  O  U  Z
B  M  T  R  Q  V  F  Q  L  T  P  O  J  S  P  Z  V  J  S  D
L  U  A  E  S  X  C  K  P  P  R  V  L  S  D  W  Q  Y  C  N
O  V  N  S  E  I  L  F  E  R  I  F  L  X  E  K  U  X  D  O
N  U  J  S  J  W  N  W  M  N  Y  F  D  R  C  U  E  O  G  L
Q  F  H  E  J  G  O  U  E  I  H  K  G  U  B  Z  T  K  S  S
T  R  K  S  N  U  J  G  A  X  P  O  N  S  G  Q  T  Y  U  F
```

BLISSFUL

EXHILARATING

FISHING

LONG DAYS

STARRY NIGHTS

CAMPFIRES

FESTIVALS

FUN FILLED

OUTDOOR CONCERTS

SUMMER DRESSES

COLORFUL

FIREFLIES

LAZY

ROAD TRIPS

SUNSETS

Fun in the Sun 9

```
J  G  Q  Q  Y  F  B  O  N  F  I  R  E  S  Q  Z  G  C  O
Z  S  W  D  W  U  N  C  O  N  H  S  P  B  C  L  B  Q  B
B  W  O  G  O  O  U  T  D  O  O  R  G  A  M  E  S  X  P
E  I  K  N  C  E  I  S  J  J  J  E  B  R  V  H  V  O  I
A  M  S  I  M  Q  C  M  E  A  P  Y  I  R  X  U  B  A  M
C  S  F  H  Y  O  E  L  M  Q  Y  J  S  Y  J  K  O  X  R
H  U  L  T  C  Y  C  O  C  R  I  O  A  Q  T  T  C  U  V
B  I  E  A  E  B  R  F  O  W  A  Z  L  N  N  O  F  K  B
A  T  H  B  L  D  E  T  S  U  N  F  L  O  W  E  R  S  X
L  S  A  N  D  C  A  S  T  L  E  S  Q  L  B  Q  E  R  N
L  G  H  U  O  R  M  N  R  G  E  H  I  E  V  O  E  Y  K
S  D  F  S  O  M  T  I  O  X  R  F  S  M  V  H  D  R  M
M  E  Q  L  X  X  R  T  P  M  L  B  K  R  W  D  O  Q  Y
X  B  P  E  B  C  U  W  S  W  E  N  O  E  L  X  M  G  X
B  X  C  O  E  B  C  O  R  S  S  L  D  T  Y  X  F  U  Z
E  X  W  M  D  P  K  H  E  T  O  J  V  A  R  X  N  V  O
D  W  Z  T  X  Q  S  A  T  K  F  X  Y  W  R  F  X  K  Y
I  S  U  M  M  E  R  C  A  M  P  O  F  X  Q  A  O  P  I
H  T  G  F  L  Q  T  O  W  U  J  S  C  G  N  Y  I  O  D
```

BBQS	BEACH BALLS	BONFIRES
EXPLORATORY	FREEDOM	ICE CREAM TRUCKS
LEMONADE	OUTDOOR GAMES	SANDCASTLES
SUMMER CAMP	SUNBATHING	SUNFLOWERS
SWIMSUITS	WATER SPORTS	WATERMELON

Social Media 1

```
E  C  W  X  S  E  S  T  O  R  I  E  S  T  V  R  Q  E  L  K  P  Q
Q  Y  S  E  R  A  H  S  K  G  J  K  M  Q  P  E  V  E  L  W  Z  H
M  X  F  Q  P  A  B  L  F  Q  I  T  K  F  O  S  E  I  F  L  E  S
V  X  S  D  D  Q  B  X  L  T  D  S  U  N  S  K  V  S  Y  G  I  S
E  L  A  E  Q  L  I  L  M  K  G  K  K  U  T  E  S  Z  B  K  K  R
H  Y  Q  J  I  Q  L  B  C  F  K  D  O  W  S  Z  K  Z  G  Q  G  C
J  J  C  K  X  T  Q  D  I  W  S  F  H  T  Q  H  T  I  N  Y  G  T
E  A  J  Y  F  T  I  L  S  B  V  S  R  Z  Z  N  S  U  I  Q  I  C
R  R  W  P  Y  N  T  N  D  L  W  E  F  I  U  G  V  I  K  O  A  W
J  U  P  O  S  E  L  B  U  I  A  D  M  Y  E  N  M  Q  R  F  Q  S
D  B  O  Q  R  M  S  N  P  M  I  T  M  V  Q  N  J  V  O  N  K  H
K  A  E  S  E  E  T  T  I  Z  M  E  Y  X  R  Y  D  L  W  U  M  S
N  Y  L  X  A  G  V  N  N  J  S  O  N  T  O  J  L  S  T  V  P  S
L  N  J  M  X  A  G  J  Z  N  R  I  C  N  W  O  Q  L  E  D  K  M
W  E  S  I  J  G  X  W  R  Z  R  O  W  E  W  Z  T  K  N  A  U  I
M  C  C  G  P  N  P  Z  X  C  O  M  M  E  N  T  S  J  L  A  F  Y
R  G  S  V  A  E  V  U  O  H  N  N  R  D  W  I  T  T  A  F  N  R
R  C  M  J  A  T  H  A  L  Y  H  S  V  Y  X  F  L  W  I  B  F  F
U  D  K  I  M  N  H  X  F  S  T  S  E  K  I  L  J  N  C  H  M  F
H  D  X  Q  D  W  S  N  O  I  T  A  C  I  F  I  T  O  N  I  Z
H  D  C  E  B  Z  Z  H  A  Y  M  W  D  A  Q  D  K  L  S  X  L  O
S  H  C  O  W  W  G  Z  B  H  T  C  H  G  X  R  T  C  P  C  R  G
```

COMMENTS
FOLLOWERS
LIVE STREAMING
POSTS
SOCIAL NETWORKING

ENGAGEMENT
FRIENDS
LIKES
SELFIES
STORIES

FILTERS
HASHTAGS
ONLINE COMMUNITIES
SHARES
NOTIFICATIONS

Social Media 2

```
A A C K N S D X E S P D B V K X H F N U T K J
E Q F K L C I C O X X M W Q T I S G H O Z S L
P D P O L O J Z O V R Q I N R C J V F I I O A
C Y B C S O H S J R E D D E E F S W E N K C D
E E J Z P W N D F Y D D N E N M X F C L Q I M
M X I E O S L L I Q P T W B D D K F N Y X A D
O F P U N S R W I R Q D T X I P T N E X A L E
J D C L S I W L Y N E R Z X N U X J S D R M H
I V U E O G L M X B E C H X G W J F E W P E H
S X R Y R R N E T R R T Q H K H E R V E D O
B W I F E Y E I S N M Z E M I N P I P W Q I A
A I D D D M I S G I O D A P E V W I L O Q A G
A Y W M C Q F I M G T N O T U S P M A J S M Q
W U V E O Q M S M F A S X D V T S U T V C A F
S O I C N Z Z I I L B T V V G K A A I W E N E
S G N I T T E S Y C A V I R P N A T G L C A T
Q D T R E Z Y T E M S X W Z L D L Z I E E G G
I L P V N X I T V O S F T N R G D F D O S E U
B T J T T C S T V Z V P H D H H O X W C N R W
U H F E S N D S V C H R W S S R Y K L B P G R
C P O G M H K R V G E V P P H S I G G E A G
G N I S I T R E V D A C B C O L W T A C R S W
U Y W O M O V T Q M S C N C I A P X H F Y A G
```

ADVERTISING
DIRECT MESSAGES
NEWS FEED
PROFILE
TAGGING

ANALYTICS
EMOJIS
ONLINE REPUTATION
SOCIAL MEDIA MANAGER
TIMELINE

DIGITAL PRESENCE
EXPLORE
PRIVACY SETTINGS
SPONSORED CONTENT
TRENDING

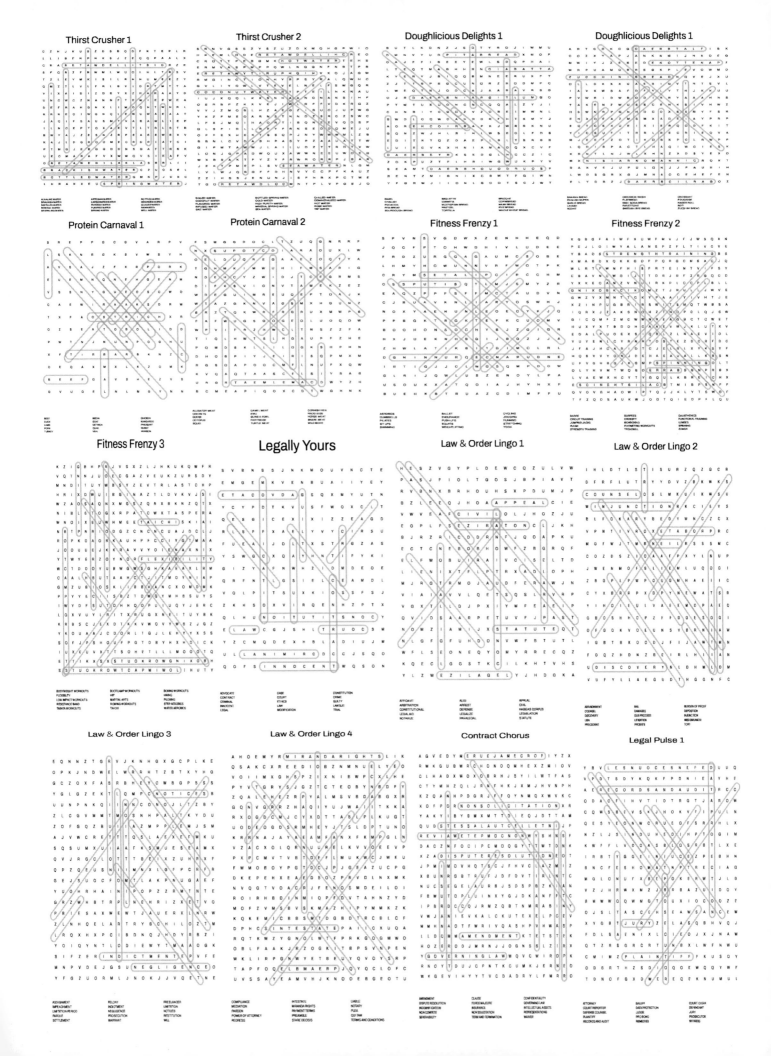

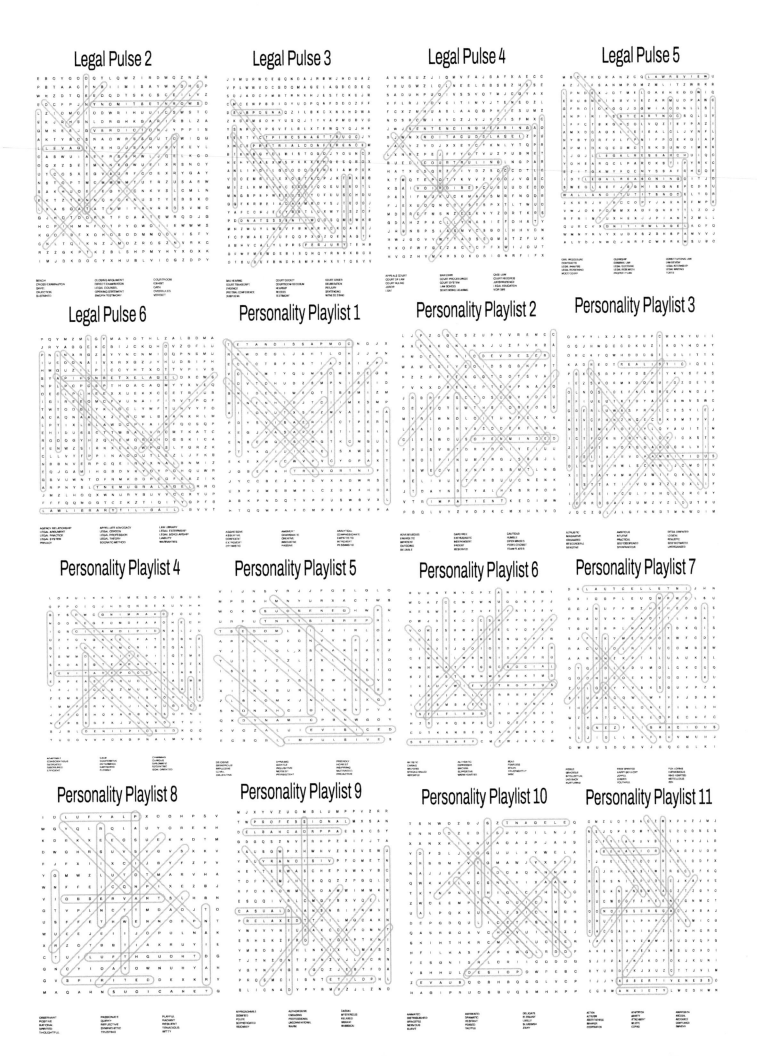

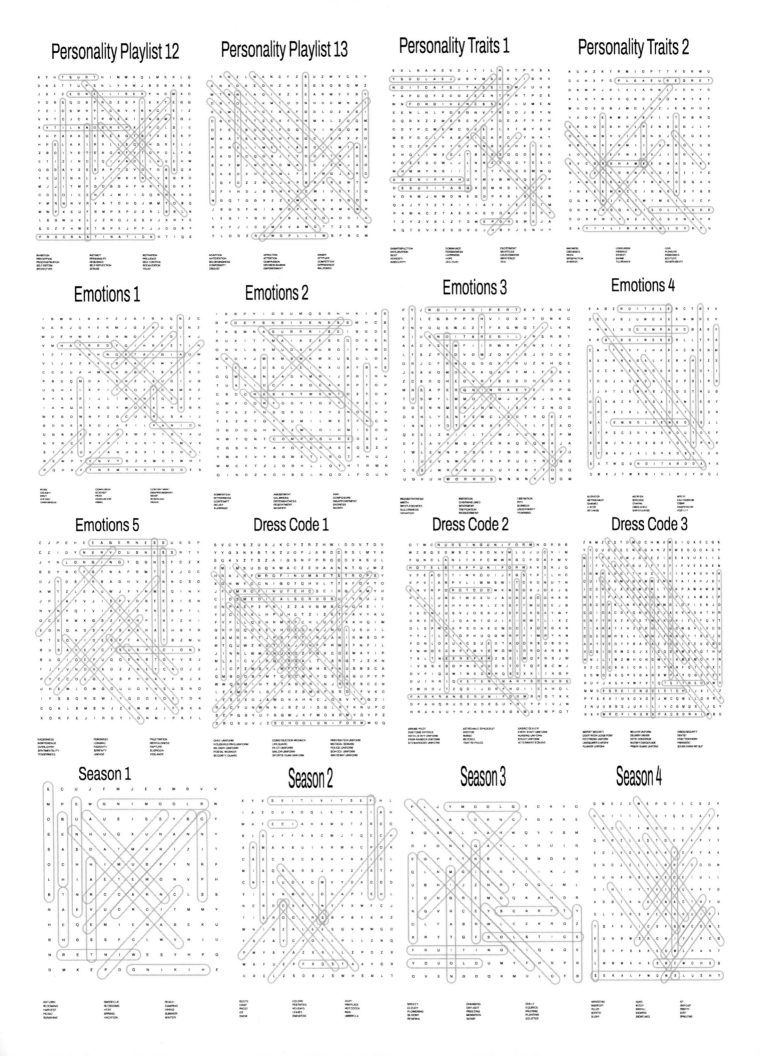

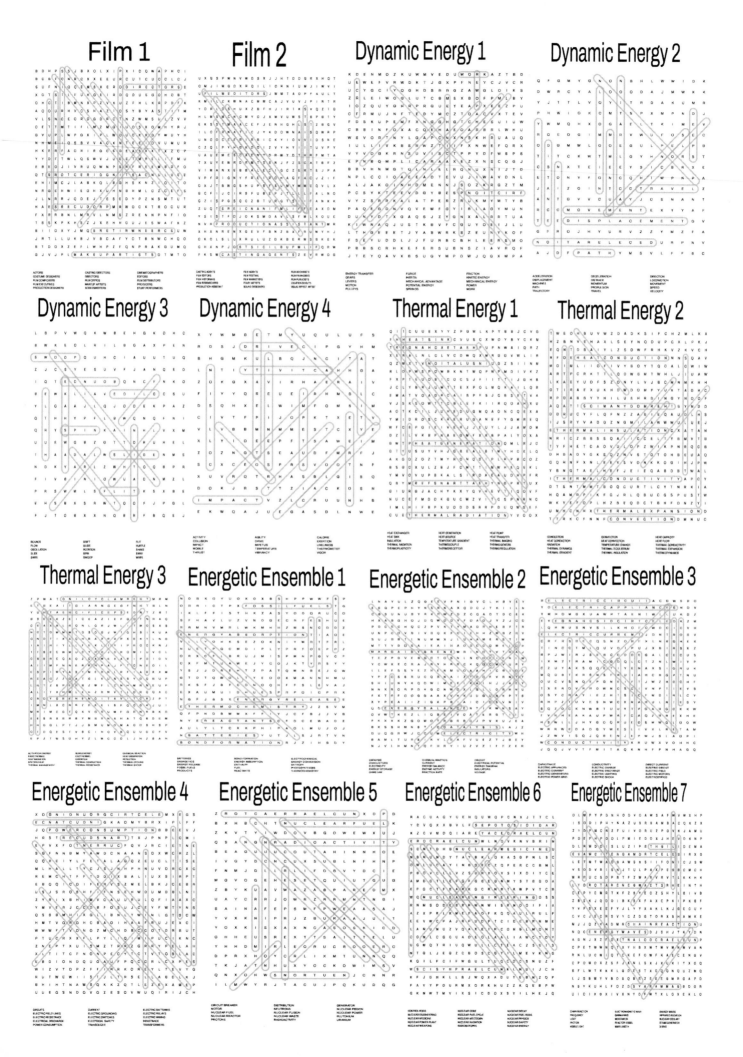

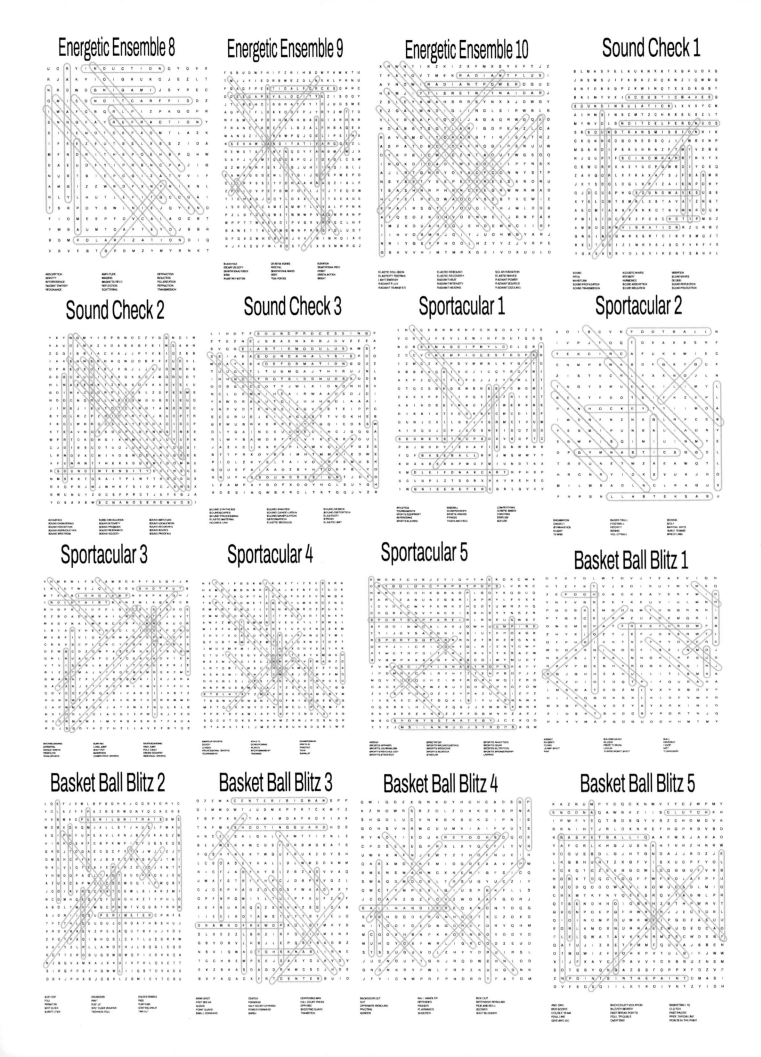

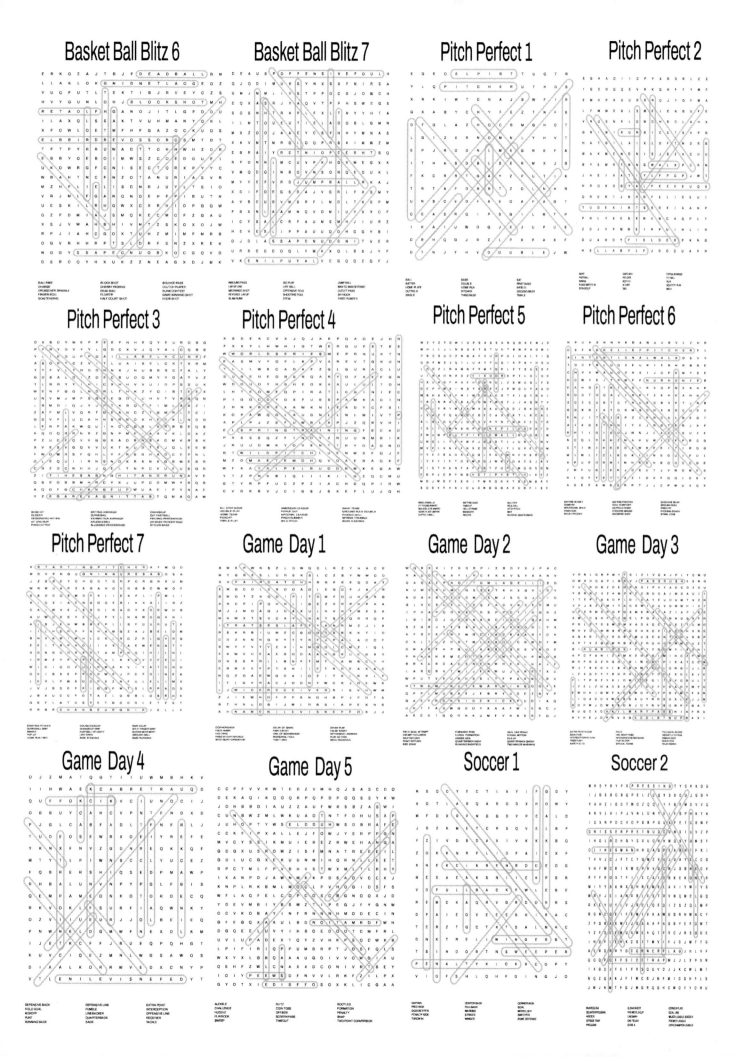

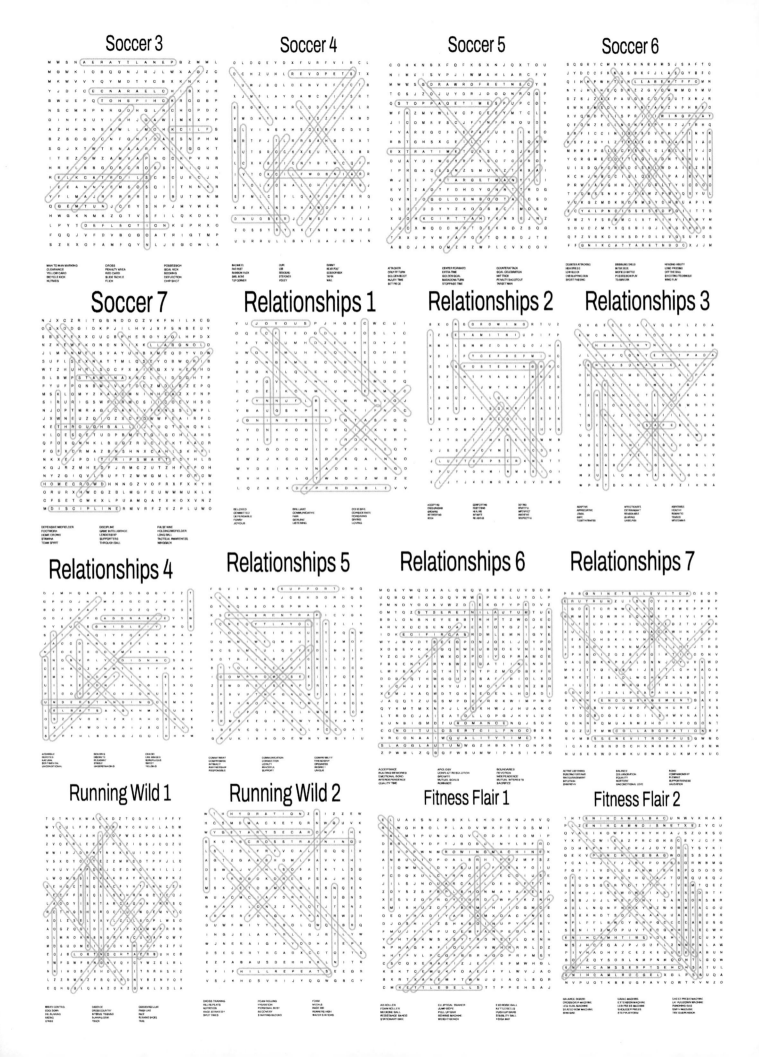

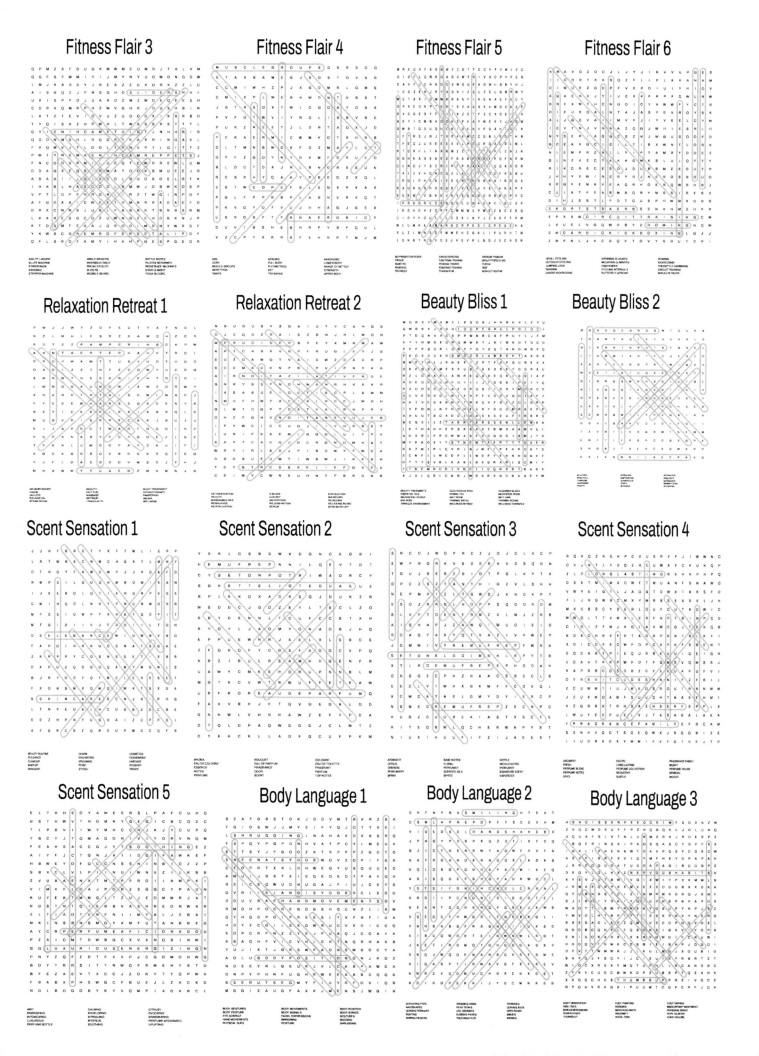

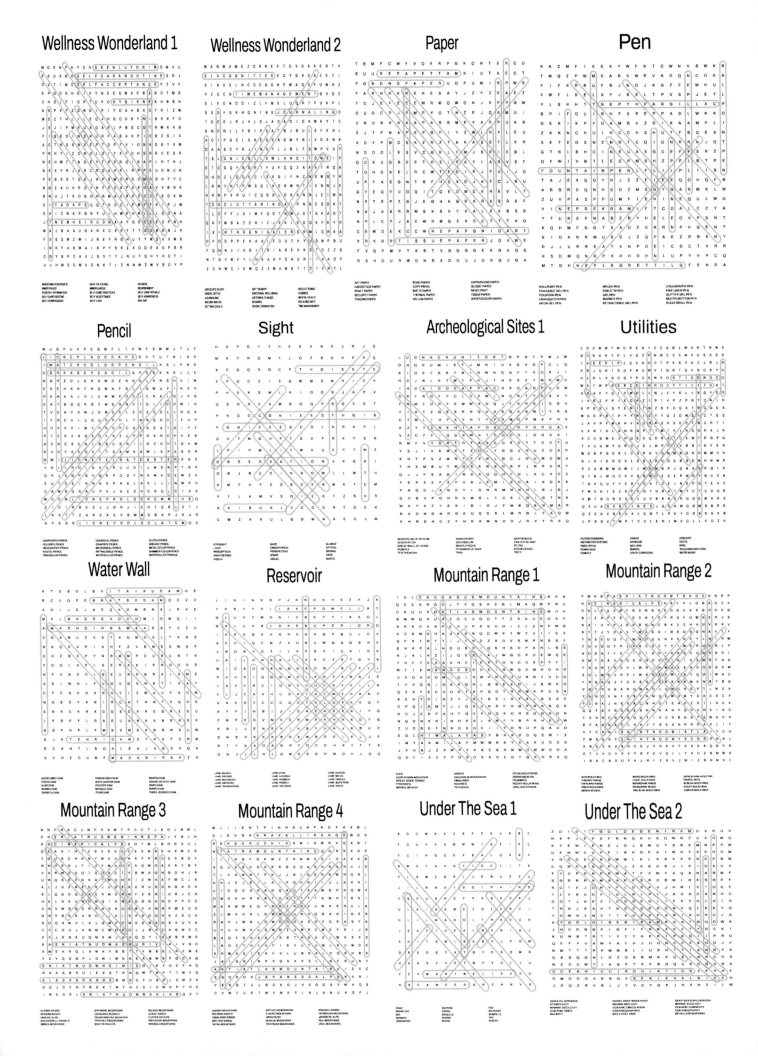

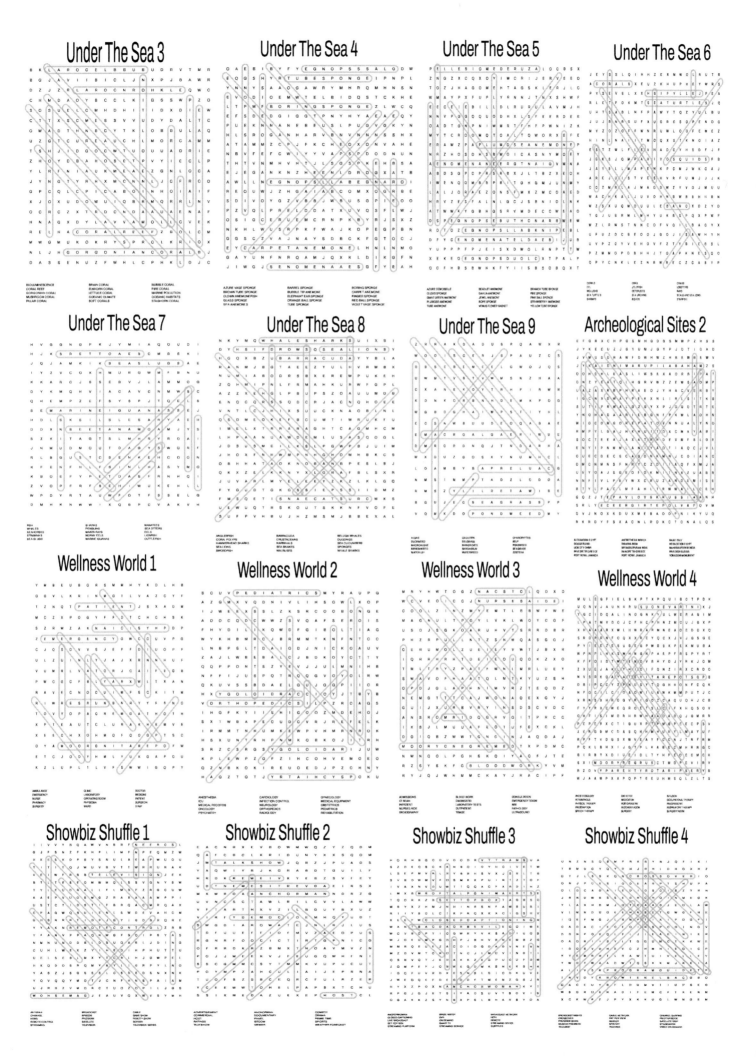

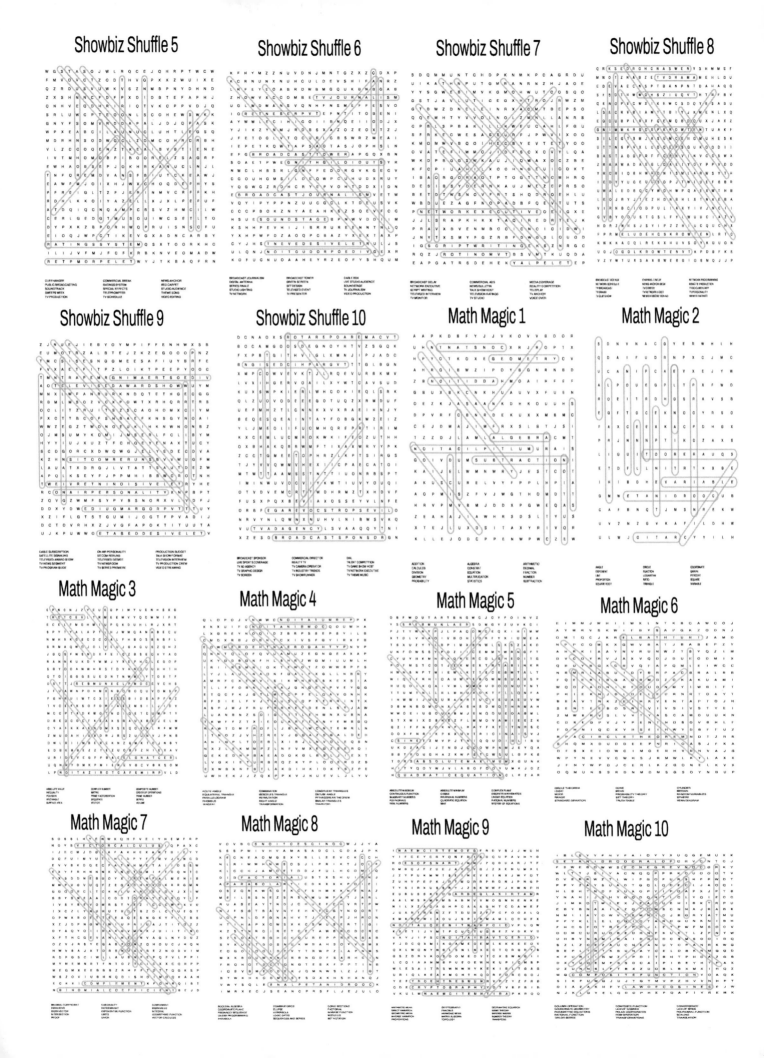

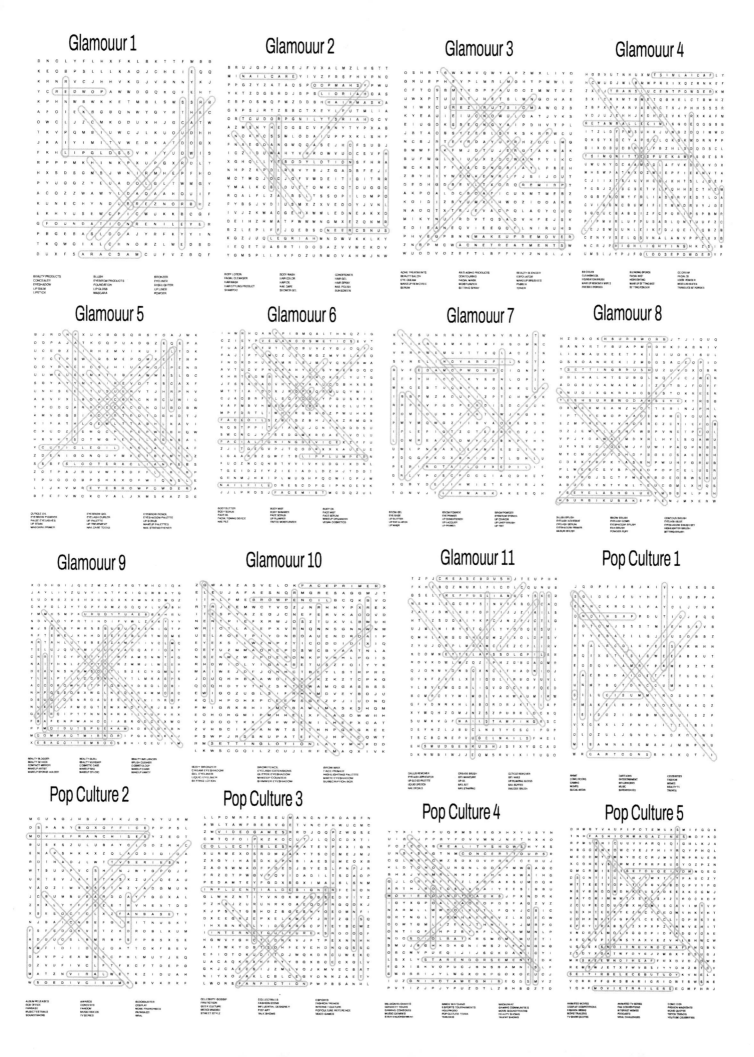

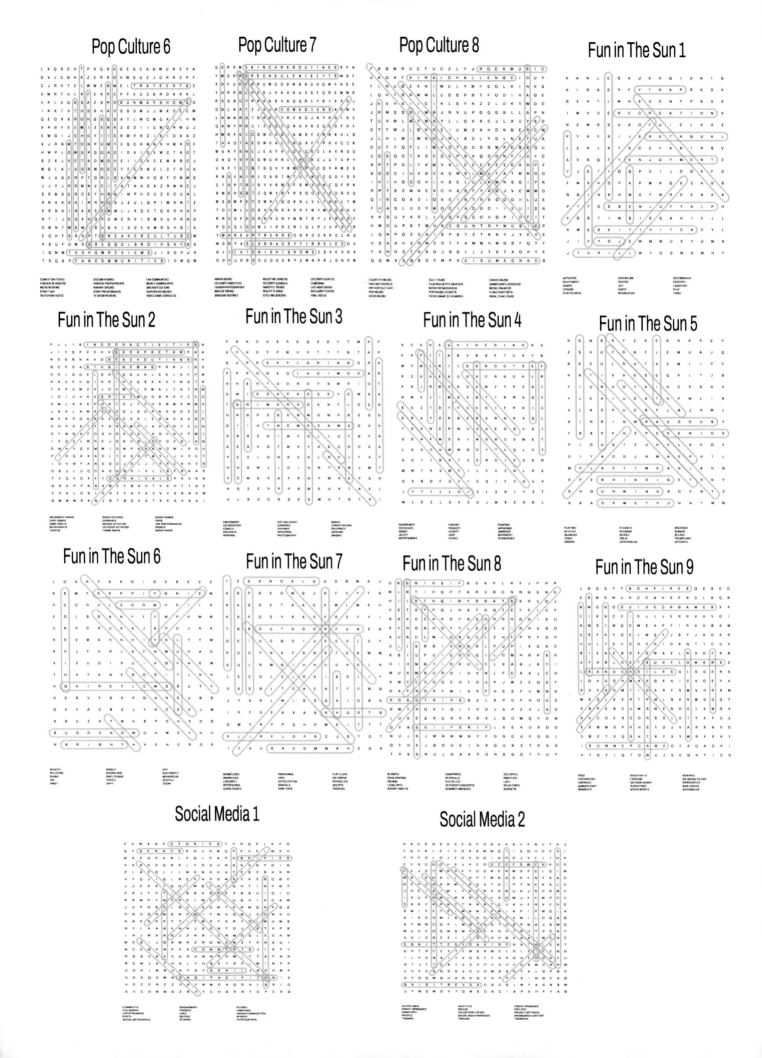

Made in United States
North Haven, CT
12 July 2023

38925301R00122